La nuit américaine

Servais Mont, reporter-photographe, et Nadine Chevalier, comédienne, se rencontrent un matin, dans l'indifférence. Il la photographie — mal —, la quitte et ne l'oubliera plus. Quelqu'un, quelque part, existe pour lui. Parmi ses amis, un intellectuel meurt de dégoût, une figurante devient « star », un vieil économiste isolé, en compagnie d'un cocker nommé Dalila, invente une philosophie, un acteur allemand apprend à exorciser sa peur des « masses laborieuses ». Mont les voit, les entrevoit, les photographie. Nous les voyons — bien.

Pourtant, il ne pense qu'à Nadine Chevalier, il chemine vers elle, empruntant la plus étroite des routes, celle de l'art. L'art, dont un personnage dira qu'il est mort et dont un autre pense qu'il ne le sera jamais assez.

Ce roman rapide, mené à la vitesse de plusieurs regards, et dans plusieurs milieux (théâtre, journaux, cinéma), ne découvre la lenteur qu'à la dernière page : le temps d'aimer, heureusement.

Christopher Frank est né en 1942 en Angleterre. Études secondaires en France. Assiste Roger Blin dans la mise en scène des Nègres *de Genet au Royal Court Theatre de Londres. Dramaturge, plusieurs de ses pièces ont été jouées à Paris. Romancier, il obtient le prix Renaudot 1972 pour* la Nuit américaine *(au cinéma,* L'important c'est d'aimer *de Zulawski). Scénariste-dialoguiste, il réalise son premier film en 1982,* Josépha, *avec Miou-Miou et Claude Brasseur, d'après son roman. Puis viendront* Femmes de Personne *(1984), avec Marthe Keller et Jean-Louis Trintignant, d'après un scénario original, et* l'Année des méduses, *avec Valérie Kaprisky et Bernard Giraudeau, d'après son roman homonyme.*

W0330917

Du même auteur

DU MÊME AUTEUR

Mortelle
prix Hermès, 1968
coll. « Points Roman » n° 129

La Nuit américaine
prix Renaudot, 1972

Le Rêve du singe fou
1976
coll. « Points Roman » n° 368

Josepha
1979
coll. « Points Roman » n° 527

Le Chevalier et la Reine
1981
coll. « Points Roman » n° 339

L'Année des Méduses
1984
coll. « Points Roman » n° 396

Je ferai comme si je n'étais pas là
1989

Christopher Frank

La nuit américaine

roman

Éditions du Seuil

TEXTE INTÉGRAL

EN COUVERTURE : photo Albina Productions.

ISBN 2-02-008810-X.
(ISBN 1re publication : 2-02-001189-1.)

© ÉDITIONS DU SEUIL, 1972.

La loi du 11 mars 1957 interdit les copies ou reproductions destinées à une utilisation collective. Toute représentation ou reproduction intégrale ou partielle faite par quelque procédé que ce soit, sans le consentement de l'auteur ou de ses ayants cause, est illicite et constitue une contrefaçon sanctionnée par les articles 425 et suivants du Code pénal.

Art is inextricably tied to man's survival — not to his physical survival, but to that on which his physical survival depends: to the preservation and survival of his consciousness.

Ayn Rand, *The Romantic Manifesto.*

Nuit américaine : procédé cinématographique permettant de tourner le jour des scènes de nuit en sous-exposant la pellicule et en concentrant sur les acteurs une lumière supérieure à celle du soleil

PREMIÈRE PARTIE

There is no pain compared to that of loving a woman who makes her body accessible to one and yet who is incapable of delivering her true self — because she does not know where to find it.

Lawrence Durrell, *Justine*.

I

Servais quitta l'Assemblée nationale à cinq heures du matin, ayant photographié à leur sortie députés et ministres qui émergeaient, pâles et fripés, d'une interminable délibération nocturne. Il avait passé la nuit dans un café de la place du Palais-Bourbon, à jouer au 421 avec un confrère coléreux et mauvais joueur qu'il avait soulagé de quelque sept cents francs.

Avec un goût de carton dans la bouche, il pilota calmement sa voiture dans les rues désertes de la capitale, longeant les quais, déchargeant ses Nikons aux feux rouges et fourrant les pellicules dans sa poche au fur et à mesure. Un jour gris s'étalait sur la ville. Le boulevard de Sébastopol sentait la bière rassise.

Servais gara sa voiture sur un emplacement interdit, resta un moment à étudier dans le rétroviseur le début de barbe qui ombrait sa mâchoire, puis s'extirpa du véhicule. La vieille était là, comme tous les matins. Elle trônait sur un monceau de chiffons et de détritus, jambes croisées, telle une décrépite divinité orientale. Fardée à outrance, elle fumait un mégot de cigare avec délectation, s'entourant d'un halo de fumée bleutée. Servais la salua poliment, et elle lui octroya un imperceptible et majestueux signe de tête.

Des marches usées et sales le menèrent de la rue à l'agence Gaya-Becque où les femmes de ménage remplissaient leurs fonctions avec la rancœur silencieuse qui sied à leur profession. Servais suivit les couloirs, traversa deux bureaux, la salle des expéditions et entra au laboratoire. Les glaceuses tournaient au ralenti, leurs tambours argentés reflétant les lueurs d'un néon verdâtre. Un laborantin maigre et chevelu, les yeux bouffis de sommeil, détachait les épreuves de la machine avec des gestes mous, empilant avec une somnambulique indifférence les images d'un combat de rues en Irlande. Il serra la main de Servais en soupirant.

Servais jeta un coup d'œil sur les tirages qui jonchaient la table, puis posa ses pellicules sur le comptoir en face des glaceuses. Au mur, attachée par deux punaises, une jeune femme nue, la poitrine lourde et blafarde, souriait férocement, les cheveux au vent d'un ventilateur de studio. Servais se demanda pour la centième fois pourquoi ce corps-là, ce sourire-là avaient su mériter l'approbation d'un laborantin qui en glissait cinquante presque identiques dans la bourdonnante glaceuse tous les jours, et ce dans la plus parfaite indolence. La photo avait mal supporté la chaleur et l'humidité, elle avait jauni.

Une porte claqua au loin. Servais quitta le laboratoire, gagna la salle des reportages, salle divisée en minuscules compartiments, ruche silencieuse et vide. Les femmes de ménage étaient parties. Servais alluma une cigarette, rangea son sac de travail dans un casier, descendit l'escalier pour retrouver sa voiture. A mi-chemin, il se ravisa, revint sur ses pas et entra au café-tabac du coin de la rue. Il commanda un crème, s'empara d'une large part de galette bretonne, spécialité de l'endroit, et joua, la bouche pleine, une mauvaise partie de billard électrique. La rue se réveillait, des files de voitures se formaient aux feux rouges sous une pluie fine qui arrosa l'asphalte en pétillant puis cessa, laissant la rue plus sale qu'auparavant. Servais remonta à l'agence, s'assit dans un fauteuil les pieds sur un bureau, et s'endormit.

William Nesbitt le réveilla deux heures plus tard, en lui demandant de sa voix fluette s'il n'avait pas vu *passer* le savon. Servais ouvrit un œil, aperçut une secrétaire se coiffant à son bureau, deux photographes échangeant des souvenirs d'Indochine, et la face blême, usée avant terme, de l'Anglais Nesbitt, lequel faisait sa toilette à l'agence tous les matins et ce faisant pratiquait une interminable quête au savon. Il n'y en avait jamais à l'agence, il n'y en avait jamais eu, mais Nesbitt demeurait persuadé qu'un collègue indélicat le subtilisait tous les matins. Servais secoua la tête et Nesbitt accusa le coup avec gravité. Une serviette douteuse pendait sur son épaule, et sa chemise saumon s'entrouvrait sur son maigre cou blanc. De sa démarche glissante et flasque il se propulsa tristement en direction des lavabos, voué à une toilette sans joie.

Servais consulta sa montre, s'avisa qu'il était neuf heures, et résolut de rentrer se coucher. A peine eut-il atteint la porte que la voix de Mertolle, chef des reportages, le rappelait.

— T'as un feature à onze heures, Mont.

Servais Mont revint sur ses pas, s'appuya au bureau où s'affalait le saturnien et apathique Mertolle. Rasé de frais, la coiffure nette, le visage chevalin, rose et parfumé, il était penché sur une feuille de contact, loupe à la main, faisant avec la langue de vagues bruits de désapprobation.

— Tu dormais ou quoi ? Elles sont presque toutes *sous-ex*.

Servais accepta la loupe que lui tendait Mertolle pour étudier les fruits de son travail nocturne. Il vit qu'effectivement les ministres et députés évoluaient dans les ténèbres et que, pour tout dire, on ne pouvait guère les identifier.

— C'est mon flash qui déconne.

Mertolle haussa les épaules, entoura un cliché moins sombre d'un trait de crayon gras, penché à nouveau sur la feuille. Servais resta fasciné par la tête grise, brillantinée, de Mertolle, où le peigne avait laissé d'indélébiles sillons.

— Je n'ai pas dormi de la nuit, c'est important ton feature ?

— Tu dormiras après. C'est la fille Chevalier.

— Connais pas.

— Mais si. La fille de *Demain, on verra*.

— Pas vu.

— Comme ça, tu verras.

Servais prit le feuillet de bloc-notes que Mertolle avait

posé devant lui et l'empocha. Puis il se mit à la recherche de Nesbitt. Il le trouva à son bureau, en admiration devant un imposant pot en fonte placé sur son buvard.

— Pas mal, non ?

Servais étudia l'ustensile.

— Tu l'as acheté ?

— En venant. Quarante francs, une affaire.

Un court instant, ils s'absorbèrent dans la contemplation du pot. Puis Servais se secoua.

— Tu me prêtes ton rasoir ?

Nesbitt ouvrit un tiroir et coinça le pot, non sans mal, entre une paire de chaussons et une édition de poche de *l'Antéchrist*. Dans un autre tiroir, il trouva le rasoir électrique.

— Tiens.

Servais se rendit aux lavabos où il tenta d'effacer de son visage la fatigue de la nuit.

Vers dix heures, il prenait un autre café au tabac avec une maigre et maussade prostituée qui l'entretint du temps, de son coiffeur — un voleur — et d'une affaire sûre dans la troisième à Saint-Cloud.

A dix heures et demie il quitta l'agence avec un Nikon pendu au cou et deux rouleaux de Tri-X dans la poche. Il se sentait exténué, imprégné par la grisaille des rues et aucune envie de photographier une dénommée Nadine Chevalier.

Elle habitait un immeuble moderne de la rue de Varenne. Son nom ne figurait pas sur les boîtes à lettres, mais Mertolle — qui pensait à tout — avait inscrit l'étage sur la feuille de papier. La porte s'ouvrit, déversant une colonne de lumière sur le palier sombre. Servais ne vit d'abord qu'une silhouette à laquelle il s'adressa.

— Mademoiselle Chevalier ?

— Oui.

— Je m'appelle Servais Mont, je suis envoyé par l'agence Gaya-Becque.

— Oui, entrez.

Le soleil, qui venait de percer les nuages, inondait l'appartement; et comme celui-ci, sans meuble aucun, était peint en blanc, Servais eut l'impression de pénétrer dans un réfrigérateur. Adossée à la porte, la fille le dévisageait avec un léger sourire.

— Je viens d'arriver, je n'ai pas eu le temps d'acheter des meubles.

Il hocha la tête. Elle était blonde, mince, avec des yeux gris et des pommettes saillantes. Vêtue d'un pantalon noir et d'une chemise d'homme, elle marchait pieds nus sur la moquette beige en direction des fenêtres. Elle paraissait détachée, non pas comme quelqu'un qui cache ses émotions, mais comme quelqu'un qui n'en éprouve pas.

Servais examina le salon vide, cherchant désespérément une aspérité, un détail qui puisse servir à cadrer une photo. Cependant, il chargeait son appareil. Il avait apporté une pellicule sensible rendue inutile par le soleil et qui interdirait tous recadrages importants. Pour comble de malchance, l'unique objectif dont il disposait était un 35 *mm* si bien qu'il ne pouvait ni faire des portraits, ni, à cause de l'appartement, réussir de plans généraux. Et la fille attendait, sans impatience, accoudée à la fenêtre. Servais quitta sa veste, la posa, après un moment d'hésitation, sur la moquette.

— Vous voulez que je me change?

Servais n'y avait pas songé, pourtant il y avait là matière à un répit.

— Peut-être, oui, ce serait mieux.

— Qu'est-ce que je mets?

— Une robe, peut-être.

Il avait brusquement envie de voir ses jambes, il en oublia que le pantalon permet des poses plus variées. Elle ouvrit une penderie murale où les vêtements alignés apportèrent soudain une tache de couleur à la pièce blanche.

— Celle-ci?

Servais répondit sans regarder.

— Oui, très bien.

Elle jeta la robe sur son épaule, referma la penderie et

disparut par une porte, sans doute dans la salle de bains. Servais essayait de l'imaginer dormant à même le plancher, se demanda dans quel coin de la pièce elle couchait. Peut-être dormait-elle au centre, les bras en croix. Il arma le Nikon, le porta à son œil et constata une fois de plus la navrante pauvreté du décor. Dans la rue, une enfilade de voitures bloquées par un camion de livraison déclenchèrent leurs klaxons et le bruit couvrit le retour de la fille. Il leva les yeux et elle se tenait devant lui dans une robe mauve, décolletée et courte, le dévisageant sans une parcelle d'appréhension féminine.

— Bien. Si vous voulez, on va commencer près de la fenêtre.

Elle posa une longue main effilée sur le battant, se mit à scruter l'immeuble d'en face. Il appuya deux fois, sachant que c'était mauvais, puis s'avança et sans un mot lui ramena les cheveux sur l'épaule. Elle ne broncha pas. Il fit encore deux photos.

— La porte, maintenant.

Elle traversa lentement la pièce et s'appuya contre la porte, les pieds joints, un peu penchée, les épaules arrondies et la gorge saillante. Servais ne pouvait rien en faire avec son 35 *mm*, il aurait fallu un 90. Il prit la photo néanmoins, puis fit déplacer la fille de côté, la joue contre le chambranle. Les klaxons reprirent de plus belle. Nadine Chevalier s'immobilisa. Les déclics du Nikon se noyèrent dans le bruit. Servais baissa le bras, tenta de réfléchir. D'elle-même, la fille alla s'étendre au centre de la pièce, les bras en croix.

— C'est là que vous dormez?

Elle ne s'étonna pas de la question.

— Oui.

Il se pencha sur elle, déclencha deux fois l'obturateur. Des portraits qui n'en étaient pas, parce qu'il eût fallu se rapprocher d'elle et qu'il ne le voulait pas. Les klaxons se turent. Elle se leva, il consulta le cadran de son appareil. Il avait fait douze photos. La pellicule en permettait trente-six. Il résolut de les faire toutes.

Il la fit asseoir au fond de la pièce, dans un angle, appuyée contre le mur, la fit marcher dans le couloir, la fit s'étendre, se relever, s'agenouiller, mais avant tout il la retint au centre de l'appartement, debout et immobile, sans accessoires, essayant par tous les moyens de briser une assurance qui s'avéra à l'usage parfaitement indestructible.

Quand il resta trois clichés à faire, Servais s'arrêta. Ils se regardèrent, et Servais se prépara pour le portrait. Il lui fit lever les yeux près de la fenêtre, et s'approcha. Elle plongea les yeux dans l'objectif et il déclencha l'obturateur trois fois de suite. Quand il baissa l'appareil, elle s'éloignait déjà, de son pas lent. Servais s'agenouilla dans le couloir sombre pour décharger le Nikon, rangea la pellicule dans sa poche et se dirigea vers la porte. Elle l'atteignit avant lui, sans s'être hâtée, et la lui ouvrit gentiment, avec un sourire et la tête un peu penchée.

— Merci.

— Voulez-vous voir les contacts ?

— Je ne pense pas que ce soit utile.

— Bon. Au revoir.

Ils ne se serrèrent pas la main. Quand Servais se retourna sur le palier, la fille était redevenue une silhouette.

Comme il l'avait craint, les photos étaient toutes légèrement surexposées, blanchâtres et fades. Le reportage, constitué par une jeune fille froide dans un appartement vide, ne présentait pas le moindre intérêt. Servais s'affala dans un fauteuil près du secrétariat pour feuilleter *France-Soir*. Il avait envie de prendre une douche, mais il attendait Mertolle.

— Tu te fous de ma gueule, aujourd'hui, ou quoi ? Les premières étaient *sous-ex* celles-ci sont complètement *sur-ex*. De plus, c'est minable, ça ne vaut pas un clou. Elle était d'accord pour faire du sexy, alors qu'est-ce que t'as foutu ?

Stupéfait, Servais regardait Mertolle.

— Elle était d'accord ? T'es sûr ?

— C'est moi qui lui ai parlé.

Servais travaillait à l'agence depuis bientôt un an, en

qualité de pigiste. C'est-à-dire que ses revenus étaient tributaires de la vente de ses photos et qu'il n'avait de vraie responsabilité pour son travail qu'envers lui-même. Mertolle, qui méprisait les pigistes depuis qu'il n'en était plus un, le congédia avec une grimace de martyr, et hurla à la cantonade :

— Courbois !

Les nombreuses machines à écrire qui cliquetaient aux alentours marquèrent une imperceptible pause, le temps de souligner le tonitruant « Ouais ! » qui s'éleva de l'autre côté de la salle.

Servais se recula mais ne quitta pas le compartiment de Mertolle. Il vit celui-ci soulever le récepteur du téléphone et composer un numéro d'un long doigt lymphatique.

— Mademoiselle Chevalier ? Mertolle de l'agence Gaya-Becque à l'appareil. Excusez-moi de vous déranger à nouveau, mais nous ne sommes pas du tout contents du travail de notre photographe. Oui, c'est ça... un malentendu...

Mertolle étudiait le bout de sa cigarette avec intérêt.

— Pourrais-je vous demander de bien vouloir recevoir un autre photographe ? Vous partez ? Pour Rome ? Quand ? Demain ? Et aujourd'hui ? Oui, cette après-midi ? ... Je suis vraiment désolé de...

Un homme immense aux traits marqués, à la chevelure abondante, soigneusement vêtu, entra dans le bureau. Le spécialiste « filles » de l'agence, Courbois, se faisait fort de les déshabiller toutes et, de fait, parvenait généralement à ses fins. Il était malheureusement meilleur parleur que photographe, et ses clichés reflétaient souvent très exactement la situation qu'il savait amener : une jeune fille s'étant laissé convaincre et le regrettant un peu, nue dans un studio mal chauffé. Parfois il travaillait en tandem avec un autre photographe moins diplomate mais plus artiste.

— Vous êtes très aimable, je vous remercie.

Mertolle raccrocha et se tourna vers Courbois.

— Tu y vas tout de suite, du sexy, elle t'attend.

Courbois hocha la tête, empocha la feuille de papier que lui tendait Mertolle et quitta le bureau. Servais le suivit, se mit à rôder autour d'un bureau vacant muni d'un téléphone, se demandant s'il allait appeler la fille. Au bout d'une demi-heure, ne s'étant toujours pas décidé, et s'avisant qu'il avait faim, il quitta l'agence pour gagner le petit restaurant d'en bas dont la devanture portait l'inscription « Café-Restaurant du Métro » mais que tout le monde, sans exception, appelait « Chez Victor ».

La rumeur voulait que Victor fût un ancien proxénète à qui des revenus illicites auraient permis l'achat du restaurant. Le personnel était suffisamment interlope pour que la chose fût possible; la cuisinière était une obèse créature fort maquillée qui disparaissait à l'occasion au premier étage lorsque se présentait un client en mal d'amour rural. Quant au serveur, il paraissait plus apte à ouvrir les ventres qu'à les remplir et s'acquittait de sa tâche avec une taciturne brutalité. Toujours séduisant, le menton volontaire et les yeux simultanément rieurs et glacés, Victor officiait derrière le comptoir, lançait des plaisanteries en toutes directions, tout en dispensant whisky et pernod à une cadence remarquable. Il avait une clientèle variée; outre les journalistes de l'agence, les travailleurs des Halles et les fonctionnaires du bureau de la Sécurité sociale qui avoisinait le café, elle comptait bon nombre de prostituées, deux clochardes balbutiantes rongées de syphilis qui abordaient la dernière étape d'une vie mouvementée en sombrant dans une gaie et inoffensive démence, et deux individus mieux habillés que rasés qui consommaient quotidiennement des monceaux de choucroute dans un silence tendu. On disait que le restaurant rapportait une fortune à Victor, ce que semblaient confirmer le cabriolet de luxe, les deux appartements et la maison de campagne dont il jouissait. On ne fermait jamais chez Victor, et à quelque heure qu'on s'y présentât, on l'y trouvait, derrière le bar, hilare et froid, les manches de sa chemise à carreaux retroussées sur ses épais bras velus. On en avait déduit qu'il ne dormait jamais.

Servais se glissa entre les tables, salua Victor de loin à travers le brouhaha et la fumée, et repéra une place au fond, en face de William Nesbitt et à côté de Miriam. Il s'y installa avec l'inaudible assentiment de l'Anglais, et serra la main de Miriam dont l'ample poitrine blanche reflétait l'éclairage bleuté de l'endroit. Vedette de la rue Saint-Denis, du moins de la portion comprise entre la rue Étienne-Marcel et la rue des Lombards, Miriam n'avait ni souteneur, ni horaires, ce qui lui valait l'admiration un peu envieuse de ses consœurs et l'hostilité voilée de Victor. Nesbitt consommait un pot-au-feu copieux avec délicatesse, le nez légèrement retroussé.

— C'est bon ? demanda Servais.

L'Anglais secoua la tête avec tristesse. Servais se tourna vers le blême tueur qui attendait la commande et lui demanda un steak-frites. Miriam, qui avait trouvé son nom dans *Confidences* où il avait été porté par une triste jeune fille aux prises avec sa puberté, racontait les vacances qu'elle venait de passer à Royan. Servais contribua à la conversation par des hochements de tête, des grognements et des « non ? » tout en pensant à une pâle femme blonde dans un appartement vide et ensoleillé. Nesbitt termina sa deuxième carafe de vin « maison » et en commanda une troisième. Se penchant vers Servais, il lui confia d'une voix épaisse qu'il devenait plus schizophrène que jamais. Pour le prouver, il dessina un cercle sur la nappe, qu'il entoura d'un second et d'un troisième. Devant cette prolifération de ronds sous sa plume il devint subitement morose et ne parla plus. Miriam raconta une histoire drôle et Servais se força à rire. Nesbitt dévisagea la fille en silence, perplexe, cherchant à comprendre la chute et n'y parvenant pas. Servais laissa une bonne moitié de son steak, alluma une cigarette. Il ne ressentait plus la fatigue de la même manière. Elle s'était généralisée, l'enveloppait comme un drap. Étudiant tour à tour la face fripée de Nesbitt et les seins lisses et blafards de Miriam, il prêtait une oreille distraite à leur conversation. Nesbitt tentait de convaincre Miriam que Victor Hugo n'avait pas écrit *le Comte de Monte-Cristo*, et elle lui opposait une conviction joyeusement tenace.

Nesbitt abandonna finalement, se versa un autre verre de vin et réclama l'addition. Servais régla la sienne en même temps, et ils quittèrent Miriam, l'embrassant sur les deux joues et lui souhaitant une après-midi fructueuse.

Sur le trottoir, titubant légèrement, Nesbitt héla un invalide qui passait dans un fauteuil roulant :

— Taxi!

Éberlué, le mutilé tenta d'accélérer et son fauteuil s'éloigna à presque sept kilomètres/heure. Nesbitt fit un pas pour le suivre, hurlant :

— *Stop that man!*

Puis il demanda une cigarette à Servais et l'alluma, le front ridé par quelque souvenir amer. Ils montèrent l'escalier ensemble et croisèrent Courbois à la porte. Il venait de déposer ses pellicules.

— Ça a été? demanda Servais.

— Oui, oui. Tu prends un café?

— D'accord.

Ils laissèrent Nesbitt pour redescendre. Servais eût préféré ne pas retourner chez Victor, mais Courbois s'y engouffra d'office.

Ils se frayèrent un chemin jusqu'au bar, serrèrent l'avant-bras de Victor — prétextant des mains mouillées, il n'offrait jamais la main — et commandèrent deux cafés.

— Elle t'a parlé de moi?

Courbois secoua la tête.

— Non. Qu'est-ce qui s'est passé?

— Rien. Mertolle ne m'avait pas prévenu, et puis je n'avais qu'un 35. Je ne pouvais rien faire.

Servais hésita avant d'insister :

— Elle ne t'a vraiment rien dit?

— Rien du tout. Elle est « sympa », d'ailleurs.

— Oui.

— Un peu maigre.

Courbois croqua méditativement un sucre entre ses dents, puis enlaça l'obèse cuisinière qui passait.

— Ce n'est pas comme celle-ci.

La grosse lui fit un large sourire, dardant sa langue entre ses lèvres épaisses. Servais se détourna. Il revoyait les murs blancs, les yeux gris, la démarche souple sur la moquette beige, les longues mains et les longues jambes.

— Ils vont te les faire tout de suite?

— Quoi?

— Au labo.

— Oui, Mertolle veut les envoyer ce soir, c'est Nadant qui fait le feature.

Nadant travaillait à l'agence depuis de longues années, il avait même connu Léonard Becque, l'associé de Gaya, mort dès le début de leur association d'un cancer de la gorge. Tous les soirs, il couchait sur papier bleu des textes courts et mielleux dont le style était aussi immuable que les sujets variés. Qu'il s'agisse de politique, de spectacle ou de faits divers, Nadant enveloppait tout dans une onctueuse phraséologie qui lui restait de ses premières contributions à la presse d'avant-guerre.

Servais le trouva à son bureau, penché sur les feuilles bleues où sa plume courait en élégantes arabesques. Pardessus son épaule, Servais put lire :

> « *Dans le firmament cinématographique où les étoiles s'allument et s'éteignent selon les imprescriptibles lois du box-office, la naissance d'une star ne manque pas de faire son effet. Lorsqu'elle se nomme Nadine Chevalier, lorsqu'elle est plus blonde qu'Ève et remporte dès son premier film* — Demain, on verra — *un succès considérable sans pour autant y dévoiler plus d'anatomie que ces messieurs de la Commission de Censure n'en peuvent supporter, on ne peut que...* »

Nadant posa la plume pour allumer une Rothman's King Size avec un briquet Dunhill. Tous les matins, il rangeait le long du trottoir la Porsche qu'il avait achetée d'occasion et montait en souriant les marches de l'agence. Il aimait son travail, il aimait sa vie, il aimait sa femme qui lui téléphonait souvent pour lui parler de leur fils, il aimait son papier bleu, son stylo Parker, ses costumes Saville Row. Il utilisait une lotion après-rasage discrète mais tenace. Il était toujours bronzé, toujours aimable, toujours débonnaire.

— C'est toi qui l'as faite? demanda-t-il à Servais avant de reprendre le fil de son texte.

Servais secoua la tête.

— Non, c'est Courbois. Mais je connais un peu la fille.

Nadant hocha la tête, et se remit à la tâche.

Une jeune fille brune tenait compagnie à Mertolle. Assise très droite à ses côtés, elle faisait semblant de ne pas écouter ce qu'il disait durant les innombrables appels téléphoniques qu'il donnait et recevait, tout en surveillant les alentours d'un œil à la fois intimidé et narquois. Mertolle tenait à sa réputation de séducteur depuis qu'un excès d'alcool l'avait définitivement privé du moyen de la mériter. Pour l'entretenir, il faisait de vagues promesses de publicité aux filles qu'il rencontrait, les priant toujours de lui rendre visite à l'agence. Lorsqu'elles arrivaient, il simulait de ne savoir qu'en faire, faisait des grimaces exaspérées aux photographes, et pour finir asseyait l'aspirante à la gloire près de son bureau avec un numéro du *Film français* et la consigne de bien vouloir se tenir tranquille. Parfois, il en arrivait deux simultanément, ce qui ravissait Mertolle. Il redoublait ses mimiques aux photographes, plaçait les filles l'une à côté de l'autre et les oubliait. Les filles se mesuraient mutuellement du regard, entamaient finalement une conversation et attendaient ensemble la séance de photo qui n'avait jamais lieu.

La brune du jour paraissait triste et résignée et Servais crut deviner au visage fermé de Mertolle que celui-ci aurait aimé ne pas lui faire de peine. Il appela le laboratoire à l'interphone.

— Le studio est libre?

— Oui.

— Merci.

Il se dirigea vers le bureau de Mertolle.

— Je peux la faire maintenant, le studio est libre.

Mertolle ouvrit de grands yeux et examina Servais comme s'il ne l'avait jamais vu de sa vie.

— Faire qui ?

— La demoiselle.

Il désigna la brune.

— Je croyais que tu étais fatigué ?

— C'est passé.

Mertolle décrocha le téléphone pour masquer son désarroi et demanda l'A.F.P.

Servais pria la fille de le suivre. Elle se leva avec alacrité et soulagement. Ils passèrent devant les telex qui cliquetaient, traversèrent la salle des expéditions où Gozzoli, chef des expéditions, tamponnait une pile d'enveloppes. Il salua Servais, inclina la tête en direction de la fille et se frotta le front avec un virulent mouchoir à carreaux.

Au studio, Servais brancha deux spots et déroula un fond de papier bleu sous les yeux plats de la starlette. Il s'aperçut qu'elle portait un sac de voyage et demanda aussitôt :

— Faites voir ce que vous avez ?

Elle déballa deux pantalons, un maillot de bain deux-pièces, une robe du soir et un collant noir. Servais tentait de choisir entre la robe et les pantalons lorsqu'un laborantin frappa à la porte.

— Mont, Mertolle veut te voir.

— Oui, j'arrive.

Il tendit le pantalon à la fille.

— Mettez ça, je reviens tout de suite.

Mertolle feuilletait *France-Soir*, une cigarette à la bouche. Servais le regarda en silence. Mertolle parla du coin des lèvres, sans quitter son journal des yeux.

— Ne mets pas de pellicule.

Servais ne dit rien, il observait Mertolle et s'aperçut qu'il n'avait plus l'air très jeune. Le silence se prolongea. Mertolle tourna la page.

— T'as entendu ?

— Oui. Je ne marche pas.

— Alors, c'est à tes frais.

— D'accord.

Muni d'un Hasselblad et de trois rouleaux de pellicule 6×6, Servais reprit le chemin du studio. En route, il passa la tête par la porte du laboratoire.

— Dans combien de temps, la fille Chevalier?

— C'est le feature de Courbois?

— Oui.

— Un quart d'heure.

— Merci.

La brune avait mis le pantalon; elle était assise sur le papier bleu, immobile. Elle le suivit des yeux tandis qu'il installait le trépied, chargeait l'appareil, vissait l'objectif.

— Vous voulez que je change de coiffure?

— Je crois que ça ira.

— Bon.

Il brancha les projecteurs, les uns après les autres, inondant la fille de lumière blanche. Elle cligna des yeux, leva la main pour essayer de discerner ce qu'il faisait. Il concentra la lumière sur le fond, créant un contre-jour, puis éclaira la fille de côté avec de petits spots dont il resserra les faisceaux sur des endroits précis. Il travaillait avec soin, allant silencieusement d'une lampe à l'autre. Puis il retira sa veste et se tourna vers la fille.

— Vous allez vous allonger là, comme ça, appuyée sur un coude... oui, c'est ça, mais la tête penchée de ce côté...

Elle s'exécuta, et ses longs cheveux sombres s'étalèrent sur le papier bleu.

— Très bien. Ne bougez plus.

Il corrigea la position d'un spot, tira sa cellule de sa poche pour vérifier l'intensité lumineuse sur le corps et surtout le visage de la fille, qui maintenait la pose sans effort apparent. Il rapprocha l'appareil, régla rapidement diaphragme et vitesse, appuya trois fois, modifia le cadrage et recommença. Lui trouvant le regard terne, il ajouta un baby-spot, dirigé dans les yeux qui se mirent à briller. Il s'astreignait à faire du bon travail, cherchait tous les artifices techniques susceptibles de la mettre en valeur.

— Vous allez regarder la porte, puis, quand je vous le dirai, vous me regarderez, moi. D'accord?

— Oui.

Il fignola le cadrage, rectifia la vitesse, posa le doigt sur la détente.

— Allez-y.

Elle tourna la tête, plongea ses yeux dans les siens. Dans le lourd déclic du mécanisme réflexe il eut l'impression de voir une trappe s'ouvrir dans les yeux sombres de la fille, d'être subitement penché sur un puits noir et mystérieux. Surpris, il dévisagea la fille en silence, puis se mit à déplacer les lampes.

— Vous allez mettre la robe du soir.

Elle se leva, passa derrière lui.

— Il y a une cabine à côté pour vous changer, si vous voulez.

— Ce n'est pas la peine. Ne vous retournez pas.

— D'accord.

Il changea d'objectif, lui tournant le dos, écoutant le bruissement de vêtements qu'on enlevait. Consultant sa montre, il vit que le quart d'heure était écoulé, que les contacts de Nadine Chevalier devaient être entre les mains de Mertolle. Il alluma une cigarette, s'occupa de modifier l'éclairage, essayant de ne pas y penser.

— Ça y est.

La robe était plus décolletée qu'il n'avait supposé, plus serrée aussi. Elle laissait les épaules nues, ainsi que le dos et une bonne partie de la gorge. La fille se tenait droite, immobile, vulnérable.

— Bon, vous allez vous repeigner, ça ne va pas. Faites-vous un chignon.

— Oui.

Elle ouvrit son sac. Il échangea le papier bleu contre un fond noir et mat, éteignit toutes les lampes à l'exception de deux. Dans la pénombre, elle vint se placer sur le papier.

— Je vais essayer de donner l'impression que vous marchez dans la rue, la nuit.

Il s'attacha avec plusieurs lampes dont il avait bridé l'intensité à reproduire les multiples reflets d'un éclairage urbain.

— C'est de la couleur?

— Non, du noir.

La fille hocha la tête, visiblement déçue.

— Comment vous appelez-vous?

— Claude Landre.

Un temps, puis elle ajouta :

— Ce n'est pas mon vrai nom.

Il fallut plus d'une demi-heure pour régler la photo. Cependant, il allait d'un projecteur à l'autre, sans bruit, et Claude Landre ne voyait qu'une ombre mobile qui la contournait. Il prit les plus grands soins pour les épaules et la poitrine dont il accentua la rondeur et la blancheur.

— Vous faites du cinéma?

— Oui. Enfin, j'essaie.

Un temps.

— J'ai fait un petit truc dans *Demain, on verra.*

— Ah oui?

— Vous l'avez vu?

— Non.

— Oh c'est juste une petite scène, au début. Ils ont coupé la moitié, d'ailleurs.

— C'est avec Nadine Chevalier?

— Oui, c'est ça.

— Elle est bien, dans le film?

— Pas mal.

— Ne bougez plus.

Il déclencha plusieurs fois l'obturateur à différentes vitesses, puis fit un pas en arrière, s'essuyant le front. La fatigue remontait en lui.

— Je mets le maillot de bain?

Il regarda sa montre.

— Je ne sais pas si j'aurai le temps.

Mertolle devait avoir fini de choisir le feature, il pourrait voir les contacts.

— Je ferai vite.

— Bon.

Il redescendit le fond bleu pendant qu'elle se changeait. Il eut un choc. Elle avait un corps superbe, avec des articulations fines, des cuisses longues et fermes, le ventre légèrement renflé.

— Ça va?

Il crut déceler de l'ironie dans sa voix.

— Très bien. Mettez-vous là.

Pendant de longues minutes, il chercha la pose, puis l'éclairage. Ils ne se parlèrent plus. Enfin, il s'estima satisfait.

— Ça va, restez comme ça.

Rapidement il introduisit un nouveau chargeur dans l'appareil, changea d'objectif et se pencha sur le viseur. Elle avait enlevé le soutien-gorge. Courbé sur le trépied, il ne broncha pas, fit calmement jouer la mise au point, ramenant du brouillard le corps tendu, amoureusement éclairé, aux longues jambes, aux lourds seins sombrement pointus.

Elle s'habilla derrière son dos, rapidement, en chantonnant une chanson à succès. Elle semblait de bonne humeur. Servais rangea les projecteurs le long du mur, éteignit les spots, le visage fermé.

— Vous croyez que ça va vendre?

— On ne peut jamais le savoir.

— En tout cas, je vous remercie.

— Il n'y a pas de quoi.

— Vous pouvez vous retourner.

Son sac à la main, elle se tenait près de la porte.

— Vous ne m'avez pas dit votre nom.

— Servais Mont. Vous voulez voir les contacts?

— Oui, j'aimerais bien.

— Passez voir Mertolle demain, il les aura.

— D'accord.

Il ouvrit la porte, reconduisit la fille auprès de Mertolle. Il était au téléphone, comme d'habitude. Il raccrocha en les voyant approcher.

— Ça y est?

— Oui.

La fille lui expliqua, volubile et enthousiaste, ce qu'ils avaient fait, décrivit les poses, les éclairages, les vêtements.

Mertolle l'écouta sans sourire. Servais replaça l'appareil dans son casier, après avoir retiré les pellicules des chargeurs.

— Je vais filer les pelloches au labo.

Mertolle fronça les sourcils, mais ne dit rien devant la fille. Servais les laissa face à face et se rendit au laboratoire. Sept features devaient partir le soir même, et plusieurs laborantins s'affairaient devant les glaceuses. Le chef du laboratoire remplissait des bons à son bureau. Derisier avait la solide bonne humeur de ceux qui ont abandonné une valeur importante en route mais se refusent à l'admettre.

— Ça va, Mont?

— Oui.

— T'as l'air crevé.

— Ce n'est rien. Le feature de Courbois, ils le tirent?

— C'est Pommereuil qui le tire, ne va pas l'emmerder.

Sans répondre, Servais poussa le rideau pour entrer dans la pénombre orangée du labo. Plusieurs tireurs travaillaient en parlant d'un match de rugby prévu pour le lendemain.

Il resta un instant près de la porte, attendant que ses yeux se fussent habitués au noir, puis chercha Pommereuil. Il le trouva penché sur un bac, noyant une feuille blanche dans le révélateur avec des bruits désapprobateurs.

— Ça va?

— Salut. Non, ça ne va pas. Courbois m'a encore filé de la merde.

— Mauvais?

— Dégueulasse.

Dans les lueurs sombres du liquide, le visage fin de Nadine Chevalier apparut, très pâle, fantomatique et lointain. Puis les traits se précisèrent, les ombres noircirent, et le portrait mal cadré acheva de prendre sa tonalité définitive. Avec une grimace de dégoût, le tireur plaqua le tirage contre le flanc du bac, fit le geste de le plonger dans le fixateur, se ravisa et le déchira en deux. Puis il retourna à l'agrandisseur où il glissa une feuille vierge sur la plaque.

Servais vit deux feuilles de contact posées près de Pommereuil. Il se força à ne pas s'en saisir. Le tireur brancha la lampe, fit virevolter sa main quelques secondes dans le faisceau, compta jusqu'à neuf en chuchotant et éteignit l'ampoule. Avec un soupir, il quitta l'appareil, la feuille à la main, et se remit à tremper un doigt dans le révélateur, enfonçant le papier qui flottait entre deux eaux. Servais s'avança, les yeux fixés sur la feuille. Il vit deux pâles mamelons surgir du néant, suivis d'une jambe maigre, d'un ventre plat, d'un visage triste. Pommereuil se frotta les yeux en grommelant.

— Non, mais t'as vu le boulot ?

Mal contrastée, statique et gauche, la photo était de fait mauvaise, et la froide indifférence du modèle achevait de la rendre parfaitement sinistre. Pommereuil la passa néanmoins au fixateur avant de la jeter avec dédain dans le bac d'eau courante. Servais suivit la photo. Quand il la vit emprunter le couloir menant à l'extérieur, il fit le tour, et la retrouva dans les grands éviers avoisinant les glaceuses, agitée dans l'eau tourbillonnante. Il la repêcha et la plaqua contre les tuiles blanches.

— C'est toi qui as fait ça ? demanda une voix.

Suller, le meilleur photographe de l'agence, un homme gras et grave qui partait sans cesse à l'étranger, se tenait derrière Servais.

— Non, c'est Courbois.

— Ah oui. Qui est-ce ?

— Nadine Chevalier.

— Mignonne. Mais la photo...

— Oui, dit Servais.

Il passa l'épreuve au laborantin le plus proche.

— Tiens, tu me glaces ça tout de suite et tu me le mets de côté.

Servais prit les deux rouleaux 6×6 dans sa poche et les porta à Derisier.

— Rien à faire. Mertolle m'a dit qu'il ne fallait pas les prendre.

— Fais-les quand même.

— Je regrette.

— Tu le mets à mon compte.

— Personnel ?

— Oui.

— D'accord, mais pas avant demain, on a trop de travail.

— Entendu.

Derisier prit une fiche qu'il commença à remplir.

— Qu'est-ce que c'est?

— Une fille.

— Comment elle s'appelle?

— J'sais pas. Claude... Claude quelque chose.

— Claude Quelquechose, répéta gravement Derisier, avant d'éclater d'un rire imbécile.

Servais quitta le laboratoire, traversa la salle des reportages et descendit l'escalier. Chez Victor, il commanda un double-express qu'il avala d'un trait. Près du juke-box, deux prostituées écoutaient *Je suis seule ce soir* avec ravissement. Victor savait choisir ses disques. Servais avait un peu mal à la tête. Il paya, remonta à l'agence où son tirage l'attendait. Il le glissa dans une enveloppe et l'emporta.

Il habitait un studio derrière Montparnasse, au septième étage d'un immeuble décrépit de la rue Falguière. La propriétaire y avait accumulé des meubles variés et encombrants, dont un monumental buffet sculpté, une bibliothèque fin de siècle et un lit imposant mais confortable. Servais se déshabilla et passa deux minutes sous une douche froide. Puis il se fit chauffer du café et s'installa dans un fauteuil avec la tasse dans une main et la photo de Nadine Chevalier dans l'autre.

Assise à même la moquette, jambes repliées, elle se tenait assez droite, les mains posées sur les cuisses. La tête, un peu penchée, entourée de cheveux blonds, paraissait petite par rapport au corps. Sous le front large, les yeux pâles lançaient un regard d'orgueilleuse indifférence vers le photographe. Mais les seins, plus importants, plus voluptueux que Servais ne les avait imaginés, aux mamelons ramassés, opposaient un étrange démenti aux yeux : ils n'étaient pas indifférents. Servais détailla les mains longues et courbées, les pommettes marquées et le creux ombré qu'elles surmontaient, le ventre plat et étroit. Le cou, exagérément long et flexible, suggérait la même fragilité que la gorge, fragilité que le regard dominait, écrasait, mais n'effaçait pas tout à fait.

Servais posa la photographie, alluma une cigarette, se leva pour marcher de long en large, du lit à la fenêtre, vêtu d'un peignoir de bain. Il s'arrêta une fois pour éteindre son mégot et allumer une nouvelle cigarette, une deuxième fois pour ouvrir l'*Annuaire du spectacle* et y chercher Nadine Chevalier parmi les photos. Elle y figurait avec un portrait ancien où il ne la reconnut qu'avec peine. Elle portait un chignon, paraissait plus ronde de visage, la bouche charnue et bizarrement fardée. Comparant les deux photos, Servais estima que cinq ou six ans devaient les séparer. Il chercha le numéro de téléphone au bas de la page, mais l'adresse étant fausse il supposa que le numéro devait l'être aussi. Il reprit son va-et-vient. Il était sept heures du soir.

A huit heures, il s'habilla avec l'intention d'aller dîner. Il n'avait pas très faim, mais il voulait se coucher tôt. Il mangeait très souvent dans un petit restaurant de la rue Falguière où l'on servait le même repas jour après jour pour un prix modeste. Les habitués avaient leurs serviettes qu'ils rangeaient dans des casiers près de l'entrée. C'étaient des gens âgés, qui habitaient le quartier depuis trente ans. La serveuse, vieille et grincheuse, avait un réel amour pour ses clients qu'elle servait sans empressement mais avec soin. Elle se faisait assister par une jeune fille maigre au teint jaune qu'elle injuriait sans arrêt. Le patron, vaste et chauve, trônait derrière la caisse, une Gitane Maïs éteinte au coin des lèvres, lisant *l'Équipe* à l'aide de lunettes épaisses à monture massive.

Servais comptait un ami parmi les habitués, un vieil homme sec et grisonnant, coiffé en brosse, strictement et pauvrement vêtu, visiblement désargenté. Sébastien Steiner avait naguère publié plusieurs ouvrages d'économie ainsi qu'un essai philosophique. Il écrivait toujours mais ne faisait plus aucun effort pour se faire publier. Sa femme était morte dix ans auparavant, dans un accident de la circulation, et il habitait seul un sombre appartement de quatre pièces qui avait tout du musée. Invité un soir pour prendre le café, Servais y avait admiré les portraits d'une femme ravissante et rieuse dont Sébastien Steiner disait « qu'il ne lui convenait pas de l'oublier ». Il en parlait sans douleur, le visage froid, de la même manière qu'il évoquait les théories économiques qu'il avait jadis préconisées et dont personne, à présent, ne prônait l'usage. Sa bibliothèque comprenait les œuvres complètes de Böhm-Bawerk, de Menger, de Ludwig von Mises, les pamphlets de Bastiat et une profusion de romans policiers, principalement Hammett, Chandler, Cain et Spillane. Il avait d'ailleurs en commun avec Marlowe, le héros de Chandler, la partie d'échecs, jamais terminée, qu'il faisait avec lui-même, la nuit, quand le sommeil tardait. Il ne dormait que trois heures par nuit depuis la mort de sa femme, généralement à l'aube, à l'heure où les éboueurs paraissaient au bout de la rue Dutot.

Ce soir-là, il mangeait à sa table habituelle, dans un coin, loin du bruit. Il hocha la tête, apercevant Servais, et se pencha pour écarter la deuxième chaise. Ils ne se parlaient pas toujours, et Servais n'était pas mécontent de manger en silence. Il fut servi par la maigre serveuse qui, malgré le flot ininterrompu d'invectives de l'autre, conservait une placidité à toute épreuve. Sébastien Steiner lisait *le Monde*. De l'autre côté de la salle, deux habitués âgés se querellaient à propos d'une bataille obscure et lointaine, parlaient stratégie et mouvements de troupes, refaisaient sur la nappe et au crayon les plans qui avaient conduit des soldats disparus et oubliés à une mort anonyme.

— Quelque chose ne va pas ?

Servais leva la tête.

— Ça va. J'ai raté un reportage ce matin.

Steiner haussa les épaules, termina son café, compta méticuleusement son argent avant d'empiler les pièces dans la soucoupe.

— Je vous laisse le journal.

— Merci, bonne nuit.

— Bonne nuit.

Servais regarda la longue silhouette droite traverser la salle. Puis il ouvrit *le Monde*. Un pavé publicitaire lui sauta aux yeux :

DEMAIN ON VERRA
Un film de Jean Lascault
Avec
Serge Maine et Nadine Chevalier.
Un grand film d'amour, de passion et de liberté.
Il est recommandé de voir le film dès le début.
Plus de 400 000 Parisiens ont déjà vu
DEMAIN ON VERRA
Serez-vous le seul à ne pas l'avoir vu ?

Il trouva une place pour garer sa voiture dans la rue d'Odessa, non loin du cinéma Le Bretagne qui affichait *Demain, on verra*. Servais eut le temps d'étudier les photos d'exploitation. On y voyait Nadine Chevalier dans différentes situations, en train d'embrasser Serge Maine, ou de le gifler, ou de le quitter, ou de le rencontrer. Sur l'une des photos, elle émergeait d'une baignoire, une serviette autour des reins, les bras croisés sur la poitrine.

La salle était presque pleine et Servais, qui n'avait pas fait la queue, car il avait horreur de ça, ne trouva de place qu'au troisième rang, à côté d'un spectateur moustachu qui lisait *Planète* et d'une dame enceinte qui suivait avec une farouche concentration un film publicitaire consacré à Omo.

Servais s'enfonça dans son fauteuil. La fatigue le traversait en vagues diffuses. Pour s'occuper durant le documentaire, il acheta un Eskimo qu'il s'attacha à consommer le plus lentement possible. Le court métrage traitait d'un lac brumeux où bon nombre de poètes avaient trouvé matière à d'innombrables poèmes. Le réalisateur n'en oublia aucun, et son opérateur n'épargna aucune rive, aucun nuage, aucun rocher, aucun arbre, aucun horizon crépusculaire au spectateur. Vinrent les actualités qui donnèrent l'occasion au public de siffler le chef d'État pour qui ils avaient voté et qu'ils éliraient de nouveau la prochaine fois, et la présentation du spectacle suivant, une œuvre danoise réservée aux adultes qui semblait conter l'amère ménopause d'une sténo-dactylo fétichiste.

Le film commença enfin, avec l'arrivée en provenance d'une douce et lointaine province d'une jeune fille curieuse dans la capitale mouvementée. Sous les traits quelque peu figés de Nadine Chevalier, la virginale Clotilde devenait tour à tour vendeuse, dactylo et enfin mannequin tout en accordant ses faveurs à plusieurs hommes d'âge et de type variés. Il y eut un sculpteur chevelu, un cadre froid et sec, un pilier de bistrot spirituel (mais superficiel) et enfin un écrivain doté d'un grand calme intérieur (incarné sans conviction par Serge Maine qui était doublé) lequel l'initiait d'abord aux plaisirs de l'orgasme clitoridien puis à sa philosophie de type oriental où des cigarettes mal roulées semblaient jouer un rôle prépondérant. Il l'arrachait des boîtes de nuit et des pages de *Elle* pour la mener vers une existence méditative sur les rives de la Marne.

Servais reconnut Claude Landre sous les traits d'une cerbère de boîte de nuit. Elle ne prononçait qu'une phrase, dont la moitié le dos à la camera. Il prit surtout du plaisir aux scènes de transition, où Nadine Chevalier longeait des rues, montait des escaliers, descendait de taxi, scènes où sa personne prenait le dessus sur le personnage, où Servais retrouvait la démarche lente, le port de tête incliné de la fille qu'il avait rencontrée le matin même.

A minuit, il se trouva au volant de sa voiture, qu'il dirigea vers la rue Falguière. Mais à peine eut-il ouvert la porte de chez lui, qu'il la refermait, redescendait, reprenait sa voiture et se rendait à l'agence Gaya-Becque.

Comme tous les photographes, qui parfois déposaient leurs pellicules au milieu de la nuit, il avait une clef. Sans bruit, il s'introduisit dans l'agence déserte, où un lampadaire de la rue Saint-Denis permettait de discerner les meubles, et se glissa au laboratoire. Après un moment d'hésitation, il brancha la lumière et s'installa au bureau de Derisier pour examiner les features du jour. Celui consacré à Nadine Chevalier y était, huit photos plus le texte roucoulant de Nadant, ronéotypé en caractères baveux. Mais les négatifs manquaient au dossier. Servais ouvrit les grands classeurs muraux et trouva les négatifs rangés à la lettre C, parmi les nombreux reportages de Courbois. Il alluma les lampes orangées, vérifia que les bacs n'avaient pas été vidés, fit tourner l'eau dans les éviers d'eau courante, et quittant sa veste, s'installa devant un agrandisseur avec une boîte de papier.

Sur les soixante-douze photographies prises par Courbois, il en tira soixante-sept, laissant celles que des défauts techniques rendaient pratiquement inutilisables. Ce fut un long et pénible travail. Recadrant certains clichés, fignolant les temps d'exposition, mesurant la durée d'immersion dans le révélateur, il consacra au médiocre labeur de Courbois un soin qu'aucun tireur ne lui avait jamais donné. A quatre heures trente, la dernière épreuve se détacha du tambour chromé de la glaceuse.

De retour rue Falguière, il se déshabilla rapidement et s'allongea sur son lit mérovingien avec un nouveau café et la pile de tirages; des portraits où il retrouva le regard aigu, le sourire lointain, la tête penchée, des nus surtout où il découvrit peu à peu le corps tout entier. Il étudia le long dos courbé, les reins étroits, les longues cuisses, les seins accrochés haut, pleins et renflés, aux aréoles sombres et bien dessinées, le pli de l'aine, les mains fines et allongées, les épaules larges, les salières prononcées, le derrière rebondi, presque enfantin, les avant-bras fuselés et le silence. C'était évident. On avait pris ces photos dans le silence. Personne n'avait parlé entre les poses, il n'y avait eu aucune conversation, aucun échange entre le modèle et le photographe. Le silence de l'appartement sans meubles et sans couleurs régnait dans les clichés; Courbois n'avait pu l'éliminer. Il n'avait pas, selon son habitude, « baratiné » pour la déshabiller, elle s'y était prêtée d'office et il avait photographié ce qu'elle avait bien voulu lui montrer. Et en vérité, elle ne livrait rien, demeurait comme certaines statues, lisse et impénétrable.

II

Le téléphone le réveilla. Il se dressa en sursaut dans son lit, regarda, éberlué, les photos qui jonchaient l'édredon, décrocha.

— Oui ?

— Alors, qu'est-ce que tu fous ? T'es en vacances ?

C'était Mertolle.

— Quelle heure est-il ?

— Onze heures. T'as un reportage à Saint-Denis.

— C'est quoi ?

— Un dingue qui est monté sur le toit avec une petite fille et une carabine.

— La fille, c'est la sienne ?

— Je suppose.

— Bon, file-moi l'adresse.

— Rue Auguste Delaune, au 34. C'est près de la gare.

Il se rasa, but un café et s'habilla. Il rangea les photos de Nadine Chevalier dans la bibliothèque entre *Form and Figure* de Peter Basch et *Perspective of Nudes* de Bill Brandt. Sa voiture l'attendait avec deux contraventions au pare-brise.

Un petit attroupement s'était formé au bas de l'immeuble. Ils étaient là, têtes levées, bouches ouvertes, opposant une passive résistance aux agents de la circulation qui tentaient de les disperser. Un policier, qui avait passé la tête par une fenêtre du sixième étage, essayait de parlementer avec celui que l'éditorialiste de *France-Soir* allait sans doute appeler le « forcené ». Chauve et trapu, il se profilait sur le ciel, tenant sa carabine et dônnant la main à une petite fille. Il ne bougeait pas, et paraissait calme. Mais visiblement, il n'écoutait pas le policier.

Servais reconnut un confrère dans la foule et lui fit signe. Bérard travaillait pour *l'Aurore* depuis quinze ans avec le même Rolleiflex, la même obstination tenace et le même manque d'imagination. Petit et grisonnant, il avait tout du fonctionnaire, employé des Postes ou de la Sécurité sociale. S'approchant de Servais, il lui serra la main.

— Tu es là depuis longtemps ? demanda Servais.

— Une demi-heure.

— Qu'est-ce qu'il a, ce brave homme ?

— Sa femme l'a quitté.

— Alors ?

— Alors il veut la forcer à revenir.

— En tuant sa fille ?

— Pas sûr. On n'a pas encore compris ce qu'il veut faire. Les uns disent qu'il va jeter la fille, les autres...

— Qu'il va jeter la carabine, acheva Servais.

Bérard le dévisagea, un peu interloqué.

— Hein ? En tout cas, on ne sait pas.

— Et l'épouse indigne ?

— Elle est là-bas.

Elle se tenait entre deux policiers, une femme de quarante ans, pauvrement vêtue, pâle et froide, des lunettes à monture rose sur le nez. Sans expression aucune, elle tournait les yeux de la foule à son mari, et vice versa, régulièrement, apparemment indifférente aux photographes et aux spectateurs. Servais arma son Nikon et s'approcha. Il entendit un policier dire à la femme :

— Vous pourriez peut-être lui parler.

Elle secoua la tête d'un geste impatient.

— Je n'ai rien à lui dire, il m'emmerde.

— Et votre fille ?

— Il l'adore, il ne la touchera pas.

Elle avait une voix neutre, monocorde, avec un léger accent du Nord. Il faisait assez beau, le soleil éclairait l'homme, rendait luisant son crâne blanc.

Servais retrouva Bérard.

— On ne peut pas monter?

— Il a bloqué la trappe, et il est bien placé pour descendre tous ceux qui viendraient par l'immeuble d'à côté.

Servais haussa les épaules.

— Ça ne vaut pas un clou.

— Ça dépend. S'il saute, je fais la « une ».

Servais leva la tête, l'homme n'avait pas bougé.

— Il ne sautera pas.

— On ne sait jamais.

Servais s'écarta, fit quelques pas discrets en direction de l'immeuble voisin qui n'avait que cinq étages. L'entrée était déserte, mais Servais entendit un homme tousser dans la cage de l'escalier. Il dévissa l'objectif du Nikon et le glissa dans la poche de son imperméable. Dans l'autre poche, il rangea le boîtier. Les mains vides, il monta l'escalier.

— Vous habitez ici?

— Oui, monsieur l'agent, au cinquième.

— Ne vous approchez pas des fenêtres, il y a un fou sur le toit.

— Oui, je sais. Je ferai attention. Merci, monsieur l'agent.

Il monta calmement jusqu'au cinquième, puis s'arrêta sur le palier. Le policier ne faisait aucun bruit, il écoutait. Servais fit tinter ses clefs, puis ouvrit et referma énergiquement la porte des toilettes. Enfin, il s'immobilisa. Après un temps, l'agent reprit son va-et-vient au second étage.

Servais avait repéré une trappe au plafond, et une échelle accrochée au mur. Il retira son imperméable, réassembla son appareil qu'il suspendit à son cou, et décrocha l'échelle. Il y eut un léger grincement, et Servais crut entendre le policier monter, mais il s'arrêta au troisième étage où il se remit à marcher de long en large. Avec précaution, Servais appuya l'échelle contre le mur et commença à grimper. Les barreaux ne firent aucun bruit, mais les extrémités de l'échelle raclaient contre le mur. Parvenu au sommet, Servais posa les deux mains contre la trappe et poussa de toutes ses forces. Elle ne céda pas, mais il fut aveuglé par une avalanche de poussière. Il recommença, et cette fois la plaque rouillée se souleva dans un hennissement métallique. Prenant appui sur les bords de l'ouverture, Servais se hissa sur le toit. Il se retourna aussitôt, empoigna l'échelle et la tira hors de l'immeuble. Le policier montait l'escalier quatre à quatre. Servais rabattit la trappe et s'éloigna.

Le toit de l'immeuble voisin étant de deux mètres plus élevé, on ne pouvait y accéder qu'en escaladant un mur de plâtre sale. Servais sauta, se suspendit au rebord, un instant, puis remonta peu à peu la tête. L'homme lui tournait le dos, il n'avait pas bougé. Jambes écartées, carabine à la main, il contemplait le ciel, l'air absent. La petite fille paraissait tout aussi calme, tout aussi absente. Servais accrocha un pied au bord du mur et se hissa. Ce faisant, son Nikon heurta la pierre et l'homme se retourna. Il épaula son arme.

— Ça va, dit Servais, je ne suis pas un flic.

Il montra son appareil. L'homme le visait toujours, en silence. Servais leva le Nikon, régla rapidement diaphragme, vitesse et mise au point, prit deux photos. Puis il s'avança.

— Vous avez vu? Votre femme est en bas. Elle dit que vous l'emmerdez et qu'elle n'en a rien à foutre que vous sautiez.

L'homme baissa son arme, se tourna vers la petite fille, les yeux vides. Il s'agenouilla pour l'embrasser violemment sur la bouche, lui passa la main dans les cheveux, puis la lâcha. Il fit un pas vers le bord du toit.

— Vous voulez que je descende la petite après ou quoi? demanda Servais, qui s'était gardé de photographier le baiser.

L'homme se retourna. La sueur ruisselait sur son front et son crâne blanc, sa chemise était tachée aux aisselles et ses mains tremblaient. Il s'écarta de la fille, se rapprocha encore du vide.

Servais lui tourna le dos, se baissa pour écarter la poutre que l'homme avait posée sur la trappe. Il souleva le battant pour découvrir le visage éberlué d'un policier.

— Barrez-vous, dit Servais entre les dents.

Le policier n'eut aucune réaction. Servais jeta un regard par-dessus son épaule, constata que l'homme le fixait. La petite fille voulut se rapprocher de son père, mais elle glissa sur la pente. L'homme l'attrapa dans un mouvement étonnamment rapide, puis la poussa devant lui en direction de la trappe. Ils passèrent devant Servais.

— Descendez d'abord, je vous passerai la petite, dit Servais prenant l'autre main de l'enfant.

L'homme posa sa carabine, lâcha sa fille et avec un étrange sanglot se laissa glisser dans le trou. Quand il fut en bas, Servais lui passa la petite fille. Père et fille tendaient les bras l'un vers l'autre avec un même regard.

— Je passe de l'autre côté, dit Servais, il faut que je récupère mon imper.

C'était l'heure du déjeuner, mais Mertolle n'était pas encore parti.

— Tiens, c'est meilleur que les autres, mais il faut faire vite.

Mertolle appella le laboratoire par l'interphone.

— Derisier, vous passez la pellicule de Mont en urgence.

Ayant déposé sa pellicule au laboratoire, Servais chercha un vendeur. L'agence en comptait deux, un homme distingué nommé Pallet-Dulac qui trinquait à merveille avec les rédacteurs de *Jours de France* et leur vendait du Soraya comme personne, et un jeune garçon bouclé et nerveux qui n'avait jamais vouvoyé qui que ce soit de sa vie, et pouvait traverser Paris en Solex plus vite qu'un car de police ou une voiture de pompiers. Il s'appelait Leroy, et Servais le trouva aux archives en conversation avec la nouvelle secrétaire qu'on y avait engagée.

— Tu auras quelque chose pour *France-Soir* dans trois quarts d'heure.

— Oui ? Quoi ?

— Un mec sur un toit.

— Encore ?

— On ne choisit pas.

— Il a sauté ?
— Non.

C'était jour de couscous chez Victor. Nesbitt lui faisait honneur avec son habituel manque d'enthousiasme. Servais lui serra la main et s'attabla.
— Quoi de neuf ?
Nesbitt secoua la tête, découragé.
— Quelqu'un a encore piqué le savon, ce matin.
— Pas de chance.
— J'ai rencontré une fille intéressante. Plutôt cultivée, tu vois, *quite articulate*.
Nesbitt, qui parlait parfaitement le français, parsemait ses phrases de locutions anglaises lorsqu'il était de mauvaise humeur. Il but un verre de vin d'un trait, et secoua la tête derechef.
— Je suis très fatigué. J'ai parlé avec elle toute la nuit. Elle étudie la théosophie et la sémantique. Je crois qu'elle admire Sollers.
Il soupira.
— Ça m'embête un peu, quand même, qu'elle admire Sollers... C'est inquiétant hein ?
— Assez, oui.
— Je ne sais pas quoi penser. Elle est splendide, tu vois... des pieds gigantesques... Je vais certainement l'épouser.
Nouveau soupir.
— C'est Sollers qui me gêne.
Nesbitt fixait son couscous d'un œil morne.
— Je lui ai demandé sa main à six heures du matin, du côté de la place Péreire. Il faisait un froid terrible.
— Et alors ?
— Elle a refusé, mais gentiment. Je dois l'appeler aujourd'hui, mais je crois que j'ai perdu son numéro. Je l'avais marqué sur un paquet de cigarettes que j'ai dû jeter. Tu n'as pas vu traîner un paquet de Senior Service ?
— Non.

— Ses parents ont beaucoup d'argent, ils tiennent une pharmacie à Lisieux. Elle me rappelle quelqu'un d'ailleurs, une Allemande que j'ai connue à Nassau, une fille remarquable, des pieds incommensurables.

Deux mains se plaquèrent sur les yeux de Servais, pressant sa tête contre une poitrine chaude et parfumée.

— Salut, Miriam.

— Tu vas bien?

Ils s'embrassèrent sur les deux joues. Nesbitt lui tendit un verre de vin qu'elle refusa. Elle avait déjà mangé, elle ne restait pas. Nesbitt se frotta le front d'une main tremblante, murmura :

— *God, I'm tired.*

Servais passa l'après-midi à l'agence, affalé derrière un bureau avec un numéro périmé de *l'Express*. Vers quinze heures, le téléphone sonna.

— Oui?

La standardiste avait une voix molle mais charmante.

— Tiens, c'est pour toi.

— Qui est-ce?

— Une fille. Une des « nanas » de Mertolle.

— Alors passe-la à Mertolle.

— Il n'en veut pas, il m'a dit de te la passer.

Servais leva la tête, vit que Mertolle le regardait froidement.

— Alors, tu la prends ou quoi? Je ne peux pas continuer comme ça toute l'après-midi.

— Vas-y, passe-la.

— Allô?

— Servais Mont à l'appareil, j'écoute.

— C'est Claude.

— Pardon?

— Claude Landre.

— Je suis désolé, mais je ne vois pas...

— Vous m'avez fait des photos, hier.

— Ah oui, excusez-moi. Je ne pense pas qu'elles soient prêtes encore, ne quittez pas. Je vais me renseigner.

Il posa le récepteur, appela le laboratoire à l'interphone.

— Derisier est là?

— Qu'est-ce que tu veux?

— Les 6×6 de hier, c'est fait?

— Je t'avais dit ce soir.

— Je sais. C'est fait ou pas?

— T'auras les contacts d'ici une heure.

— Merci.

Il reprit le récepteur.

— Pas avant ce soir, mademoiselle.

— J'ai un rendez-vous à six heures, je ne serai pas libre avant huit heures, c'est trop tard?

— Oui, ça sera pour demain.

— J'aurais bien aimé les voir ce soir.

Un temps. Servais alluma une cigarette.

— Monsieur?

— Je suis là.

— Vous ne pourriez pas les laisser quelque part où je pourrais les prendre?

— 25, rue Falguière, le concierge les aura à partir de huit heures.

— Merci beaucoup.

— Au revoir.

Il raccrocha, reprit *l'Express*. Deux secrétaires se disputaient une gomme au fond de la salle; Mme Mehring, la représentante de Stern, conversait avec l'Allemagne à très haute voix, en allemand. Nadant regardait par la fenêtre, un sourire satisfait sur son visage hâlé. Leroy entra rapidement et se dirigea vers Servais.

— Cinquante sacs, ils vont essayer de la passer dans la dernière. Ça te va?

— Ça me va.

L'interphone grésilla sur le bureau de Mertolle et la voix grave de Gaya se fit entendre.

— Mertolle, comment se fait-il qu'un pigiste ait fait Saint-Denis?

Mertolle fit une grimace.

— Il n'y avait personne d'autre.

— Ne raconte donc pas de salades.

Il y eut un silence, puis un déclic. Mertolle nota quelque chose sur son agenda, laborieusement penché sur son stylo. Leroy fit un clin d'œil à Servais et quitta la salle.

Servais se leva, se rendit auprès de Mertolle.

— Tu me donnes le numéro de Nadine Chevalier?

— Pourquoi?

— Je voudrais lui vendre une machine à laver, dit Servais, le visage froid.

Mertolle lui passa son carnet et Servais recopia le numéro. De retour à son bureau, il demanda l'appel à la standardiste qui le rappela presque aussitôt.

— Elle est aux abonnés absents. Tu veux laisser un message?

— Non, ça ne fait rien.

Il descendit chez Victor et commanda un café. La grosse cuisinière chantait dans sa cuisine, deux clients jouaient au 421 au bout du comptoir.

— Nature? demanda Victor, posant la tasse sur le bar et la menaçant d'une bouteille de calvados.

— Nature.

Dégoûté, Victor reposa la bouteille et récupéra le mégot brunâtre qu'il avait posé sur le rebord de l'évier. Un pâle adolescent jouait au billard électrique avec une effroyable concentration, s'essuyant le front, se frottant les mains sur son pantalon entre chaque bille. Nesbitt entra soudain, radieux, brandissant un paquet de Senior Service.

— Je l'ai trouvé dans la corbeille à papier.

— Tu l'as appelée?

— Oui, on se voit ce soir. Je vais lui faire un *Irish Stew.*

Nesbitt commanda un blanc sec, qu'il attendit avec impatience et avala d'un trait.

— Tu vas pouvoir te servir de ton pot, dit Servais.

— Oui, mais...

Nesbitt soupira, subitement accablé.

— ... Mais?

Nesbitt n'avait plus le cœur à parler. Il but successivement trois nouveaux verres de vin, paya Victor, lui serra l'avant-bras et quitta l'établissement, l'œil morne et la démarche traînante. Le joueur de billard électrique avait déjà englouti cinq francs dans la machine. Il entamait le sixième avec une énergie de désespéré. Servais monta à l'agence où les contacts de Claude Landre l'attendaient.

Muni d'une loupe et d'un crayon gras, il s'installa au bureau des photographes pour faire une sélection. Les photos étaient excellentes, de grande qualité technique, bien éclairées, d'une sophistication discrète. Il encadra les meilleures au crayon rouge, et se rendit au laboratoire. Pommereuil, adossé aux glaceuses, lisait *Histoire d'O.*

— Tu peux me faire trois tirages en vitesse?

— Si c'est bon, peut-être.

— C'est très bon.

— Derisier est d'accord?

— Non. Il n'est pas au courant.

— Dis-moi tout de suite que tu veux me faire jeter?

Servais ne dit rien.

— Allons-y.

Dans la pénombre orangée, penchés sur l'agrandisseur, ils fignolèrent trois tirages qu'ils passèrent subrepticement dans la glaceuse. Puis Servais offrit un verre à Pommereuil chez Victor.

A sept heures, s'étant assuré auprès de Mertolle qu'il n'avait pas de reportage pour le soir, Servais quitta l'agence avec les tirages dans une enveloppe.

Rue Falguière, il se changea et resta vingt minutes à étudier les photos de Nadine Chevalier. Elles lui parurent encore plus mauvaises que la veille, mais il lui sembla discerner dans le regard froid de l'actrice une lueur d'amertume, enfouie mais perceptible. C'était, en tout cas, un premier pas.

A huit heures, il descendit, confia les tirages de Claude Landre au concierge, un homme maigre et cultivé qui lisait Pierre Loti dans son lit, et gagna le restaurant. Sébastien

Steiner occupait sa place habituelle; il venait d'arriver. Servais commanda le plat du jour à l'irascible serveuse, déplia sa serviette en silence. Steiner posa son journal pour se pencher sur le potage qu'il consommait tous les soirs depuis dix ans. Le journal attira l'œil de Servais, il l'ouvrit et trouva sa photo en première page avec la légende : « *Le forcené met le photographe en joue!* »

— C'est vous? demanda Steiner sans lever la tête.

— C'est moi.

Servais raconta l'incident en mangeant et Sébastien Steiner l'écouta en silence, avec des hochements de tête.

En remontant chez lui, Servais demanda au concierge si la jeune femme était venue. Il ne l'avait pas vue. Servais se confectionna un café, s'étendit sur son lit. Les minutes passèrent, lentement. Il se releva, ouvrit la fenêtre, se pencha sur la rue. Il sortit les photos de Nadine Chevalier, les remit en place aussitôt. Il décrocha le téléphone et composa le numéro que Mertolle lui avait donné.

— Abonnés absents, qui demandez-vous?

Il raccrocha, se souvint alors qu'elle avait dit à Mertolle qu'elle partait pour Rome. Il se remit à la fenêtre. On frappa à la porte. C'était Claude Landre.

— Le concierge m'a dit que vous étiez là et je voulais vous remercier.

Elle tenait l'enveloppe serrée contre sa poitrine.

Servais s'écarta.

— Entrez.

Elle fit deux pas, referma la porte derrière elle. Elle portait une robe d'été, un chignon compliqué, s'était maquillée avec soin.

— Ce sont les meilleures photos qu'on ait jamais faites de moi.

Elle parla simplement, le dévisageant, sans voir les meubles ou les murs.

— Merci. Asseyez-vous.

Il avança un fauteuil qu'elle accepta.

— Café?

— Ce n'est pas la peine de vous...

— J'en bois sans arrêt. Il y en a pour une minute.

Dans la minuscule cuisine, il mit de l'eau à bouillir et passa deux tasses sous le robinet.

— Je vous ai vue hier dans votre film.

— Ah oui? Vous avez aimé?

— Le film? Non.

Un temps. Il versa l'eau dans les tasses, chercha un plateau sans succès, entra dans la chambre les tasses à la main.

— Sucre?

— Merci.

Elle croisa les jambes, montrant des genoux fins et des cuisses rondes. Pour boire son café, elle avait posé l'enveloppe. Servais l'ouvrit pour en extraire les tirages et les contacts.

— Vous pouvez en faire tirer d'autres. J'ai choisi celles-ci parce que je les préfère, mais il y en a d'autres.

— Depuis le temps que mon imprésario m'en réclame, il va être content.

— Vous êtes chez qui?

— Kühl-Batsch.

— Alors il doit vous envoyer partout où on réclame une petite blonde.

Elle eut un sourire.

— Souvent, oui.

Kühl-Batsch n'envoyait jamais ce qu'on lui demandait. Il avait expédié un comédien quinquagénaire parlant anglais à un metteur en scène qui lui avait réclamé un jeune premier parlant italien. Il avait présenté des chanteuses blondes à un réalisateur de télévision qui cherchait des tragédiennes brunes, et des comiques de music-hall à un animateur qui montait *Britannicus*.

— Votre rendez-vous, aujourd'hui, c'était pour un rôle?

— Oui, une audition à l'Athénée, pour Darrant.

— Ça a marché?

— Je lui ai passé Johanna dans *les Séquestrés*. Quand j'ai eu terminé, il n'a rien dit pendant au moins une minute. Et puis finalement il m'a demandé : « Vous êtes bien comédienne, mademoiselle? »

Elle éclata de rire, tourna la tête, découvrit le décor.

— Ce ne sont pas mes meubles.

Elle hocha la tête, baissa les yeux. Il y eut un temps de flottement.

— Vous avez mangé? demanda Servais.

— Non, je n'ai pas très faim. Dites-moi, Mertolle, comment est-il?

— Pourquoi?

— Je l'ai rencontré chez une amie. Il a raconté un tas d'inepties et puis il m'a proposé de venir à l'agence me faire photographier, il a dit que ça me ferait de la publicité. Mais...

— Mais?

— Quand je suis arrivée, j'ai eu la certitude qu'il n'y aurait pas de photos.

— Vous voyez, vous vous étiez trompée.

Elle leva les yeux, pensivement.

— Je n'en suis pas si sûre.

— Encore un café?

— Non, merci. Je vais partir. Je voulais seulement vous dire que j'étais très contente des photos.

— Bon.

Il prit l'enveloppe pour y glisser les épreuves. Son œil tomba sur la dernière, en maillot de bain, les seins nus, les cheveux sombres ruisselant sur les épaules. Il s'arrêta, étudiant la photo, et elle parla à ce moment-là, d'une voix rapide.

— Vous voulez dîner avec moi?

— J'ai mangé, merci.

Il referma l'enveloppe et la lui tendit. Elle se leva, ils se serrèrent la main.

— Au revoir.

— Au revoir.

Elle se tourna pour ouvrir la porte.

— Vous êtes motorisée? demanda Servais.

— Non, mais...

— Où allez-vous?

— Je ne sais pas.

— Vous aimez qu'on vous regarde manger?

Le petit restaurant de la rue de Beaune était presque vide. Un vieil Anglais dînait seul dans un coin, penché sur *The Guardian*, buvant du vin rouge à petites gorgées.

Servais choisit une table au fond de la salle, appela la serveuse, et Claude commanda son repas. Elle voulut que Servais mange aussi, mais il ne prit qu'un grand café noir. Il la regarda découper ses œufs « à la russe », et lui raconta un reportage qu'il avait effectué chez un comédien célèbre, qu'elle semblait admirer. La salle était calme, et il parlait à voix basse, ce qui eut pour effet de créer une complicité factice. Elle lui parla du producteur libanais qui l'avait arrêtée devant un magasin de la rue Tronchet pour lui proposer un rôle dans son prochain film, des rôles promis pour des tournages qui n'avaient jamais lieu, des portes closes, des contrats mystérieusement égarés à la poste.

Elle en était au dessert, découpait sa pomme en quartiers géométriques avec soin. Servais remarqua ses mains aux paumes carrées, aux doigts courts. Elle tenait son couteau comme un stylo, appuyé par l'index sur l'attache du pouce. L'Anglais partait. Il avait réglé son addition, non sans les quelques remarques à la serveuse relatives au temps, destinées à montrer qu'il parlait le français et se sentait tout à fait parisien. Servais trouva subitement l'endroit déprimant.

— On prend le café ailleurs ?

— Si tu veux.

Au tutoiement prématuré, il sut ce qu'elle attendait de lui. Il éprouva ce choc enfoui, mélange d'appréhension et de plaisir, qui se produisait en lui chaque fois. Ils allèrent au Flore.

Assis dans un coin de la salle, entre un vieux couple conversant à voix basse en espagnol et deux jeunes Vietnamiens qui parlaient sociologie avec virulence, ils commandèrent du café et Claude parla « métier ».

— J'ai commencé tard, après un an au cours Dullin. J'avais fait un peu de mime. On ne sait plus comment se former, tout est remis en question. Tu ne trouves pas?

— Non, dit Servais, impassible.

Un peu interdite, elle baissa le regard, surprise qu'on pût contester d'aussi rassurants poncifs.

— Je veux dire qu'on ne peut plus faire ce qu'on faisait avant.

— Autant que je sache, personne n'essaie.

— Le boulevard...

— Quel boulevard? Guitry ne se compare pas mieux à Breffort que Flaubert à Sagan.

— Tu aimes Flaubert?

— Non.

Un temps. Elle reprenait son souffle. Servais alluma une cigarette.

— Mais on ne peut quand même pas continuer à faire évoluer des personnages dans un salon, des personnages qui ont peut-être existé mais qui ne représentent plus rien aujourd'hui.

— Pour toi.

— Comment ça...?

— On n'écrit pas que pour montrer ce qui existe, on écrit aussi pour montrer ce qu'on souhaite voir exister. Le théâtre dont tu parles est destiné à donner à un certain public, une certaine génération, l'impression que rien n'a changé. C'est presque une thérapeutique.

— Oui, sûrement, mais un théâtre qui reflète notre époque, nos problèmes...

Servais haussa les épaules, pensa à autre chose. A deux yeux gris, impassibles et graves, sous une longue chevelure blonde. Il laissa le brouhaha de la salle lui remplir la tête, observa les clients, les garçons, fuma sa cigarette.

De l'autre côté de la salle, un homme qui avait naguère publié un court roman : *les Yeux noirs*, Prix Médicis, et qui promettait depuis à son éditeur une œuvre massive et définitive à laquelle il semblait incapable de mettre le point final, entretenait une femme laide, aux dents proéminentes, aux yeux battus, d'un sujet qui paraissait lui tenir à cœur. Il gesticulait beaucoup, avec l'aide d'une canne qu'il avait achetée un dimanche pluvieux sur les quais, et dont il ne se séparait jamais. Raymond Lapade se levait tard et se couchait aux aurores depuis des années. Il était intelligent, vindicatif et amer. On disait qu'il se droguait, qu'il buvait trop, qu'il avait engrossé une Allemande travaillant au pair à Paris dont les parents — industriels puissants de la Ruhr — lui faisaient un procès. Lapade combattait une stérilité littéraire chronique avec les moyens du bord, il parlait d'autant plus qu'il écrivait moins, retardant toujours d'une minute, d'une phrase, l'heure où il lui faudrait retrouver sa chambre silencieuse, sa machine à écrire, la page blanche. Ex-membre du parti communiste, il avait rendu sa carte un matin que le cognac de la veille lui avait laissé un écœurement particulièrement pénible et professait depuis lors des opinions vaguement anarchistes nées de sa haine toute neuve du totalitarisme et de son mépris pour l'économie mixte. Atteint, à 38 ans, d'une cirrhose du foie, il ne se soignait pas, buvait toujours à l'excès, préférant ignorer la révolte de ses organes et leur lente décomposition. Apercevant Servais, il interrompit une phrase marathon pour hurler :

— Tu vas, fumier ?

Et de l'inviter à sa table d'un geste. Servais secoua la tête.

Claude parlait toujours, expliquait que le rapport traditionnel de l'art, celui du regardeur au regardé, ne pouvait plus satisfaire les aspirations artistiques du public, que seule la participation du spectateur pouvait sauver le théâtre d'une mort imminente. Servais la regardait, silencieusement. Nous sommes, pensa-t-il, des personnages de Thomas Mann, nous parlons nos vies, assis au balcon. Claude en était arrivée à la photographie.

— C'est un art ?

Servais se leva, ramassant sa monnaie.

— Non.

Et il ajouta, glissant les pièces dans sa poche :

— C'est mieux.

Elle se leva, il lui tendit son sac à main.

— Regarde, dit-elle à voix basse.

Elle lui montrait un couple d'un certain âge, assis deux

tables plus loin. L'homme parlait bas, tête baissée, tripotant une cuillère; la femme, immobile, presque pétrifiée, pleurait. Les larmes coulaient sans qu'elle fît le moindre geste pour les dissimuler.

Lapade rejoignit Servais et Claude à la porte du café.

— J'ai à te parler, dit-il, de la pollution. Je me suis laissé dire que c'est important.

— Tu ne pouvais pas mieux tomber, dit Servais, j'en suis tellement préoccupé que je ne dors plus la nuit.

— Ah, dit Lapade, je le savais. Dis-moi, faut-il sensibiliser la population?

— Il le faut, dit gravement Servais.

— Je m'y mets tout de suite, je vais en parler à l'hideuse créature qui sirote là-bas à mes frais. Dormez bien, les enfants.

Il les quitta et regagna, en vacillant quelque peu, sa table.

Claude habitait une chambre de bonne dans la rue Lhomond, derrière le Panthéon. Servais inspecta les posters : Trotsky, Julie Christie, Gérard Philipe; la bibliothèque : Borgès, Zola, Lacan, Proudhon, Marcuse, Cheyney, Bradbury, et se demanda comment on devenait une enfant de l'air du temps aussi parfaitement représentative et si tristement conforme. Elle lui versa du whisky dans une tasse craquelée et lui proposa en guise de cendrier un verre à dents. Pour s'asseoir, il n'y avait que le lit, assez étroit et recouvert d'un tissu à fleurs. Assis côte à côte, ils ne se regardaient pas. Servais remarqua un petit ours en peluche, posé sur un radiateur. Claude avait suivi son regard.

— C'est à ma fille.

Elle le fixait maintenant, sans nécessité, simplement pour qu'il ne la croie pas embarrassée.

— Divorcée?

— Séparée.

— Où est-elle?

— Chez son père. Je la vois tous les mois.

— Quel âge ?
— Quatre ans.
Il se leva, posa son verre. Une voiture freina brutalement, dans la rue. Servais se rapprocha de la fenêtre d'où il parla sans se retourner.
— Nadine Chevalier, tu la connais un peu ?
— Pas beaucoup, elle est distante.
— Froide ?
— Oui, plutôt. Elle doit avoir des problèmes.
Servais pensa qu'elle ne ratait aucune occasion d'utiliser les termes à la mode. Il se retourna, éteignit sa cigarette.
— Bon, dit-il.
Et il l'embrassa. Elle garda les lèvres closes, et se recula assez rapidement.
— Pourquoi m'as-tu parlé d'elle ?
— Elle m'intéresse.
— Dans quel sens ?
— Je ne sais pas.
— Tu veux la photographier ?
— Peut-être.
— Tu veux la sauter ?
— Oui.
Elle sourit, avec chaleur.
— Je t'aime bien.
Ils s'embrassèrent, mieux. Sa bouche s'ouvrait lentement, sans réticence.
— Je pense à Mertolle, dit-elle après un moment.
— C'est qu'il pense à toi.
— Sûrement.
Quelqu'un passa dans le couloir avec un chien, une démarche lourde suivie du crissement des pattes de l'animal. Claude prit la main de Servais, la retourna pour en étudier la paume.
— Tu partiras après ? demanda-t-elle sans lever les yeux.
— Oui.
— Viens.
Elle quitta sa robe, et lui son costume, sans hâte, dans la luminosité très jaune d'une lampe unique, posée sur la

table de chevet. Nue, elle s'étendit sur le lit et il se pencha sur elle, sans la toucher.

— Tu ne sais pas où commencer?

— Je me pose la question.

Elle posa un doigt sur son sein droit.

— Là.

— Oui, mais je ne pourrais plus les regarder.

— Tu les regarderas après, embrasse-moi.

Il s'exécuta, et le mamelon s'étira entre ses lèvres. Les reins cambrés, elle dressait sa tête contre sa poitrine, une main accrochée à son cou, l'autre appuyée contre son dos. Les yeux grands ouverts, elle fixait le plafond.

— Servais?

— Oui?

Il releva la tête, elle se remit à fixer le plafond.

— Regarde, je m'entraîne pour les producteurs.

Ils rirent tous deux, et se baissant, il caressa ses cuisses, les écarta.

— Non, dit-elle d'une voix définitive.

— Pourquoi?

— Tu ne m'admires pas.

— Tiens, une idée de ton mari?

— De moi. Elle te plaît?

— Beaucoup.

— C'est l'hommage, non? Et toi tu...

Elle se tut, et il lui sourit. A son tour, elle voulut se baisser jusqu'à son ventre.

— Non, moi d'abord.

— Ensemble?

— Moi, d'abord.

— Je te trouve vicieux, dit-elle.

— Assez, oui, avoua-t-il.

— Mais tu m'as fait de belles photos, alors je m'incline.

Elle ouvrit les jambes, ajoutant :

— Je te dois bien ça.

Servais la dévisagea, prenant un air outré.

— T'as horreur de ça, si je comprends bien?

— Ça me révulse, c'est dégueulasse.

Elle sourit, resta silencieuse à le regarder, puis le toucha avec douceur.

— Tu es gentil.

Avec ses doigts, elle s'ouvrit délicatement.

— L'amour, c'est un art?

Servais se baissa, murmurant :

— C'est mieux.

A trois heures du matin, Servais passa rue Dutot en voiture, en route pour la rue Falguière. Apercevant une fenêtre allumée, il se gara, et monta au deuxième étage d'un vieil immeuble. Sébastien Steiner lui ouvrit la porte, une pipe entre les dents, vêtu d'une robe de chambre bordeaux quelque peu fanée. Il hocha la tête, le fit entrer.

— Café?

— Je veux bien.

Avec les gestes précis du célibataire, Steiner confectionna deux cafés, tandis que Servais feuilletait *les Harmonies économiques* de Bastiat.

— Il ne s'est pas trompé?

— Non.

— Tout le monde a tort?

— Oui.

— Alors quoi?

Steiner le dévisagea en silence. Il semblait s'amuser d'une vieille plaisanterie.

— Bastiat, Böhm-Bawerk, Von Mises, Friedman, Steiner et bien d'autres ont et avaient raison. Mais la raison ne jouait aucun rôle, pas plus que le « bonheur » des gens. Depuis 1789 et surtout 1870, on a changé de culture, de vocabulaire, de fétiches et de fouets. On a adopté le mot « raison » mais pas son sens. Keynes le savait hier, Galbraith le sait aujourd'hui. C'est ce que j'appelle la plaisanterie culturelle.

— Pourquoi? C'est drôle?

— Justement, ça ne l'est pas. Un peu de lait?

— Non, merci.

— Les Suédois offrent tous les avantages « sociaux » dans de meilleures conditions que les autres, mais ils ne touchent pas au marché et ne taxent pas le capital. On les condamne. Qu'est-ce qu'il vous faut de plus?

— Je ne sais pas.

— Moi non plus.

Servais laissa le livre pour tourner son café.

— *Eppur, si muove*..., murmura-t-il.

Steiner hocha la tête.

— Ils ne se sont pas tous trompés; ceux qui détiennent le pouvoir savent de quoi il est fait.

Servais posa sa tasse.

— On joue?

— Si vous voulez.

Ils entamèrent une partie d'échecs.

III

C'est Gabriel Mantobant qui mettra en scène la nouvelle pièce de Jean-Roger Puclos au Théâtre des Variétés à la rentrée. La distribution n'est pas encore arrêtée mais Gabriel Mantobant aurait engagé Pierre Rimbaud et la jeune comédienne Nadine Chevalier. La pièce, qui n'a pas encore de titre, se déroulerait de nos jours dans une ville de province et traiterait de l'incommunicabilité ethnique dans les grands ensembles. Rimbaud camperait un ouvrier et Nadine Chevalier sa fille.

Servais replia pensivement le journal, écrasa sa cigarette dans le cendrier incorporé au bras du fauteuil. L'avion s'apprêtait à atterrir à London Airport. Par le hublot, Servais pouvait apercevoir l'enchevêtrement des rues, clairement délimitées la nuit par les lampadaires à néon orange. Il voyait jusqu'aux camions, glissant le long des routes comme de lumineux insectes. Il voyait aussi l'appartement ensoleillé, froid, blanc, vide, de la rue de Varenne, et les longues mains nerveuses d'une fille qui ne disait rien.

— *Please fasten your seat-belts and refrain from smoking.*

Servais se prépara pour la douane, prévoyant les réponses évasives qu'il lui faudrait faire pour passer ses appareils dont les trois quarts n'étaient pas dédouanés.

De sa chambre au Regent Palace Hotel, Servais admira le fourmillement de Piccadilly, bousculade un peu sinistre d'individus ternes aux visages fermés. Le lendemain il se rendait aux studios de Pinewood où James Buford tournait un film avec Gloria Bonnati. L'agence avait reçu une commande pour des portraits-couleurs de la star et c'était le premier reportage effectué par Servais depuis que Gaya l'avait engagé au mois. Il pensa à nettoyer ses objectifs, à préparer quatre boîtiers (deux pour le noir, deux pour la couleur), il songea aussi qu'il pourrait peut-être envoyer un télégramme à Nadine Chevalier pour la première de sa pièce.

Gloria Bonnati étant quelque peu amoureuse de son metteur en scène, elle se prêta de bonne grâce aux réglages de lumière, assez longs, qui permirent à Servais de réussir ses portraits-couleurs. A son retour, après le délai nécessaire au développement, on disposa les diapositives sur la table lumineuse où celles-ci firent un certain effet. Mertolle, qui s'était opposé à ce qu'on engageât Servais au mois, et avait espéré qu'il ramènerait du mauvais travail de Londres, devint subitement taciturne. Gaya se déplaça pour voir les photos, apparaissant dans la salle des reportages comme un hippopotame en chemise blanche, ses cheveux blancs plaqués en arrière, son lourd visage ridé rasé de frais, d'un rose violent. Il fit venir Pallet-Dulac et lui enjoignit devant tout le monde de soigner la vente. Le suave et débonnaire vendeur, qui avait horreur qu'on lui fasse des recommandations, glissa le reportage dans sa Samsonite et quitta l'agence, sans un mot.

La vente fut excellente, la somme de garantie largement dépassée, et Servais constata qu'il avait consolidé sa position au sein de l'agence. Il n'eut guère le temps de s'en féliciter, ayant à couvrir toute une série de faits divers que Mertolle lui réserva. Il immortalisa ainsi un sexagénaire qui avait noyé sa bonne dans la baignoire, une petite fille aveugle qui connaissait Balzac par cœur, un retraité irascible qui avait tiré au fusil de chasse sur son fils, et bien d'autres individus qui s'étaient distingués un jour pour se venger de la monotonie des autres.

La nouvelle pièce de Jean-Roger Puclos était en répétition, et Servais songeait toujours au télégramme qu'il comptait envoyer pour la première. Mais le hasard voulut qu'il revît Nadine Chevalier auparavant, car Mertolle l'envoya, en compagnie de Nesbitt, interviewer l'auteur.

Nesbitt conduisait une vieille M.G. qu'il avait achetée en Angleterre, véhicule peu ou pas suspendu, d'aspect archaïque, aux phares protubérants et au radiateur agressif. Non sans appréhension, Servais se hissa à bord, tandis que Nesbitt actionnait la manivelle, la batterie n'étant plus en mesure de faire tourner le démarreur.

— Quand je suis sobre, je conduis très bien, expliqua Nesbitt en s'installant au volant. Déclaration dont on pouvait difficilement vérifier l'authenticité, car personne ne l'avait jamais vu sobre.

Après vingt minutes de conduite hallucinée, Nesbitt tira le frein à main et Servais se remit à respirer.

Ils pénétrèrent dans le hall sombre du théâtre, s'égarèrent dans les couloirs, ouvrirent des multitudes de portes et débouchèrent deux fois au second balcon, avant d'atteindre l'orchestre. Sur le plateau, éclairés par une grosse ampoule pendue au bout d'un fil, quatre acteurs et une actrice hurlaient en même temps, devant un petit homme enthousiaste qui agitait les bras au premier rang de l'orchestre. Les hurlements cessèrent brusquement et la voix aiguë du metteur en scène troua le silence.

— C'est bien, les enfants, ce n'est pas mal. Toi, Jean, méfie-toi, hein? Tu vois ce que je veux dire?

Le prénommé Jean, trapu et rouquin, hocha la tête fébrilement.

— C'est à cause de...

— Je sais, mon petit, je sais, c'est pourquoi je te préviens dès maintenant. Tu comprends?

Honteux, Jean baissa les yeux.

Nesbitt et Servais échangèrent un regard avant de descendre l'allée menant à la scène. Nesbitt avait enroulé une interminable écharpe mauve autour de son cou et Servais marcha dessus pour la dixième fois au moment même où Nesbitt s'apprêtait à saluer le metteur en scène. Il s'accrocha aux sièges pour éviter de tomber, se libéra le cou et se présenta. Cependant, Servais regardait Nadine Chevalier. Assise sur les talons, elle étudiait sa brochure, ses longs cheveux cachant presque tout son visage.

— Vous voulez parler à Puclos? Là-bas, mon vieux, au fond.

En effet, au dernier rang, une forme se distinguait dans la pénombre.

— On remet ça, les enfants.

La répétition reprit tandis que Servais et Nesbitt se penchaient sur l'homme chapeauté, ganté et immobile au fond de la salle. Servais se demanda s'il dormait, Nesbitt, s'il était mort. Ce n'était ni l'un ni l'autre, ses yeux brillaient sous le bord de son chapeau et il paraissait furieux.

— C'est pour quoi?

— Agence Gaya-Becque. Nous vous avons téléphoné pour une interview et quelques photos.

— Pas de photos, j'suis trop vieux. Qu'est-ce que vous voulez savoir?

— De quoi parle votre pièce?

— De la misère et des préjugés.

— C'est tout?

— Ça ne vous suffit pas?

— Je veux dire... l'anecdote.

— Je n'ai pas l'habitude de fournir autre chose que des généralités quand on me pose des questions. Le reste me fatigue. Vous avez une cigarette?

Nesbitt offrit son paquet de Senior Service.

— Merci. Vous travaillez pour quel journal?

— Pour une agence, l'agence Gaya-Becque.

— Jamais vu. Vous tirez à combien?

Nesbitt secoua la tête.

— Nous ne sommes pas un journal.

— Je vois. Merci, messieurs.

Puclos rabattit le bord de son chapeau sur ses yeux.

— Monsieur Puclos, c'est votre quinzième pièce, pensez-vous que...

— Qu'est-ce que c'est que ça?

Puclos regardait sa cigarette comme Macbeth son poignard imaginaire. Il la jeta par terre et Servais s'empressa de la ramasser avant qu'elle ne brûlât la moquette.

— Des anglaises... murmura Puclos, c'est pas étonnant que votre journal ne se vende pas.

Nesbitt inspira profondément avant de poursuivre.

— Monsieur Puclos, que pensez-vous du théâtre de maintenant?

— Du mal. De mon temps, ce n'était pas brillant, maintenant c'est pire. Regardez de quoi je suis obligé de parler pour faire venir les gens... Je voulais appeler ma pièce « le S.M.I.G. », mais ils ne veulent pas. C'est foutu, quoi, complètement.

— Les questions sociales vous intéressent?

— Pas vous?

— Si, mais...

— Dans le contexte politique actuel, l'art est une impertinence s'il ne sert pas la cause des masses laborieuses. Pas mal, hein? On croirait entendre Séguy. J'ai assez fait rigoler les bourgeois, tu vois, c'est fini tout ça. Finie, la rigolade, ils vont voir ce qu'ils vont voir. L'érotisme, entre nous, j'aime pas trop.

— Il y en a dans votre pièce?

— Il paraît. C'est le metteur en scène qui le dit. Mais elle ne veut pas se défringuer.

— Qui?

— La nénette.

— Nadine Chevalier?

— Oui, alors il va déshabiller les hommes à la place.

— C'est votre meilleure pièce?

— Bien sûr. La plus construite, la plus aboutie, etc., etc., vous connaissez la chanson. N'empêche que j'ai pondu un truc, en 37 c'était, ça s'appelait... *Rose*. Vous l'avez vu?

— Non.

— Trop jeune, beaucoup trop jeune. C'était une pièce... importante. Trois jours, on a joué, trois jours... Et le troisième, il n'y avait que moi et ma belle-fille dans la salle.

Le flash de Servais éclaboussa le vieil homme de lumière vive, le saisissant au milieu d'un geste péremptoire.

— Je vous avais dit que je ne voulais pas de photos!

Servais s'avança.

— Je peux vous donner la pellicule, si vous voulez.

— Qu'est-ce que vous voulez que j'en fasse? Envoyez-moi toujours un tirage, ça fera plaisir à mon fils.

— Entendu.

— Vous ne le ferez pas, dit Puclos et il s'enfonça dans son fauteuil.

L'entretien était terminé.

Nesbitt rangea son calepin, tira sur son écharpe qui s'était coincée sous le pied de Puclos, et s'éloigna avec Servais.

— Ça va pour moi, on s'en va.

— Je voudrais prendre la fille.

— Chevalier? Ça ne vaut plus un clou. Attends la première.

— On ne sait jamais. Vas-y, toi, je prendrai un taxi. Je te file le rouleau.

Il enroula la pellicule qui n'avait été exposée qu'une fois et la donna à Nesbitt.

— C'est ma voiture qui te fait peur?

— C'est ça.

— Salut.

Servais resta seul dans la pénombre de la salle avec la silhouette immobile de Jean-Roger Puclos. Il s'accroupit entre deux rangées de fauteuils pour recharger son Nikon. Mantobant était monté sur le plateau pour montrer un jeu de scène à un comédien. Avec d'incessants « Tu vois, tu vois? », il prenait la main de Nadine Chevalier et la relâchait, en guise de démonstration. Nadine Chevalier semblait penser à autre chose. Mantobant la tira de sa rêverie.

— C'est terne, mon petit, c'est pâle.

Minuscule, grisonnant, vêtu d'un pull-over jaune et d'un pantalon de velours marron, Mantobant avait une voix à la fois fluette et métallique.

— Je te demande du vert, tu me donnes du bleu... tu comprends ?

Nadine le dévisageait, la tête légèrement penchée comme à l'accoutumée.

— Si vous utilisiez un peu moins d'images faciles qui pourraient signifier à peu près n'importe quoi, on se comprendrait peut-être mieux.

Mantobant parut blessé.

— C'est à toi de trouver, mon petit, je ne peux pas faire ton travail pour toi. Je montre, comme ça, je cherche. Regarde comment tu te tiens... c'est de là que ça doit partir, de là...

Il appuya sa longue main sinueuse contre le ventre de l'actrice.

— Tu vois ? Tu vois ?

— Non. Je ne sais pas pourquoi la fille réagit de cette manière, et je soupçonne l'auteur de ne pas le savoir lui-même.

Mantobant se frotta le front.

— Mon petit...

Un gloussement provenant du fond de la salle l'interrompit : l'auteur riait.

— Bon, allez, on reprend. Fais un effort, Nadine, hein ? Je compte sur toi.

Nadine haussa les épaules, et le metteur en scène regagna la salle. Nadine prit position au fond du plateau, faisant face à l'orchestre. D'un mouvement de la tête, elle dégagea ses cheveux de son visage et s'apprêtait à parler lorsqu'une éblouissante lumière l'aveugla.

Mantobant se dressa d'un bond.

— Qu'est-ce que ça veut dire ! Pas de photos pendant les répétitions, on l'a assez dit ! Sortez-le !

Mais il n'y avait personne dans la salle, si ce n'est l'auteur, et celui-ci, qu'on s'accorda à trouver de plus en plus gâteux, riait comme un imbécile. Nadine se frotta les yeux, resta un instant à regarder pensivement la salle, et reprit la scène.

— C'est bien parce que c'est toi, soupira Pommereuil, posant *la Philosophie dans le boudoir* et précédant Servais au laboratoire. Penchés sur le bac, ils virent le plateau du Théâtre des Variétés apparaître dans le liquide. Pommereuil fit une grimace.

— Tu n'avais pas besoin de flash, qu'est-ce que tu foutais ?

— Le flash, c'était pour autre chose. Ne la pousse pas trop, il faisait sombre.

— Laisse-moi faire.

— Elle va virer.

Elle vira. Ils jetèrent l'épreuve et en tirèrent une autre qu'ils passèrent à la glaceuse lorsque Derisier eut le dos tourné et que Servais ramena chez lui. Il l'ajouta aux autres sans la regarder, et après avoir dîné rue Falguière, alla prendre un café au Flore. Lapade, verre à la main, faisait tourner son cognac avec sérieux.

— Ça va, Maître ?

— Asseyez-vous, mon petit, et parlez-moi de l'univers.

Servais prit place, fit signe au garçon, et commanda un café.

— Au commencement, il y eut une explosion.

— Oui, dit Lapade, vivement intéressé.

— Une effroyable déflagration.

— Oui, oui.

— Un phénomène de dilatation continue en résulta.

— C'est ça, dit Lapade, comme si Servais confirmait ses craintes les plus noires.

— Et pour le moment, on en profite, on pousse, on se remue, on rigole.

Lapade secoua la tête.

— Je ne m'y ferai jamais. A cette nuit qui nous entoure, ce silence, cette attente...

Accablé, il vida son verre et en commanda un deuxième au garçon qui apportait le café de Servais. Puis il alluma un long et maigre cigare.

— Mon petit, il faut résister. J'ai écrit une demi-page, hier, quatorze lignes à raison de treize mots par ligne, et pour parler de quoi ? Je te le donne en mille... de moi. Moi! Tu te rends compte ?

Il pointa son cigare vers Servais.

— J'avais oublié l'univers.

— C'est moche, dit Servais.

— Comme tu dis, c'est moche.

Servais se leva, il venait d'apercevoir Claude Landre dans un coin de la salle.

— Salut, *Hombre*.

— *Auf Wiederhören*.

Elle était attablée avec un jeune homme blond, vêtu d'un blouson de cuir. Servais s'arrêta derrière sa chaise et posa une main sur son épaule. Elle leva la tête.

— Je ne sais pas si je suis disposée à te parler, murmura-t-elle.

— Je me le demande aussi, dit Servais.

— Tu ne m'as pas appelée.

— Toi non plus.

— Mais j'y ai pensé. Tiens, je te présente James. Il est relativement sympathique.

James inclina la tête avec dans les yeux cette lueur d'ironie perpétuelle qu'arborent ceux qui parlent peu et pensent encore moins.

— Tu t'assois ? demanda Claude.

— Je ne sais pas.

— Passe ton chemin, salaud.

— Je vous souhaite une excellente soirée, dit Servais.

Il s'acheta une revue de cinéma au drugstore en face, et rentra chez lui pour la lire. Avant de s'endormir, il jeta un coup d'œil sur la photo de Nadine Chevalier. Elle paraissait maigre au centre du plateau, l'ampoule de travail lui creusait les joues. Servais étudia ses poings serrés, et le reflet de son flash dans les yeux clairs.

— TOUS MES VŒUX STOP AMITIÉS STOP SERVAIS MONT.

Servais froissa le formulaire et en prit un autre.

— TROIS FOIS MERDE STOP SERVAIS.

Il passa la feuille à la guichetière, qui la lui rendit.

— On n'a pas le droit de mettre ça dans un télégramme, monsieur.

— C'est vrai?

— Oui, désolée.

— Et au téléphone, on peut?

— Oui, monsieur.

— Bon.

Il prit un troisième formulaire :

— BONNE CHANCE STOP SERVAIS.

Il se souvint alors qu'au théâtre souhaiter bonne chance porte malchance, et jeta le papier. Allumant une cigarette, il inspecta la préposée des P. et T. Maigre, blonde, nette, elle cochait des chiffres sur un cahier.

— Qu'est-ce que vous mettriez, vous?

— C'est pour quoi?

— Pour une actrice, c'est la première de sa pièce.

— Bonne chance, non?

— Ce n'est pas si simple, dit Servais. Merci, quand même.

Quatrième formulaire :

— SUIS AVEC VOUS STOP AMICALEMENT STOP SERVAIS MONT.

Il le passa à la fille qui commença à compter les mots.

— Attendez, c'est mauvais. Je ne peux pas mettre ça. Cinquième formulaire :

— JE VOUS AIME STOP ANATOLE.

Nadine Chevalier arriva tôt au théâtre. Elle n'avait rien mangé depuis la veille et se sentait un peu écœurée, les jambes faibles, la respiration difficile. Sans saluer le concierge, elle gagna sa loge, s'affala sur le canapé branlant et ferma les yeux. Quand elle les rouvrit, ce fut pour apercevoir la pile de télégrammes sur la table de maquillage.

— Servais, tu fais l'Olympia. Je veux la mère Sarah Boggin sous tous les angles, et surtout...

— Non, je fais les Variétés.

Mertolle plissa les yeux, posa sa cigarette.

— Je l'ai filé à Manet.

— Donne-lui l'Olympia à la place.

— Je ne vois pas pourquoi.

— Personnel.

Mertolle toisa silencieusement Servais.

— Tu m'emmerdes.

— Merci, vieux. Tu viens prendre un verre?

A sept heures, le restaurant-bar de Victor connaissait un moment de flottement. Il y avait toujours du monde, mais un monde hétéroclite, mélange mal amalgamé des clients du jour et des clients de la nuit. Mertolle commanda son habituel menthe à l'eau avec son habituel soupir. Servais prit un café, observant le regard de convoitise que Mertolle dirigeait vers la bouteille de Long John derrière le bar.

— Toujours aussi dur?

— Je n'y pense même pas, dit Mertolle, sans conviction.

Victor se pencha par-dessus le comptoir.

— Ça marche pour ce soir?

Mertolle secoua la tête.

— Je suis rincé.

— Justement, tu pourras te refaire.

— Que tu dis.

— Alors? C'est non?

— Caldier vient?

— Oui, Caldier et Rochemont.

— Okay.

Deux nuits par semaine, Mertolle, Caldier (comptable) et Rochemont (chef comptable) jouaient au craps dans l'arrière-salle du restaurant avec Victor. Comme ils jouaient toujours ensemble et très régulièrement, ils finissaient par ne rien gagner et ne rien perdre, la loi des probabilités leur redistribuant avec le temps tout ce qu'ils perdaient ou gagnaient. Il était toutefois d'usage que le joueur traversant une mauvaise passe se montrât réticent, et que le gagnant fût obligé de l'encourager. Mais quoi qu'il arrivât, les séances avaient toujours lieu, dans une épaisse fumée, sous l'œil bovin de la grosse cuisinière qui tricotait un vêtement informe et interminable en laine rose tout en sirotant de petits verres de Marie Brizard. Servais l'appelait souvent Pénélope sans jamais lui en avoir donné une explication, et la grosse, convaincue qu'il s'agissait d'une allusion grivoise, ne manquait jamais de s'esclaffer grassement.

En attendant l'heure du rideau, Servais mangea un Wimpy copieusement arrosé de toutes les sauces gracieusement proposées par la maison, et tenta de troubler une femme qui dînait avec son mari deux tables plus loin. Après un premier regard noir, elle évita ses yeux et discuta calmement avec son conjoint durant tout le restant du repas. Découragé, Servais quitta l'endroit et remonta les Grands Boulevards à pied.

Le premier acte se révéla franchement mauvais et se déroula dans un morne silence. Nadine Chevalier n'apparaissait pas, mais il n'y était question que d'elle. En effet, l'œuvre se situait dans un H.L.M. où deux familles, l'une juive, l'autre arabe, s'ignoraient studieusement et se méprisaient implicitement. La « crise », qui justifiait la pièce, tenait aux rapports nés entre la fille de l'Israélite et le fils du Musulman, rapports ayant conduit à la grossesse de la jeune fille. Puclos avait traité le sujet en comédie de boulevard, genre où il avait autrefois excellé. Cela donnait un salmigondis d'interventions hystériques, de portes claquées, de scènes de ménage entre les parents, d'amour entre leurs enfants, démontrant qu'aux yeux de Puclos rien n'avait changé dans le meilleur des mondes et qu'il suffisait pour faire « social » de remplacer le salon par la cuisine et la chambre à coucher par un couloir encombré de poubelles. Servais se demanda si Puclos se foutait de lui-même, de l'époque, ou des deux à la fois. Une salle payante eût peut-être trouvé là matière à rire, mais les salles de générale ne paient pas et se font un devoir de ne rire qu'avec parcimonie, ou mieux de ne pas rire du tout.

Durant le premier entracte, Servais photographia deux vedettes de cinéma buvant un whisky avec un ancien ministre dont on murmurait qu'il s'apprêtait à publier des mémoires révélateurs, et un écrivain célèbre faisant semblant de ne pas voir un autre écrivain célèbre alors qu'ils étaient à un mètre l'un de l'autre. Les critiques, impassibles pour la plupart, certains mondains, d'autres ostensiblement « intellectuels », parlaient de tout sauf de la pièce à leurs compagnes, amis ou confidents. Billy Merle entretenait une amie de ses ennuis de voiture, et Paul-Michel Lambert vantait à sa femme un film bulgare qu'il avait vu le jour même dans une petite salle du quartier Latin. Quant à Serge Brabant, il se plaignait amèrement de ses chaussures, lesquelles lui blessaient le grand orteil aux deux pieds.

Retournant à sa place, Servais découvrit avec surprise Puclos assis au dernier rang de l'orchestre, toujours le chapeau vissé sur la tête, le col relevé et les mains gantées. Il eut l'impression qu'il n'avait pas bougé depuis les répétitions, se contentant de lever les pieds pour que les femmes de ménage puissent évacuer ses mégots.

Alors qu'au premier acte, Puclos n'avait fait qu'exposer la situation dramatique et cela avec toute la lenteur démonstrative propre au théâtre d'avant-guerre, il déclencha au deuxième une série de médiocres quiproquos destinés à ouvrir les yeux aux pères de famille, à réduire les mères à l'hystérie et leurs enfants — beaux et innocents — à la plus candide stupeur. Nadine Chevalier fit un effort considérable pour rendre son personnage plausible, ce qui déséquilibra l'interprétation générale et donna l'impression qu'elle jouait lent et faux. Son amoureux ne s'embarrassa pas de scrupules psychologiques et s'adonna sans pudeur à des élans passionnés et méditerranéens. Rimbaud, dans le rôle du patriarche de banlieue, crachait et grommelait des soliloques en yiddish du Temple, se dépensant beaucoup pour arracher de la salle quelques rires maigres et dispersés. Au rideau, il y eut toutefois quelques applaudissements, puis on se précipita avec énergie en direction du bar.

Servais acheta un programme et passa l'entracte à étudier la photo de Nadine Chevalier. Un portrait figé, trop bien éclairé, provenant des usines Valois.

Semblable au second pour ce qui était du rythme et du ton, le troisième acte devenait incroyablement larmoyant sur la fin, avec d'émouvants et savoureux apartés des deux pères de famille soudainement, grâce à leurs enfants, portés au-delà des bas préjugés vers un niveau supérieur de fraternité humaine. S'écartant de Roméo et Juliette, Puclos tira son inspiration dernière de Molière pour une réconciliation générale sous l'œil narquois et bonasse d'un maire marxiste introduit in extremis pour présider le combat et distribuer les poncifs. Le public respira, et salua avec une certaine chaleur les annonces prononcées pas Rimbaud de sa voix rauque et fatiguée :

— La pièce que nous avons eu le plaisir d'interpréter devant vous pour la première fois est de Jean-Roger Puclos.

Nadine Chevalier se tenait à l'avant-scène comme une somnambule, l'œil lointain, la bouche froide. Servais leva son appareil.

— La mise en scène est de Gabriel Mantobant.

Avait-elle entendu le déclic? Elle regardait droit dans l'objectif.

— Le décor est de Patrice Marchand.

Impossible, elle ne voyait rien, elle attendait simplement que ce fût fini.

— L'illustration sonore est de Michel Tabourd.

Après trois rappels, fruits d'une lutte sournoise entre le régisseur enthousiaste et le public réticent, on éclaira la salle qui se vida dans un bourdonnement discret. Seul, Puclos resta vissé dans son fauteuil, immobile, et Servais se demanda une nouvelle fois s'il n'était pas décédé durant les répétitions sans que quiconque s'en fût aperçu. Il repéra une petite porte à l'avant de l'orchestre et l'ouvrit. Elle donnait de plain-pied sur les coulisses où un accessoiriste se faisait injurier par le régisseur pour avoir oublié de placer un cendrier à l'endroit prévu. Servais gagna un couloir qui partait de côté, monta un escalier encombré de spectateurs jacassants pour atteindre les loges. Une foule frétillante stationnait devant celle de Pierre Rimbaud où Servais entendit une dame murmurer à une autre :

— Extraordinaire! Quelle vigueur!

Et l'autre hocha la tête avec énergie.

Il n'y avait personne devant la loge de Nadine Chevalier. Servais s'adossa au mur et dévissa l'objectif de son Nikon de manière à pouvoir ranger l'appareil dans ses poches. Il porta une cigarette à ses lèvres, se ravisa, et la remit dans le paquet. Puis il frappa à la porte.

— Entrez.

Tout d'abord, il vit une vieille dame assise sur un canapé, un long fume-cigarette à la main. A côté d'elle, une femme aux cheveux noirs, ni jeune ni vieille, vêtue d'un blue-jean décoloré et d'un anorak usé, se prélassait mollement, les yeux indifférents, la bouche amère. La porte s'ouvrant toujours, Nadine Chevalier apparut, en peignoir, assise à la table de maquillage. Elle s'était recouvert la moitié du visage de crème démaquillante, l'autre moitié portant encore le lourd fard de scène.

— Vous ne vous souvenez peut-être pas de moi...

— Si, il me semble...

Elle le reconnaissait en effet, mais ne savait où ni quand elle l'avait rencontré. Cela convint à Servais qui se présenta.

— Servais Mont.

Elle se tourna pour présenter les autres.

— Myrna Lobovitch, Gabrielle Deroche.

On échangea des hochements de tête. Nadine se retourna vers la glace, se remit à étendre la crème sur son visage du bout des doigts, tout en regardant Servais dans le miroir.

— Vous avez aimé?

Appuyé contre la porte, Servais prit une décision.

— Non.

Elle cessa de masser son front, le regarda fixement.

— Pourquoi?

— Mal écrit, mal joué par la plupart, stupidement monté.

Elle demeura impassible, si dénuée d'expression qu'elle

lui parut éteinte, endormie derrière le masque de crème. La vieille dame remua son fume-cigarette.

— Vous êtes bien sévère, monsieur.

L'autre femme tourna dédaigneusement la tête.

— Sans doute préfériez-vous les autres pièces de Puclos...

— Même pas.

La femme se pencha, l'œil subitement dur et brillant.

— Je suis ravie de cette pièce, elle sert admirablement certaines... préoccupations du moment. C'est pourquoi je l'ai conseillée à Nadine.

Il y eut un silence. Servais posa la main sur la poignée de la porte.

— J'espère que vous lui avez rendu service, dit-il.

Nadine alluma une cigarette.

— Vous en doutez, monsieur... ?

— Mont, Servais Mont.

Elle se coiffait à longs coups de brosse, la tête penchée.

— ...oui, monsieur Mont ?

— Vous avez joué avec intégrité un texte malhonnête, vous étiez mauvaise. Mais...

— Mais ?

— Je crois que vous pouvez être une grande actrice.

Silence. La brosse bruissait dans ses cheveux. La vieille dame s'agita sur le canapé.

— Nadine, si nous vous dérangeons...

— Non, non, pas du tout, Jacques ne va pas tarder à arriver.

Servais remarqua les télégrammes épinglés au mur : JE T'EMBRASSE BIEN FORT STOP GABRIEL ; AVEC TOI SUR LE PLATEAU STOP BISES STOP PIERROT ; TOUS MES VŒUX STOP PUCLOS, etc. Il en passa, cherchant celui du dénommé Jacques et n'en trouvant aucun portant cette signature.

— Je vous laisse, dit-il.

Elle offrit la main, distraitement.

— Au revoir.

Servais se rendit à l'agence déposer ses pellicules, et rentra chez lui où il passa une heure à étudier les photos de Nadine Chevalier et ne s'endormit que très tard dans la nuit.

A huit heures, pourtant, et cela était tout à fait exceptionnel, il se trouvait à l'agence, penché sur les journaux. Deux critiques étaient parues dans les éditions du matin.

LA CRITIQUE DE BILLY MERLE

FAUT PASSER PAR LA de Jean-Roger Puclos
(Théâtre des Variétés — 21 heures.)

C'est à un vaudeville à thèse que Jean-Roger Puclos — à qui nous devons tant de bonnes soirées — nous a convié hier soir, vaudeville par la forme, thèse par le fond. Je ne suis pas certain qu'un tel mariage soit judicieux et j'ai craint, dès les scènes d'exposition, qu'il ne donnât naissance à un avorton. Mes craintes, hélas, ont été partiellement justifiées. Partiellement, car Puclos ne saurait écrire un dialogue ennuyeux, esquisser des situations ternes, composer des personnages sans couleur. Par-dessus le didactisme facile du sujet que je laisse le spectateur découvrir par lui-même, plane l'esprit d'un vieux maître, l'humour d'un vrai dramaturge. Quant à l'interprétation, elle m'a, je l'avoue, ravi. Tonitruant, rugissant, suppliant, savoureusement plaintif, Pierre Rimbaud a parcouru la gamme de son immense talent pour la plus grande joie de son auditoire. Un tel acteur enrichit toujours son rôle, y greffant les mille détails qui lui confèrent l'indicible saveur de l'authentique. Dans le rôle du jeune amoureux, Marc Auffret fait de réels efforts et s'annonce d'ores et déjà comme un vrai comédien. Je ne puis, hélas, en dire autant de mademoiselle Chevalier dont l'excessive lenteur, la sobriété factice ont compromis le rythme de scènes qui eussent gagné à être infiniment plus enlevées.

AU THÉATRE

FAUT PASSER PAR LA de J.-R. Puclos.

Soyons francs : Puclos a fait mieux, beaucoup mieux, et l'œuvre qu'il donne actuellement sur la scène du Théâtre des Variétés ne risque pas d'ajouter quoi que ce soit à sa gloire méritée. Servi par d'excellents comédiens mais dans une indigente réalisation de Gabriel Mantobant, c'est Roméo et Juliette *une fois de plus, transformé cette fois en farce didactique. Après un premier acte lugubre, Puclos retrouve l'ombre de sa forme et l'action se précipite suffisamment pour qu'on ne s'ennuie pas. Populiste à souhait, pontifiant à l'occasion, parfois drôle, souvent vulgaire, FAUT PASSER PAR LA compte pourtant un atout majeur en la personne de Pierre Rimbaud. L'énorme, puissante et pittoresque composition de ce maître du plateau sauve la soirée. Bonne interprétation en général, avec une réserve pour Nadine Chevalier qui se montre moins intéressante à la scène qu'à l'écran.*

Raoul Guerzès.

Le bruit de la cuillère frappant la soucoupe réveilla Nadine. Elle ouvrit les yeux, vit Jacques debout à côté d'elle, une tasse de café à la main. Derrière lui, les journaux du matin étaient étalés sur la moquette. Elle vit de la sollicitude dans ses yeux, une douleur enfouie, et déplora une fois de plus sa bizarre capacité à emmagasiner la souffrance. Elle prit la tasse avec un sourire, désigna les journaux.

— Mauvaises ?

Il hocha la tête. Il n'y avait toujours pas de meubles dans l'appartement de la rue de Varenne, mais la moquette était jonchée de livres.

A onze heures, Servais acheta le premier journal du soir et à quatorze heures le second. Le premier ne mentionnait pas Nadine et expédiait la pièce en quatre lignes, le deuxième exprimait l'esprit nuancé qui caractérisait le journal en général :

Puclos avec FAUT PASSER PAR LA *s'est essayé à un genre qui lui convient mal. Tentant de concilier son goût pour la farce et des préoccupations sociales louables quoique surprenantes, il ne réussit en fin de compte à satisfaire ni les amateurs de vaudevilles, ni les adeptes du théâtre militant. Sa pièce, pourtant, atteindra le « tiers-public », l'anonyme foule des admirateurs de Pierre Rimbaud, dont le talent de naguère s'est perdu dans un lamentable cabotinage que je préfère passer sous silence. Ceux-là trouveront à boire et à manger dans cette œuvre hybride, ils y trouveront aussi une jeune comédienne fort belle et peu adroite qui a refusé de jouer le jeu. Qu'elle trouve ici toute ma sympathie.*

Claude Lipschitz.

Servais reposa le journal et constata que Mertolle avait déniché une nouvelle victime, une blonde anémique, mal habillée, au nez pointu, aux lèvres pâles et charnues. Un souvenir lui revint, il demanda un numéro à la standardiste.

— Allo?

— Claude? C'est Servais.

— Non! Qu'est-ce qui t'arrive?

— J'ai pensé à toi.

— Et c'est à quel sujet?

— Dîner.

— Huit heures chez Lipp?

— Huit heures.

— Servais?

— Je suis là.

— Merci.

Elle raccrocha. La maigre blonde à côté de Mertolle éternua dans un mouchoir violet.

IV

Deux mois plus tard, Raymond Lapade, le teint plus jaune et les mains plus tremblantes que jamais, buvait un cognac au Flore. A ses pieds, un jeune chiot cocker mordillait ses chaussures avec énergie. Servais, qui ne l'avait pas vu depuis plusieurs semaines, s'assit silencieusement en face de lui. Ils firent semblant de ne pas se connaître un moment, puis Servais remarqua :

— On m'avait dit que tu étais mort.

Lapade hocha la tête.

— On ne t'a pas menti.

Un temps. Servais commanda un double café. Lapade poussa un long soupir.

— De temps à autre, dit-il, je lis *Match*.

— Ah oui?

— Chez le coiffeur, par exemple, quand quelqu'un d'autre a pris *Lui*.

— Et alors?

— Et alors j'y ai trouvé une photographie convenablement cadrée, passablement nette, non dépourvue d'intérêt, montrant une patrouille américaine aux prises avec les forces subversives Vietcong à quelques centaines de kilomètres de Saigon, et cette photographie était signée par un certain Servais Mont. Je ne savais pas que tu avais un homonyme dans le métier.

Servais remercia le garçon qui posait le café sur la table et réprima un sourire.

— Moi non plus.

— Ça s'est bien passé?

— Oui, c'était dur. Je commence à les plaindre.

— Mais non, dit Lapade, ne fais pas ça. Après nous n'aurons plus personne à haïr. Et puis tu sais bien qu'ils mangent n'importe quoi au petit déjeuner.

— Et n'oublions pas, dit Servais, le jeune et sympathique courant libéral qui se fait jour chez eux. Dans la grande lignée intellectuelle de Roosevelt, des cerveaux intrépides comme Mailer, McCarthy, Galbraith, Fromm, Marcuse, Joan Baez...

Lapade soupira.

— On a les intellectuels qu'on mérite.

Il se baissa pour s'adresser au chiot :

— Dalila, je vous serais reconnaissant de bien vouloir me laisser suffisamment de chaussures pour rentrer chez moi.

Servais se pencha.

— C'est à toi?

— Affirmatif.

— Tu l'as achetée?

— Sur les quais. Elle était dans une cage en train de bouffer la queue d'un dalmatien fatigué. J'ai voulu rendre service au dalmatien.

— Et tu la vouvoies?

— Bien entendu. Nous ne nous connaissons que depuis peu.

Le chiot émit un jappement aigu, tirant sur un lacet qu'il avait réussi à sectionner.

— Tu vois, elle me vouvoie aussi.

— Elle s'entend bien avec Madeleine?

— Madeleine, dit Lapade, a plié bagage.

Depuis bientôt huit ans, Lapade partageait son appartement avec une femme secrète et intelligente, au physique ingrat mais pourvue de charme, qui souffrait en silence les absences, et surtout l'éthylisme de Lapade.

— Elle a trouvé une bouteille de Courvoisier dans la salle de bains. Ça l'a beaucoup frappée et elle a trouvé bon de me laisser à mon destin, ce en quoi elle a eu parfaitement raison. Mais je n'avais plus personne à réveiller quand je n'arrivais pas à dormir.

Lapade jeta un regard vers la petite chienne.

Servais tendit la main et Dalila y enfonça ses dents aiguës en remuant amicalement la queue.

— Elle dort beaucoup ? demanda Servais qui commençait à comprendre.

— Sans arrêt, et elle adore qu'on la réveille. Ça lui permet de goûter plusieurs fois le plaisir de s'endormir.

— Tu lui donnes à manger ?

— Quelquefois. Je me suis aperçu qu'elle aime ça.

Un temps. Servais termina son café. Lapade se demanda s'il ne pourrait pas prendre un autre cognac avant le dîner. Dalila attaquait le lacet de la deuxième chaussure avec une vigueur renouvelée.

— Tu dînes avec moi ? demanda Lapade.

Servais secoua la tête.

— Je te remercie. J'ai à faire.

— On pourrait parler des Américains antiaméricains.

— Tu veux dire les « éclairés » ?

— Ceux-là mêmes.

— Une autre fois.

— D'accord.

Lapade se leva, vacilla un instant, ramassa la laisse et souleva Dalila dans ses bras. Il embrassa la chienne sur la truffe et la serra contre lui.

— Salut, homme de gauche. Nous sommes les élus. Nous seuls savons que la liberté est un concept réactionnaire.

Servais le regarda partir sans bouger de son siège, il pensa que l'ex-intellectuel du parti n'en avait plus pour longtemps.

Quelqu'un avait laissé un *France-Soir* sur la banquette, qu'il ouvrit au hasard. Une information à la page spectacle le rendit pensif :

Le célèbre cinéaste italien Riccardo Manuletti donnera en janvier le premier tour de manivelle de son prochain film : GLOIRE AU VAINCU. *Le scénario, dont il est l'auteur, traite d'un épisode sanglant de l'histoire romaine, et la distribution com-*

prendra notamment l'épouse du metteur en scène, Sophia Salvino, pour qui Manuletti aurait écrit un rôle « sur mesure ».

Servais relut l'information une deuxième fois, très lentement, puis posa le journal et quitta le Flore, l'air préoccupé. Au kiosque à journaux il acheta un numéro de *Pariscope*, étudia la rubrique théâtre en mangeant une omelette dans un snack-bar de la rue du Bac. Il cocha cinq pièces et vit la première le soir même : une œuvre sombre jouée par deux comédiens inconnus, qui démontrait à l'aide de hurlements stridents et de longs passages purement gestuels la futilité de la guerre, le pouvoir corrosif de l'argent et l'injustice de la société de type occidental, c'est en tout cas en ces termes qu'on présentait la pièce dans le programme. L'auteur, dont la brochure disait qu'il n'avait pas tout à fait vingt ans, était étudiant en lettres et avait déjà fait représenter une pièce en un acte dans un hangar à Bobigny, ne s'était pas embarrassé des règles classiques de l'écriture dramatique. Ses thèmes, au lieu d'être intégrés à l'action et illustrés par elle, sortaient de la bouche des acteurs en monologues interminables. Servais n'attendit pas le second acte. Le lendemain, il vit une comédie de boulevard où d'excellents acteurs essayaient de jouer avec esprit un dialogue qui n'en avait pas, et les jours suivants un vaudeville bien mené, un drame policier franchement ridicule, et pour finir un Pirandello mineur fort bien monté. Le sixième jour, Servais arpenta le boulevard Saint-Germain, et le septième, il s'attabla devant un cahier vierge.

Son thème, il pensait le tenir : le rôle de l'admiration ou de la haine dans les rapports amoureux, le sens de l'*appréciation* réciproque, la nécessité de mentir chez le couple, de projeter une image factice de soi et, à la voir acceptée, le plaisir de se sentir un autre. Bref, la communion avec un miroir déformant. Et au-delà de cette sorte de rapports, la soif de vérité, la conviction mystique qu'elle appartient au domaine de la *révélation*, une dimension kantienne de l'amour, une « copulation impérative ». A cela s'ajoutait une hypothèse : que le sentiment unissant un couple sera d'autant plus négatif (haine ou mépris éprouvés conjointement à l'égard d'un tiers) que les deux partenaires se haïront ou se mépriseront eux-mêmes, et par conséquent, s'attacheront à projeter une image fausse et à avaliser celle de l'autre. De l'hypothèse découlait l'action : un homme marié, naguère pianiste réputé, aujourd'hui bureaucrate déchu, dont l'épouse n'ignore rien de la vraie nature, a une liaison avec une jeune collègue de bureau. A peine a-t-il installé dans la tête de cette dernière une image fausse et flatteuse de lui-même, qu'il éprouve le besoin de confronter sa femme avec cet autre reflet de lui. Il l'invite à dîner, le repas devant durer le temps de la pièce, qui commencerait avec l'arrivée des trois protagonistes dans un appartement sans meubles (Servais n'avait pas oublié la rue de Varenne) mais pourvu de quelques caisses et planches, ainsi que d'un piano à queue. L'appartement serait l'unique cadre d'une confrontation à trois, sorte de jeu de la vérité mené par des menteurs qui, par définition, n'existent que dans l'image d'eux qu'ils suscitent chez les autres. Le mari, ayant « fabriqué » chez deux personnes deux images de lui-même, essaierait donc de les concilier et cela pour récupérer, si possible, une ombre d'identité véritable.

Au moment de commencer, Servais savait bien que le troisième attribut d'une œuvre dramatique restait à trouver : le style. Pour retarder l'instant où il lui faudrait entamer le dialogue, il procéda à une minutieuse description du décor, de l'éclairage et des personnages. Armé d'un calendrier, il leur chercha des noms, se décidant enfin pour René (le mari), Léa (la femme), Michelle (la maîtresse). Alors seulement, il fit ouvrir la porte de l'appartement vide, entrer Michelle et René et leur donna la parole.

RENÉ : Elle n'est pas encore arrivée.
MICHELLE : Ta femme?
RENÉ : Oui.

Servais raya tout et recommença :

MICHELLE : Elle est là ?
RENÉ : Léa ?
MICHELLE : Oui.
RENÉ : Pas encore. Elle rentre plus tard.

Pendant une heure il varia cette scène, sans progresser dans un sens ou dans l'autre. Posant son stylo, il fit chauffer de l'eau et but un café. Puis il se remit au travail et, s'interdisant la moindre correction, rédigea une vingtaine de pages d'affilée, s'arrêtant au moment où Léa paraissait pour la première fois. Il était deux heures du matin, il avait sommeil, et dans sa tête trois personnages isolés, suspendus dans le vide, l'occupaient comme des souvenirs récents.

Le lendemain matin, Gaya convoqua Mertolle, Nadant, Nesbitt et Suller à une conférence. Affalé dans son fauteuil de cuir noir, plus rose et plus fripé que jamais, derrière un énorme bureau ployant sous un monceau de papiers, manuscrits et autres dossiers, il portait son inévitable chemise blanche fraîchement repassée. Ouvert devant lui sur son buvard se trouvait un exemplaire du magazine *Playboy*.

— Ce truc, dit-il de sa voix asthmatique, tire à plus de cinq millions d'exemplaires.

Nadant haussa les épaules, son visage hâlé empreint d'une ineffable sérénité. Les autres se montrèrent poliment étonnés.

— Savez-vous pourquoi Hefner est milliardaire ?

Les quatre journalistes attendirent qu'on le leur dît. Gaya donna un violent coup sur le magazine de sa main potelée.

— Parce qu'il s'est aperçu que les gens qui aiment regarder des filles à poil ne sont pas forcément des cons ! Parce qu'il s'est rendu compte qu'on peut lire Joyce (auteur que Gaya n'avait jamais lu mais envers qui il nourrissait une admiration respectueuse) et aussi admirer une paire de seins !

Parce que, continua Gaya qui aimait poursuivre ses idées jusqu'au bout, il estime que, sans faire de l'art, on peut photographier des nénettes autrement qu'avec un Minox au bois de Boulogne! Voilà pourquoi!

Mertolle adopta une expression de béatifique stupéfaction, les autres restèrent de marbre.

— Alors vous allez me faire un feature sexy et *sophistiqué*, avec une idée amusante, et des filles qui ont l'air d'avoir lu autre chose que Paul Géraldy et Astérix chez les Bougnoules! Je veux du charme et de la culture.

— Des fesses qui pensent, suggéra Nesbitt.

Gaya le dévisagea en silence.

— Vous ne trouvez pas que ce soit une bonne idée?

— Excellente, dit Nesbitt, je m'étonne de ne pas l'avoir eue moi-même. Ma fiancée lit Spinoza et je peux vous assurer que ça ne l'empêche pas...

— Bon, alors allez-y.

L'air morne, ils quittèrent le bureau et se groupèrent devant une fenêtre de la salle des reportages. Mertolle avait l'œil traqué, il ne supportait pas qu'on lui demandât des idées. Nadant se montrait affable et absent, comme à l'accoutumée. Suller et Nesbitt firent un effort. Étant donné un nombre X de filles sophistiquées et dénudées, ils proposèrent de les photographier sur la tour Eiffel, ou les Champs-Élysées, devant l'ambassade de la Chine populaire, sur le pont des Arts, chez Maxim's, à la Régie Renault, et au musée de l'Homme. Mertolle ne retint aucune des suggestions et sombra dans une amorphe posture évocatrice de la végétative apathie des trépanés d'avant-guerre. Nadant souriait dans le vide, et consultait sa Rollex discrètement. Nesbitt poussa un soupir et annonça qu'il avait soif, ce qui eut pour effet de réveiller Mertolle.

— Bonne idée!

— Quoi? D'avoir soif?

— On le fera chez Victor...

— Génial... murmura Nesbitt, échangeant un regard avec Suller, jeunes filles sophistiquées et nues jouant au craps dans un troquet cradingue des Halles... étudiantes en droit faisant du naturisme chez le bougnat du coin, je vois ça d'ici...

Mais Mertolle composait déjà un numéro de téléphone.

— Victor? Tu nous montes quatre demis? Okay. Mais n'envoie pas quelqu'un, viens toi-même. On a un truc à te proposer.

Suller se leva.

— Je vous laisse, les enfants, mon avion décolle dans une heure.

Mertolle avait oublié.

— Quel avion?

— Paola, mon vieux, souviens-toi, on a une commande de *Jours de France*.

— Mais alors, qui va faire ce truc?

— C'est de la couleur?

— Évidemment.

— Prenez Mont.

— Pas son genre.

Suller se rembrunit.

— C'est le mien, peut-être?

Victor se laissa convaincre et empocha deux billets de cent francs avec son habituelle discrétion. Restaient les filles. Mertolle passa l'après-midi à appeler les starlettes en herbe qu'il avait gratifiées d'une place assise à ses côtés durant l'année. Deux heures et trente-six appels plus tard, il paraissait sérieusement harassé. Servais revenait d'un reportage chez une poétesse de sept printemps qui avait publié un recueil proprement nauséeux lorsque Nesbitt lui apprit ce qui l'attendait. Rendez-vous fut pris pour trois heures du matin chez Victor.

Nadine Chevalier n'étant pas Popesco, estima Servais, il ne s'agissait pas de lui écrire un rôle où elle pourrait refaire ce qu'elle avait déjà fait, ni se contenter d'être elle-même. Il fallait créer un personnage qui lui permette d'exploiter au maximum son potentiel de comédienne, qui convienne à sa nature sans exclure la composition. Servais, debout à la fenêtre de son studio, retardait ainsi depuis plus d'une heure le moment où il lui faudrait faire parler Léa. Il finit par admettre que ces réflexions ne servaient qu'à lui faire perdre son temps et après avoir consommé un troisième café, il s'attabla avec une cigarette et ouvrit enfin la porte de l'appartement sans meubles :

> LÉA : Je suis en retard... il y avait un monde fou dans le métro. Bonsoir, René, bonsoir Michelle, vous voyez, je connais déjà votre nom. Excusez-moi, j'en ai pour une seconde.
> *Léa sort. Un silence profond suit sa sortie.*

Tu te dégonfles, se dit Servais, elle est à peine arrivée que tu la fais ressortir. Il se concentra et pendant des heures son stylo à bille courut sur le cahier d'écolier. Lorsque le téléphone sonna à deux heures trente-cinq du matin, il avait presque terminé le premier acte. C'était Nesbitt.

— Monsieur Servais Mont?

— Lui-même.

— Les jeunes filles sophistiquées et nues vous attendent.

Servais enjamba un ivrogne qui n'ayant pu entrer chez Victor s'était endormi sur le trottoir, et se fit admettre par Cremer, un des motards de l'agence, dont l'aspect brutal et le blouson de cuir servaient à décourager les curieux. Installé près du bar, Mertolle sirotait une menthe à l'eau avec dégoût, tandis que Nesbitt, assis, lui, sur le comptoir, buvait du vin blanc comme à l'accoutumée. Victor, son sourire plus glacé que jamais, faisait une partie de billard électrique avec Miriam. Voyant entrer Servais, cette dernière se précipita pour l'embrasser sur les deux joues.

— Tu vas bien, coco? demanda-t-elle.

— Je vais. C'est toi qui poses?

— Il paraît.

— Félicitations. Que lis-tu en ce moment?

— Hein ? Tu vois bien que je ne lis pas, puisque je te cause.

— C'est juste. Mais qu'est-ce que tu lis quand tu ne causes pas ?

— Oh, ça dépend. J'aime bien Slaughter... et puis l'autre, comment il s'appelle, Guy des Cars...

— Gaya est exaucé, on se croirait chez Gaston en personne.

— Gaston ? Le Jules de Marthe ?

— Je ne savais pas qu'il était avec Marthe, mais c'est bien possible.

Mertolle lui fit signe, et il laissa Miriam.

— T'as ton matériel ?

— J'ai tout.

Sous l'œil embué de Nesbitt, Servais installa ses flashes électroniques dans différents coins de la salle. Cremer fit entrer une brune vêtue d'un imperméable ciré noir qui s'assit au fond du café. Victor, qui ne voyait aucune raison de déroger à ses habitudes, lui demanda ce qu'elle voulait prendre. Elle commanda un café. La grosse cuisinière s'installa sur un tabouret près de la porte des cuisines, son tricot à la main, l'œil luisant. Deux autres filles arrivèrent, des blondes un peu tristes qui suivirent les préparatifs de Servais l'air absent. Servais s'approcha de Mertolle et de Nesbitt.

— Alors que fait-on, exactement ?

— Ce n'est pas compliqué... la salle comme d'habitude, avec les clients qui consomment et tout... sauf que les filles sont à poil.

Servais le regarda en silence. Nesbitt se pencha pour remplir son verre.

— C'est sophistiqué, ça ? demanda Servais.

— Du Clovis Trouille, murmura Nesbitt, voilà ce qu'on va faire, et c'est moi qui leur dessinerai des trèfles sur les fesses.

Victor fit coulisser le rideau de fer dans un grondement métallique et la salle de restaurant, retranchée du monde, devint un navire au moment du départ. Servais s'assit à côté de la brune qui tournait son café.

— Comment vous appelez-vous ?

— Marie-Thérèse.

Elle donna son nom comme si elle faisait une concession.

— Vous avez un métier?

— J'suis ouvreuse en ce moment, dans un théâtre. J'ai fait un tas de choses.

— Bon, alors écoutez, voilà ce qu'on va faire...

Les deux blondes se prénommaient Jeannine et Alice. Jeannine, un peu ronde, les cheveux mal décolorés, l'œil charbonneux, faisait de la figuration au cinéma et des photos pour une entreprise discrète dont les studios occupaient un sombre hangar du côté de la porte de la Villette. Alice, sa « copine », était dactylo, et avait elle aussi travaillé pour les artistes anonymes de la Villette.

Nesbitt et Servais procédèrent à une manière de mise en scène. Cremer fut prié de jouer au billard électrique avec naturel, Victor accepta de demeurer au bar à condition qu'on ne le voie pas de face, et la grosse cuisinière resta où elle était, ses aiguilles cliquetant entre ses doigts épais, l'œil vif, la bouche béante. Les deux blondes furent priées de s'asseoir dans la salle et de converser avec Nesbitt qui tournait le dos à l'objectif. Miriam, Mertolle et Marie-Thérèse consommaient au comptoir.

Servais déclencha les flashes plusieurs fois pour juger l'éclairage et s'assurer du synchronisme avec l'obturateur. Puis il pria les filles de bien vouloir se dévêtir. Miriam s'exécuta prestement et avec charme; la brune Marie-Thérèse disposa soigneusement ses habits sur une chaise comme si elle s'était trouvée dans sa chambre à coucher, les blondes tournèrent le dos et firent vite. Elles n'étaient pas jolies. Jeannine était lourde, la taille épaisse, les cuisses zébrées de cellulite. Alice paraissait avoir plus de côtes qu'un être normal. Miriam, dont le corps fier et blanc resplendissait près du bar, fit une moue en direction de Victor qui hocha la tête. Marie-Thérèse exhibait des appas fatigués. Servais commença par Miriam et Mertolle au comptoir, prit d'énormes soins pour restituer sur la pellicule les splendides cheveux roux sur le dos blanc et pour noyer Victor dans un flou décoratif.

— Bon, maintenant tourne-toi, assieds-toi sur le tabouret

et croise les jambes. C'est ça. Non, tu ne souris pas, tu ne me vois pas, tu penses à autre chose.

— A quoi?

— Ce que tu voudras.

— Je peux penser à toi?

— Si tu veux.

Le dos creusé pour mettre en valeur ses beaux seins lourds, Miriam fixa le plafond, un verre à la main, l'air mondain. Avec un sourire, Servais déclencha l'obturateur et les dix flashes mêlèrent leurs éclairs.

— Très bien. Maintenant penche-toi un peu.

Elle se pencha. Insatisfait, Servais s'avança et la prenant aux hanches lui indiqua la position. Ce faisant il souffla doucement sur le sein droit et le mamelon s'érigea. Il recula sous l'œil moqueur de Miriam et prit la photo. Trente minutes plus tard, il était encore au comptoir, ayant immortalisé la brune Marie-Thérèse en conversation avec Mertolle. Il ne pouvait plus retarder la suite.

Il tourna son appareil, modifia l'éclairage et cadra les deux blondes assises dans la salle. Dans l'objectif réflexe il fit le point et vit surgir quatre seins tristes, des yeux amorphes, une peau crayeuse, des mains rouges. Mon Dieu, pensa-t-il, protégez-moi des corps que je ne désire pas. Pour se fortifier, il demanda un scotch à Victor et l'avala d'un trait.

Nesbitt avait lié connaissance avec Marie-Thérèse, et Servais entendait leur conversation pendant qu'il travaillait. Nesbitt avait entamé sa troisième bouteille de Gewürztraminer.

— Que faites-vous dans la vie, Marie-Thérèse?

— J'suis ouvreuse.

— Un bien beau métier.

— Un métier de con, oui.

— Vraiment? Je n'aurais pas cru.

— Vous trouvez ça intéressant? Tendre la main?

— C'est une occupation chrétienne, dit Nesbitt, jetant un regard vers Mertolle qui parlait à Victor.

— Comment ça?

— Dites-moi, Marie-Thérèse, comment avez-vous rencontré Mertolle ?

— Dans un clandé à Asnières.

— C'est bien ce que je pensais. Ma pauvre amie.

— Pourquoi vous dites ça ?

— Pour faire 1900. J'aurais pu dire aussi : « Ne m'en dites pas plus... », c'est plus mélo. Personnellement, je suis contre les partouzes, c'est presque aussi désagréable que le métro aux heures de pointe. Et puis on tombe toujours sur des ministres qui se défoulent ou des coureurs cyclistes en rupture d'entraînement... des gens pas très fréquentables... Je m'étonne que vous vous y plaisiez.

— Ça paie bien.

Nesbitt n'écoutait plus.

— Sans doute, sans doute... Vous me donnez votre adresse ?

— 145, rue Henri-Regnault.

— Parfait.

Nesbitt nota le numéro sur son paquet de Senior Service.

— Je ne vous demande pas votre main tout de suite, ajouta-t-il, il vaut mieux garder les bonnes choses pour la fin.

— Comme vous voudrez, répondit Marie-Thérèse, que l'indifférence rendait sourde.

Nesbitt éclata de rire.

— Qu'est-ce qu'il y a ?

Nesbitt passa un bras autour des maigres épaules.

— Rien, dit-il.

A cinq heures du matin, c'était fini. Servais, ayant bu quatre whiskies, avait mal à la tête. La grosse cuisinière s'était endormie et ronflait fortement dans son coin. Victor s'impatientait depuis une heure. Cremer avait gagné vingt-trois parties gratuites au billard électrique.

Nesbitt reconduisait Marie-Thérèse chez elle, Mertolle en faisait autant pour les deux blondes, et Servais avait accepté de déposer Miriam. Elle le lui avait demandé alors qu'il rangeait son matériel, accroupie près de lui, vêtue de sa seule gaine et d'une paire de bas. Mais dans la voiture, il fut taciturne, préoccupé par Léa et sa future conduite avec Michelle. Il trouvait que pour le moment elle se montrait un peu trop complaisante, et se demandait comment rétablir l'équilibre. Son mal de tête l'empêchait d'y penser clairement et il y revenait sans arrêt, obstinément, le cerveau engourdi par la douleur. Miriam allongea ses jambes sous le tableau de bord de l'Austin et s'endormit, la tête appuyée contre l'épaule de Servais. Il essaya de conduire en souplesse, évita les coups de freins, et se demanda si le rôle de Michelle n'allait pas manquer de consistance.

Miriam habitait une rue agréable de la porte de Vincennes. Servais la réveilla avec douceur.

— Allez, va te coucher.

Elle ouvrit les yeux, regarda sa rue qui émergeait de la nuit, où quelques passants se hâtaient, les mains dans les poches.

— Bonne nuit.

Elle lui tendit les lèvres et il l'embrassa brièvement.

— Salut.

Expédié par Mertolle à Cauterets, dans les Pyrénées, pour assister à l'enterrement de trente-cinq enfants, victimes d'un accident de car, il ne reprit la pièce que la semaine suivante, à son retour. Sans relire ce qu'il avait déjà fait, et persuadé que c'était très mauvais, il ne travaillait plus que pour en finir, parce qu'il aimait achever ce qu'il avait entrepris.

Un temps. Michelle fait un pas en arrière sans quitter Léa des yeux.

LÉA : Vous avez des ambitions, Michelle? Des projets? J'aimerais les connaître. J'aimerais savoir pourquoi vous êtes venue ici, ce que vous avez voulu trouver, ce que vous comptez en retirer. C'est tellement facile de sous-estimer René, de le prendre pour un pauvre type. Je crois vous l'avoir déjà dit. Nous descendons chaque matin

> à huit heures ensemble. Nous prenons un café près du métro dans un bistrot qui s'appelle le Courrier de Brest. René prend un grand crème avec une tartine beurrée, moi un double-express avec une Gauloise. Ce n'est pas une habitude, c'est un rite.

Elle en fait trop, pensa Servais, elle devient méprisable. Elle l'est, d'ailleurs, par définition et elle doit l'être. Elle s'est attelée au ratage et à l'excuse. Léa, dans la tête de Servais, n'avait plus aucun rapport avec Nadine Chevalier, c'était Léa. Il alluma une cigarette.

> Ces caisses qui nous servent de mobilier proviennent d'un terrain vague où René m'a trouvée un soir, couchée sur une pile de boue, les jambes ruisselantes. Il m'a crue morte... alors il m'a embrassée.

Tu dévoiles tout, tu théorises, pensa Servais, et il biffa la dernière phrase. Mais le geste le laissa impuissant à continuer. Il fit les cent pas devant son lit pendant un quart d'heure, constata qu'il n'avait plus de cigarettes et en profita pour sortir.

L'entrée des artistes était située dans une sombre allée sur la gauche du théâtre. Par la fenêtre ouverte de la loge du concierge, l'onctueuse diction de Léon Zitrone résonnait entre les murs sales. Elle fut la première à sortir, il la vit distinctement dans la porte. Vêtue d'un manteau bleu marine, elle parlait à quelqu'un. Servais cacha le bout de sa cigarette et se recula dans l'obscurité. Nadine Chevalier n'était plus qu'une silhouette, elle avait fait deux pas dans l'allée, mais s'était tournée vers la porte et la lumière.

— Viens, Jacques, laisse tomber.

Jacques se profila à son tour dans la lumière, un homme neutre, portant des lunettes, aux épaules larges et voûtées.

— Je n'aime pas ce genre d'histoires.

Il avait une voix grave, rauque, mal timbrée.

— Je sais, moi non plus. Mais le gardien n'y peut rien.

Ils passèrent devant Servais sans le voir et en silence. Il les suivit, les vit monter dans une 204 verte et disparaître dans la circulation des Grands Boulevards. Un groupe de jeunes banlieusards passa en riant, en chahutant, les poings serrés, blafards sous les néons.

— Alors qu'est-ce qu'on fait ?

— On rentre, non ?

— T'es pas dingue ?

— T'as vu celle-là ?

— Laquelle ?

— Là, t'as vu ?

— Pas mal.

— On tente le coup ?

— Déconne pas.

— Tu te dégonfles ?

— M'emmerde pas, je me tire.

— Ben alors qu'est-ce qu'on fait ?

Une bouffée d'allégresse factice, d'agressive tristesse. Une nouvelle soirée foutue, des espoirs évanouis, la silhouette de l'usine à l'horizon.

Servais s'éloigna lentement le long du trottoir, regagna sa voiture, n'ayant comme eux, aucune envie de rentrer chez lui. Assis au volant, il vit les boulevards se vider et s'éteindre, les couples descendre dans le métro se tenant par le bras, les voitures repartir vers le 14e, le 18e, vers Saint-Denis, Ivry, Colombes.

À quatre heures du matin, il s'attablait de nouveau devant son cahier, les paupières lourdes de fatigue. Trois heures plus tard, il avait terminé la pièce : deux cahiers posés l'un sur l'autre. Servais avait inscrit le titre sur les couvertures : LA SOIRÉE (Acte I), LA SOIRÉE (Acte II). Il pouvait dormir.

Luce Berthelot dirigeait les archives de l'agence Gaya-Becque depuis plus de six ans. Elle avait connu l'agence à ses débuts, deux pièces crasseuses dans la rue du Croissant, près de la rue Montmartre, au temps où Gaya rédigeait les features lui-même, à trois heures du matin, cigare au bec, tandis que les photographes (tous pigistes à l'époque) lui marchaient sur les pieds et bloquaient le petit standard de deux lignes avec leurs appels personnels. Elle avait conçu et géré les archives dès le premier jour et si l'agence, dont les bénéfices aujourd'hui ne justifiaient pas toujours l'importance, continuait néanmoins à éviter le déficit, c'était grâce à Luce Berthelot et à l'extrême richesse de ses dossiers. Elle avait des manières un peu trop sèches, des yeux un peu trop froids, des vêtements un peu trop ternes pour qu'on la courtisât ou la trouvât jolie, on ne pensait à elle qu'au travers des archives et très visiblement cela lui convenait. Aussi parut-elle un peu étonnée lorsque Servais posa deux cahiers devant elle.

— Qu'est-ce que c'est ?

Elle souleva le premier pour lire la page-titre :

— LA SOIRÉE, pièce en deux actes de Jérôme Bois.

— C'est une pièce écrite par un copain. Il cherchait quelqu'un pour la lui taper. J'ai pensé à toi.

Elle feuilleta les pages.

— C'est bon ?

— Je ne sais pas, je ne l'ai pas lue. J'attends qu'elle soit tapée. C'est payé, bien sûr.

— Bien payé ?

— Oui.

Elle posa le premier cahier, souleva le second qu'elle feuilleta lentement.

— Je ne pourrai le faire que le soir, chez moi. Ça prendra une semaine.

— Ça devrait aller.

— Bon. Merci d'avoir pensé à moi.

— De rien.

Il hésitait à quitter le local aux mille classeurs, aux dossiers empilés, aux plannings multicolores. Luce avait posé les cahiers sur un coin de son bureau et attendait posément que Servais ajoutât quelque chose ou s'en allât. Il restait immobile, l'œil fixé sur les deux cahiers. Puis il leva la tête, constata que Luce avait une bouche agréablement dessinée, qu'elle se maquillait peu, qu'elle se coiffait mal, qu'il n'avait rien à lui dire et que les secondes passaient presque audiblement.

— Salut.

— Salut.

Mertolle, Nadant, Nesbitt et Gozzoli étaient penchés sur la table lumineuse, un sourire sournois aux lèvres. La présence de Gozzoli indiquant que les diapositives exposées devaient représenter des dames déshabillées, Servais s'affala derrière un bureau et s'apprêta à appeler Claude Landre pour lui demander ce qu'elle devenait.

— Mont!

Mertolle lui faisait signe.

— Viens voir.

Servais vint. Il s'agissait du feature « sophistiqué » effectué chez Victor que Servais avait totalement oublié. Les photos étaient excellentes, le feature exécrable. La qualité même du travail avait accentué le ridicule de la chose, soulignait le sordide du décor, le pitoyable des deux blondes dénudées, dont la placide laideur au milieu du café n'était pas sans évoquer le *Déjeuner sur l'herbe*. Seule Miriam, ainsi que Servais l'avait prévu, tenait le coup, et d'une manière à elle, en une sorte de défi : un corps blanc dans un trou noir, invendable et émouvant. Gaya s'était désintéressé du projet et ne vint même pas voir le travail, au soulagement général. Il se contenta de prier Mertolle de l'envoyer à *Playboy* qui, bien entendu, le refusa. C'est finalement dans un magazine britannique destiné aux soldats, aux coiffeurs et aux écoliers avides de documentation épidermique que les photos parurent, mal imprimées, mal mises en page et, heureusement, sans signature.

Trois jours plus tard, à onze heures du soir, alors que Servais, déjà couché, relisait *la Moisson rouge* pour la dixième fois, son téléphone se manifesta.

— Servais ?

— En personne.

— C'est Luce. Écoute, je viens de tomber sur une page quasi-illisible. Ton copain devait avoir un coup dans l'aile. Impossible de déchiffrer. Tu as son numéro de téléphone ? Je vais l'appeler.

— Il n'est pas à Paris en ce moment, je crois qu'il est à Rome.

— C'est embêtant.

Servais repoussa draps et couvertures, se dressa sur son lit.

— J'arriverai peut-être à le lire.

— Tu crois ?

— On ne sait jamais. Où es-tu ?

— Tu vas venir maintenant ?

— Pourquoi pas ?

Un temps.

— Je ne suis pas habillée.

— J'ai les idées larges. J'aime beaucoup le café, aussi. A tout de suite.

— Attends, tu ne sais pas où c'est.

— J'écoute.

— Rue de Verneuil, au 34, cinquième étage à gauche.

L'immeuble, sombre et penché, à la façade ravinée, se situait peu avant la rue de Beaune. Il n'y avait pas d'ascenseur et les escaliers sentaient la bougie. Luce ouvrit la porte sans sourire.

— Entre. Maintenant ma réputation est foutue.

— Tu en avais une ?

— « Sérieuse, ne sort jamais, écoute de la musique, salue tout le monde dans l'escalier, y compris la poule du second, ne reçoit que rarement du courrier, jamais de visites, surtout la nuit. »

— Ben, ma vieille...

— Assieds-toi.

Un studio minuscule, très arrangé, très propre, peu de livres, des disques, une reproduction de Klee, un lit étroit, une petite table, des bibelots tristes sur une étagère sans poussière. A se mouvoir dans l'unique pièce, Servais se sentait grand, gros et gauche. Il craignait de bousculer, de casser, de déranger. Il s'assit pour écouter les bruits de porcelaine provenant de la « kitchenette », sorte de placard aménagé où Luce faisait chauffer l'eau et versait le Nescafé. Elle portait une robe de chambre bleu marine, du même bleu que le manteau porté quelques jours auparavant par Nadine Chevalier.

— Tu dormais quand je t'ai appelé? demanda Luce.

— Penses-tu. J'assurais mes devoirs conjugaux.

— Sans blague? Elle n'a rien dit?

— Si, elle m'a prié de te remercier.

Elle se tourna pour rire et il se sentit plus à l'aise dans le décor lilliputien. Se levant, il s'approcha de la table, trouva le cahier ouvert à la page incriminée. Rédigée très tôt le matin, à la fin d'une longue séance de travail, elle était de fait peu lisible. Servais s'assit avec un crayon et s'astreignit à chercher avec difficulté des mots qu'il connaissait par cœur.

— Du sucre?

— Quatre.

— Tu plaisantes?

— Quatre.

Haussant les sourcils, Luce fit tomber quatre sucres dans la tasse et tourna le café avec dégoût.

— Tiens, ton sirop.

— Merci.

— Tu y arrives?

— Oui, ça va.

Elle se pencha à ses côtés pour regarder. Il ajoutait les mots en majuscules, espérant ainsi dissimuler la similarité entre son écriture et celle de monsieur Jérôme Bois. Luce sentait le savon. Il pensa qu'elle avait sans doute pris un bain dans la soirée.

— Voilà. Après, ça va, non?

— Oui, c'est bien mieux écrit. J'aurai fini demain soir.

— Formidable.

Il termina son café, se leva. Appuyée contre un mur, elle le regardait, impassible.

— Merci d'être venu, dit-elle.

Il haussa les épaules.

— Merci pour le café.

Un temps. Il fit quelques pas vers la porte.

— Tu continues, ou tu te couches maintenant?

— Je continue.

— Bon.

Il s'arrêta, une main sur la poignée, se retourna.

— Écoute, j'aimerais autant que tu ne parles pas trop de la pièce à l'agence.

— A qui veux-tu que j'en parle?

— Je ne sais pas, je te le dis comme ça...

— Entendu. Bonne nuit.

— Bonne nuit.

Il ouvrit la porte, chercha la minuterie, ne la trouva pas.

— Attends, c'est sur la gauche.

Elle se glissa par la porte pour la lui montrer, s'appuyant un instant contre lui en se penchant.

— Voilà. Je ne t'embrasse pas à cause des voisins.

— Bien entendu. Elle est bien, la « poule du second »?

— C'est le genre fiévreux, primo-infection etc., des yeux qui lui mangent le visage et des bras comme des allumettes. Elle lit Proust le dimanche.

— Une vicieuse, quoi?

— Et comment. Tu frappes six fois et tu siffles les trois premières mesures de *la Danse macabre*.

— Elle est mélomane en plus?

— On ne t'a jamais dit que le corps d'une femme est le plus beau des instruments de musique?

— Si, mais je chante faux.

Un temps.

— Je sais. Salut.

Elle referma la porte et la minuterie s'éteignit en même temps. A tâtons, il retrouva l'interrupteur, puis regagna sa voiture.

Après un moment d'hésitation, il prit la rue du Bac pour atteindre le boulevard Saint-Germain et se gara sur les clous au coin de la rue Saint-Benoît. Le Flore était bondé et Servais allait repartir lorsqu'il aperçut Nesbitt en tête à tête avec une femme élégante. L'Anglais lui fit signe d'approcher.

— Salut, Mont. Je te présente mon ex-femme, Nathalie. Nathalie... Servais Mont.

Servais serra une main longue et fraîche, se percha sur un coin de banquette.

— Bonsoir.

— Bonsoir, monsieur. La question des pensions alimentaires vous intéresse?

Servais leva les sourcils.

— Pas particulièrement.

— Dommage. C'est là le sujet de ma conversation avec mon ex-mari et s'il vous a invité à notre table, c'est avec l'intention de la faire dévier. Comme je me suis déplacée pour parler de cela et de cela seulement, j'aurais grand regret à vous ennuyer.

Nesbitt jouait avec son verre de Gewürztraminer, le teint pâle, l'œil cerné.

— Nathalie travaille au ministère des Finances, confia-t-il à Servais, comme si ça expliquait tout.

Servais hocha la tête. La femme lui paraissait belle. Il se leva.

— Content d'avoir fait votre connaissance, madame.

— Mais moi aussi, monsieur. Une autre fois nous pourrons peut-être parler plus longuement.

— Ce serait avec plaisir. Bonsoir.

— Bonsoir.

Nesbitt le regarda partir comme un naufragé le navire qui n'a pas aperçu ses signaux.

Le lendemain, Servais passa aux archives. Il trouva Luce Berthelot juchée sur un escabeau à la recherche d'un dossier.

— Bien dormi, mademoiselle?

— Monsieur Mont! Normalement, on ne se voit jamais, maintenant on se voit tous les jours. Que dois-je comprendre?

Servais se tortilla sur place.

— J'sais pas.

— Timide?

— Plutôt, oui.

Elle descendit, munie du dossier qu'elle posa sur son bureau.

— Ton désintéressement me trouble. Tu veux venir le chercher ce soir?

— A quelle heure?

— A onze heures, ça devrait être fini.

— Okay. J'amène quelque chose?

— Des fleurs?

— Ou du saucisson?

— Au choix. Dis-moi, tu n'as pas fait un feature sur une fille qui s'appelle Claude Landre? *Cinémonde* me demande des photos et je ne trouve rien. Pourtant je suis sûre d'en avoir vu au labo.

— J'en ai fait, mais à titre personnel. C'est elle qui a les négatifs. Je peux les lui demander, ça devrait l'intéresser.

— Une copine?

— Oh là là! On a usé nos culottes sur les mêmes...

— Fous le camp.

Les cheveux ébouriffés, les yeux perdus dans le rimmel aggloméré de la veille, Claude le dévisagea en silence, l'air ahuri.

— Tu n'es pas fou de me réveiller à cette heure-ci?

— Il est dix heures et demie et la gloire t'attend.

— La gloire?

— Je peux entrer?

Elle n'avait passé que la tête par la porte entrebâillée. Elle s'écarta et il entra. Elle ne portait qu'un pantalon de pyjama et une écharpe Hermès autour du cou.

— C'est comme ça que tu dors?

— En hiver je mets une écharpe en laine.

— T'as bien raison, on ne sait jamais.

— Café?

— Bonne idée.

Il s'assit sur le lit en désordre et remarqua un lourd manuscrit posé sur la descente de lit.

— Ton prochain film?

— Oui, j'ai un sacré rôle : sept scènes, cent vingt répliques.

— Combien de mots?

— Je n'ai pas encore compté.

Il feuilleta le scénario.

— C'est un policier?

— Oui, c'est dans le style « dernier coup du vieux roi de la pègre qui a besoin de se renflouer pour finir ses jours en Floride avec sa pute, son chien et ses souvenirs ».

— La pute, c'est toi?

— Oui. Pas un mauvais rôle, d'ailleurs. C'est Binville le « metteur ».

— Alors ça sera mauvais.

— Je ne dis pas le contraire, mais ce n'est pas un mauvais rôle. Toujours quatre sucres?

— Toujours.

— Tiens.

Elle lui tendit la tasse.

— Maintenant dis-moi pourquoi tu me réveilles à l'aube.

— *Cinémonde* veut des photos de toi.

Elle alluma une cigarette et s'assit à côté de Servais, sa tasse à la main.

— Pour la couverture?

— Bien entendu.

— Et mon nom?

— En caractères gras de cinq centimètres de haut.

— Intéressant. Tu veux les négatifs, je suppose?

— C'est ça, oui. S'il te plaît. Et arrête de me vamper.

Appuyée en arrière sur les coudes, position qui mettait singulièrement ses seins en valeur, elle lui souriait.

— Après la première fois, je ne pensais jamais te revoir. Tu le sais ?

Il hocha la tête, se leva.

— Tu me les donnes, ces négatifs ?

Elle les lui donna.

Dans une fumée épaisse et une continuelle bousculade, Servais déjeuna chez Victor en compagnie de Nesbitt et de Miriam. Le plat du jour, un imposant bœuf gros sel que Nesbitt dégustait d'une fourchette méfiante, connaissait par ailleurs un franc succès et la grosse cuisinière se démenait dans la chaleur tropicale de sa cuisine, ruisselante de sueur et plus souriante que jamais.

Nesbitt ne mentionna pas leur rencontre de la veille et Servais trouva inutile d'y revenir, d'autant plus que l'Anglais, plus blafard et ridé encore que d'habitude, se montrait franchement maussade.

— Ça ne va pas ? demanda Miriam, qui allait toujours bien.

— Pas trop.

Nesbitt écarta soigneusement une parcelle de gras avec son couteau, comme un médecin légiste effectuant une autopsie. Sans lever les yeux, il ajouta :

— Gaya veut me renvoyer.

— Non ! s'écria Miriam, scandalisée.

Servais leva la tête, surpris. Nesbitt parla d'une voix terne où son accent, habituellement imperceptible, réapparaissait.

— Il m'a convoqué dans son bureau ce matin pour me dire : « Monsieur Nesbitt, estimez-vous que vous servez à quelque chose ici ? » Vous vous rendez compte ? Ce ne sont pas des questions qu'on pose.

— Qu'est-ce que t'as dit ? demanda Miriam, intriguée par les mystères du salariat.

— Ben, j'ai dit « Oui »... qu'est-ce que tu veux que je lui dise ? Alors, il m'a dit : « A quoi ? »

Les yeux ronds, Nesbitt regarda Miriam et Servais à tour de rôle.

— Je n'ai rien trouvé à lui dire. J'ai bafouillé et finalement il m'a remercié de ma visite et m'a dit que je pouvais partir. Ce ne peut vouloir dire qu'une chose, non?

Servais haussa les épaules.

— On ne sait jamais avec lui.

Miriam était désolée, elle glissa son genou entre ceux de Nesbitt pour le lui faire comprendre et il se versa un sixième verre de vin.

— Tu comprends, Servais, continua-t-il, il y a des questions que la politesse interdit de poser, et demander aux gens à quoi ils servent, c'en est une.

Servais baissa la tête pour cacher son sourire. Estimant que Miriam saurait mieux le consoler que lui, il termina rapidement son repas et les laissa ensemble. Il avait un reportage à faire dans le 19e arrondissement où une cantinière d'école maternelle avait épicé la soupe avec du vermifuge à usage vétérinaire. Mertolle voulait une photo de la cantinière, de l'école, et des enfants à l'hôpital. A l'occasion, il aurait aussi apprécié une photo de la soupe.

Luce accepta la rose avec un sourire.

— C'est le saucisson?

— Oui.

— Il sent bon. Entre.

Il s'assit sur le lit pendant qu'elle mettait de l'eau dans un vase, y disposait la rose et posait le tout soigneusement sur la cheminée.

— Je n'ai pas tout à fait terminé. J'en ai pour quinze minutes. Je te fais un café?

— S'il te plaît.

Elle posa la tasse près de lui, s'assura qu'il avait des cigarettes et se remit à sa machine. Elle tapait très vite, sans quitter le cahier des yeux, en rafales nerveuses. Elle avait des doigts courts, des paumes carrées, et pourtant ses mains avaient de la grâce, un charme particulier qu'elles devaient sans doute à leur efficacité. Se tournant vers la petite bibliothèque, il parcourut les titres des yeux. Peu de romans, des biographies, des essais, dont *la Liberté intellectuelle en U.R.S.S.* de Sakharov, et deux volumes de Lénine. La fiction était représentée par Kipling, Lewis Carroll, Stendhal, Dumas, Jules Verne et Swift. Un peu surpris, Servais y regarda de plus près. Il aperçut le plus grand et le plus méconnu des Hugo : *l'Homme qui rit, le Livre de Monelle, Dracula* de Bram Stoker, ainsi que *les Hauts de Hurlevent, Animal Farm* d'Orwell, en anglais, et *le Tambour* de Grass. Il était en train de relire les premières pages de *l'Homme qui rit* quand Luce tira le dernier feuillet de sa machine.

— Voilà.

Elle se tourna et vit ce qu'il lisait.

— Je te le prête si tu veux.

— Je l'ai. Je relisais le début. Tu as terminé?

— Oui, ça y est.

— Ça fait combien de pages?

— Quatre-vingt-trois. Ça me paraît un peu court.

— C'est possible. Qu'est-ce que tu en penses?

Elle baissa la tête pour réfléchir.

— Ce n'est pas mal. Je trouve ça un peu...

— Oui?

— Fabriqué... artificiel. Je crois que c'est le dialogue qui ne va pas. Pas assez naturel. Tu le connais depuis longtemps?

— Qui?

— Jérôme Bois.

— Oui, assez.

— C'est difficile de t'en parler, puisque tu n'as pas lu la pièce... Il en a écrit d'autres?

— Aucune idée. Je ne crois pas.

— Quand tu l'auras lue, on en discutera, si tu veux.

— D'accord.

Servais se leva, prit le classeur où Luce avait rangé les exemplaires sous son bras. Toujours assise, Luce le dévisageait silencieusement.

— Bon, eh bien, je te laisse dormir, dit Servais.

Luce ajusta la position d'un bracelet à son poignet.

— Servais, dit-elle d'une voix subitement adoucie, tu sais ce que je fais à l'agence?

— Bien sûr.

— Je classe, je catalogue et je diffuse des photos, c'est bien ça?

Servais fronça le sourcil.

— Oui.

— Qu'est-ce qui accompagne les photos? Des légendes... écrites par qui? Par le photographe. Depuis le temps que tu travailles pour Gaya, j'ai eu le temps de m'habituer à ton écriture, tu ne crois pas?

Servais hocha la tête, se mit à faire sauter son briquet dans le creux de sa main...

— Alors tu es au courant...

— Depuis le début. Ça m'a intriguée... j'ai voulu savoir pourquoi un bon photographe de presse qui sera probablement plus tard un bon photographe tout court éprouve le besoin d'écrire une pièce.

Elle désigna les cahiers du doigt.

— Je ne suis pas sûre d'avoir trouvé la réponse là-dedans.

— Non?

Elle secoua la tête, se leva.

— Revois le dialogue et cache un peu mieux tes théories, elles en paraîtront meilleures. Et merci pour la rose.

Elle l'accompagna jusqu'à la porte.

— Salut, monsieur Bois.

Perplexe, il hésitait à partir, la dévisageant avec attention.

— Je t'ai dit que je n'étais pas mélomane. Tu ne pourrais pas être plus claire?

Elle souriait.

— Dors bien, Servais.

Elle commença à fermer la porte.

— Attends, je ne t'ai pas payée.

Il tira son chéquier de sa poche. La porte acheva de se fermer.

Il lui fallut une semaine pour effectuer les corrections. Au début, il se contenta d'escamoter les négations et de ne plus inverser les interrogations pour rendre le dialogue plus « parlant ». Ce ne fut pas concluant. Il dut reprendre plusieurs scènes en entier ainsi que la moitié du second acte qu'il allongea de dix pages. Il n'éprouvait plus aucun plaisir à retrouver ses personnages et à les faire parler. Il détestait l'appartement sans meubles qui n'avait plus rien de commun avec celui de la rue de Varenne. Quant à Léa, il la trouvait simultanément complexe et superficielle, une fabrication abstraite dont les motivations psychologiques, trop souvent sacrifiées à la théorie, lui paraissaient peu convaincantes.

A trois heures du matin, dans la nuit du mardi au mercredi, il termina. Cette nuit-là, il fit une chose qu'il n'avait pas faite depuis des années : il prit une photo pour son plaisir. Il roulait en voiture à Saint-Germain-des-Prés cherchant un bar encore ouvert où il pourrait fêter solitairement la mise au point définitive de la pièce. Sur le siège à côté de lui se trouvait un Nikon qu'il avait oublié de ranger, chargé et équipé d'un objectif 90 *mm*. Aux feux rouges, il le prenait en mains pour viser n'importe quoi, les rues désertes, les poubelles, les clochards recroquevillés sur les grilles du métro. Du porche discret d'une boîte de nuit, il vit surgir dans l'objectif une femme en robe du soir, les épaules nues, les cheveux noirs ruisselant sur sa peau claire, les yeux sombres étincelant d'un ineffable orgueil. Il déclencha l'obturateur sans hésiter, obéissant à quelque impératif irrésistible. L'étrangère s'éloigna, monta dans une Porsche rouge et disparut. Le feu passa au vert, Servais démarra et se rendit à l'agence.

Avec une impatience qu'il n'avait pas connue depuis ses débuts, il arpenta le plancher devant la cabine où le développement se poursuivait. Il sursauta lorsque le réveil incorporé l'informa que l'opération était terminée, et poussa un soupir de soulagement en constatant que le négatif était net et contrasté. Dix minutes plus tard, jaillissait dans le révélateur, cadrée aux genoux, dans les blêmes lueurs d'un unique lampadaire, une femme inconnue, superbement isolée dans la rue déserte. Il fit une dizaine de tirages avant d'être satisfait et ramena les trois meilleurs chez lui où il les étala sur son lit. Pendant plus d'une heure, il les étudia, oubliant totalement le manuscrit corrigé de sa pièce auquel il travaillait chaque nuit depuis sept jours.

Elle avait un nez plutôt long, un visage exagérément triangulaire. Les cheveux, cascade de vagues sombres, encadrant, soulignant le pâle visage, semblaient parfaits, ainsi que les épaules, le cou, les longues mains; mais les yeux prédominaient, les yeux fiers, altiers, brillants, noirs. La femme semblait avoir échappé à toute lutte intérieure. Marcher en talons aiguille, les épaules nues, les yeux fardés, sur l'asphalte terne d'une nuit ordinaire ne lui demandait aucun effort. Servais se moquait de connaître ses origines, sa destination, ou même son nom. Mais il se demanda longuement pourquoi il venait de prendre la plus importante photographie de sa carrière.

V

La caissière du théâtre avait la grippe. Enfouie sous un monceau de chandails et d'écharpes diverses d'où émergeaient un nez rouge et des yeux embués, elle fixait Servais comme s'il était la cause de ses tourments.

— Qu'est-ce que c'est?

— Où dois-je m'adresser pour déposer un manuscrit?

— C'est une pièce? demanda-t-elle, comme si elle le soupçonnait de vouloir déposer une biographie de Rilke.

— Oui, c'est une pièce.

— Vous avez inscrit vos nom et adresse?

— Oui.

— Alors donnez-la-moi, il n'y a personne à l'administration. Je la leur remettrai.

— Bon. Combien de temps faut-il compter pour avoir une réponse?

— Ça dépend. Ça peut prendre quinze jours comme ça peut prendre un mois.

— Je vous remercie.

— De rien.

Deux mois plus tard, il n'en avait aucune nouvelle. Il téléphona au théâtre et fut mis en communication avec une employée de l'administration.

— Comment s'appelle-t-elle, votre pièce?

— *La Soirée.*

— Et votre nom?

— Jérôme Bois.

— Ne quittez pas, je vais demander à la directrice.

Après cinq minutes d'inaudibles et confuses palabres, elle revint à l'appareil.

— Mme Paulette Favre-Groult a pris connaissance de votre ouvrage. Malheureusement, elle n'estime pas que votre pièce convienne à son théâtre, surtout avec le nombre de personnages et les trois décors.

— Il n'y a qu'un décor dans ma pièce et trois personnages.

— Ah bon.

Un temps.

— Ne quittez pas.

Dix minutes passèrent, durant lesquelles Servais entendit claquer une porte au loin.

— Monsieur?

— Je suis toujours là.

— Mme Favre-Groult vous fait dire qu'elle n'a pas reçu votre pièce et qu'elle a dû se perdre à la poste.

— Je l'ai déposée personnellement.

— Ah oui? À qui l'avez-vous remise?

— A la caissière.

— Ne quittez pas.

Nouvelle attente. Servais alluma une cigarette.

— Vous êtes toujours là?

— De plus en plus.

— Bon et bien voilà, la caissière ne s'en souvient pas. Si vous voulez bien rappeler demain, on fera des recherches.

— Bon, merci.

Il rappela le lendemain et parla à la même employée.

— C'est vous qui m'avez appelée hier?

— C'est moi.

— Vous avez de la chance, on a retrouvé votre pièce.

— Et vous l'avez lue?

— La pièce?

Servais serra les dents.

— La pièce, oui.

— Mme Favre-Groult est très occupée en ce moment. Elle m'a priée de vous dire qu'elle vous écrira.

Un mois plus tard, il rappela le théâtre pour apprendre que Mme Favre-Groult se trouvait à l'étranger et ne serait de retour que le mois prochain. Quinze jours après, il reçut une courte missive :

Monsieur,
C'est avec plaisir que Mme Paulette Favre-Groult a pris connaissance de votre intéressant ouvrage. Malheureusement, il ne correspond pas exactement à l'esprit de son théâtre et c'est donc avec regret qu'elle croit devoir vous le retourner.

Le manuscrit arriva trois jours plus tard par la poste. Il était déchiré à plusieurs endroits, taché à d'autres et quelqu'un avait noté un numéro de téléphone sur la page de garde. Les deux dernières pages manquaient.

Pierre Lannier offrit une cigarette à Servais, confortablement installé sur une banquette de la brasserie Lipp.

— Mon cher ami, votre pièce m'a intrigué. Il y a là une idée, et qui plus est, une idée intéressante. Mais j'avoue être resté sur ma faim pour ce qui est de la forme. On vous sent hésitant, je dirais même perplexe à l'égard de vos propres personnages. Cela dit, je ne voudrais surtout pas vous décourager.

Le Théâtre Louis-Le-Grand garda le manuscrit six mois et le renvoya sans commentaires. Le Théâtre Moderne lui expédia une pièce d'un dénommé Jean Boussont intitulée *le Dernier Couloir* par erreur, la lui réclama dès le lendemain et le pria de bien vouloir récupérer son manuscrit chez ledit Boussont. Par ailleurs, le directeur du théâtre, Serge Brifard, regrettait de devoir refuser la pièce qu'il trouvait « intéressante quoique désordonnée ».

Jean Boussont habitait un grenier de la rue du Temple, rempli de vieux journaux et de matelas. L'endroit sentait fort le haschich. Boussont avait les cheveux longs et ternes, le teint blême et l'œil éteint. Il fit asseoir Servais sur un matelas odorant et fouilla un vieux bahut pendant dix minutes avant de retrouver le manuscrit qu'il lui remit.

— Tiens. Je l'ai lu, ton truc. C'est pas mal.

Il vacillait légèrement, articulait lentement et avec difficulté.

— Tu devrais essayer Tablier.

Tablier garda le manuscrit un mois et le perdit avant d'avoir eu le temps de le lire. Il restait à Servais trois exemplaires. Il les confia simultanément à trois metteurs en scène. Raymond Maillard lui fit dire par son assistant qu'il n'avait pas le temps de lire en ce moment, étant fort occupé à réaliser une dramatique pour l'O.R.T.F., mais que sa femme avait beaucoup apprécié *la Soirée* et qu'il se promettait de la lire à la première occasion. Claude Landolfi n'accusa pas réception du manuscrit. Marielle Lachize lui téléphona un dimanche soir à dix heures pour le prier de venir la voir sur-le-champ.

Elle habitait un luxueux appartement de l'avenue Henri-Martin où une bonne boutonneuse d'origine hispanique fit entrer Servais dans un large salon rempli d'invités. On lui donna un scotch, un éclair au chocolat miniature, et on lui présenta deux jeunes poètes qui lui octroyèrent des regards brûlants puis s'éloignèrent sans un mot. Servais repéra Marielle Lachize dans un coin, assise en compagnie d'un homme puissant et barbu et d'une brune famélique. Il s'approcha.

— Et l'imbécile m'a dit : « Tourguéniev ! », s'exclamait Lachize.

Rire général. Le barbu se pencha.

— Tu sais que Paulo reprend *la Cruche* à l'Atelier ?

— Il va se ramasser, je l'ai prévenu.

— Il t'en a parlé ?

— Oui, mais il n'écoute jamais ce que je lui dis. Kleist,

ce n'est pas pour lui, il devrait le savoir. Et en plus, il veut prendre la mère Bascha.

— Non!

— Je vous assure...

— Il est fou...

— C'est vous, Jérôme Bois?

Servais sursauta. Marielle Lachize le fixait d'un œil insistant et perçant, la tête rejetée en arrière, une main crispée dans ses cheveux bouclés et sales.

— Oui, c'est moi.

Avec difficulté, elle se leva.

— Venez avec moi.

Prenant Servais par le bras, elle l'entraîna loin du salon dans une minuscule chambre à coucher remplie de livres et de revues.

— Asseyez-vous.

Servais s'assit au bord du lit. Marielle Lachize s'étala lourdement de tout son long. Sa jupe remonta dévoilant d'épaisses cuisses blanches. Son visage luisait de transpiration et elle ne sentait pas bon.

— J'ai lu votre pièce.

Pendant une minute elle n'ajouta rien, se contentant de le fixer de ses petits yeux pâles. Servais patienta calmement, essayant de ne pas regarder la main large et potelée aux ongles noirs avec laquelle elle pétrissait son sein droit.

Née quarante-sept ans auparavant en Roumanie, Marielle Lachize vécut avec ses parents une existence d'émigrés dans le Midi de la France. Elle fit de brillantes études à Marseille, et gagna Paris en 1938, les poches remplies de diplômes. Trois ans plus tard, alors qu'un lieutenant de la Gestapo interrogeait sa concierge, elle gagna le maquis où elle s'employa à différentes opérations de sabotage de modeste envergure. Dénoncée en 1943, elle fut arrêtée, déportée à Buchenwald. A son retour, elle devait apprendre la mort de ses parents à Treblinka.

Elle participa activement à l'épuration, se montrant particulièrement dure avec les femmes qu'elle soumettait à des interrogatoires de dix-huit ou vingt heures sans donner le moindre signe de fatigue. En 1947, elle publia un roman court et sec qui relatait sa vie à Buchenwald sous une forme romanesque et didactique. En 1948, parut un essai intitulé *Qui a gagné la guerre ?* et en 49 elle épousait un jeune producteur de cinéma d'origine libanaise, Raymond B. Lachize. Durant plusieurs années, on n'entendit plus parler d'elle. En 1958, elle devint réalisatrice de cinéma, signant un court métrage consacré à la vie quotidienne des ouvriers d'une usine de Saint-Quentin, qui remporta un prix au festival de Tours et fut exploité avec succès dans nombre de pays. Depuis, elle dirigeait un petit théâtre fort réputé, le théâtre Monge, dans le 5e arrondissement. Elle y monta d'abord du Brecht, du O'Casey, du Molnar, dans le style aride et austère qui était le sien. Mais elle avait tout récemment abandonné le théâtre réaliste au profit d'une dramaturgie obscurantiste et rituelle. Dans l'appartement de l'avenue Henri-Martin, elle entretenait plusieurs auteurs dramatiques en herbe ainsi qu'une anémique poétesse nommée Marie-Sylvette Bénard.

— Qu'en avez-vous pensé ?

Servais s'était enfin décidé à rompre le long silence. Marielle Lachize haussa les épaules.

— Je me suis demandé ce qui vous a poussé à l'écrire. Vous avez des qualités, un sens du scénique, et vos personnages ont un certain intérêt. On dirait que vous avez quelque chose à dire, je crois même savoir quoi, et ça n'est pas bien intéressant.

Elle se mordilla le pouce et lui jeta un regard froid.

— N'est-ce pas ?

Il ne dit rien. Elle poursuivit :

— On admet aujourd'hui que la parole, la situation démonstrative, la théâtralité ne permettent pas l'expression de ce qui devrait nous préoccuper. Ça dépasse le cadre du théâtre conventionnel. Il faut chercher d'autres méthodes, d'autres moyens d'expression, une langue nouvelle. Cette recherche ne vous intéresse pas, vous avez adopté un style classique, presque boulevardier, et pourtant...

Elle se frotta les yeux.

— Je ne sais pas, ce n'est pas mal, votre truc, il y a des idées. Mais croyez-vous vraiment que les problèmes moraux ou psychologiques que vous avez voulu traiter ont la moindre importance aujourd'hui ? Vous avez fait du boulevard en y croyant, vous essayez de soutenir des murs qui s'écroulent. Freud n'a apporté qu'un sursis au théâtre psychologique, un dernier répit, rien de plus. Je vous trouve inquiétant, vous vous enfoncez si farouchement dans un cul-de-sac si banal.

Servais se leva, alluma une cigarette.

— Il faut partir de l'homme, dit-il, je ne sortirai pas de là.

Une fois de plus, et avec dédain, elle haussa les épaules.

— Soyez plus réaliste. Il ne s'agit pas d'avoir raison, il s'agit d'être dans le vrai *à un moment donné*. Le reste, c'est de la littérature. Nous allons dans une direction clairement indiquée. Il nous importe peu que vous suiviez ou pas. Votre monde est moribond, il s'écroule, un point c'est tout. Nous enterrerons Prométhée avec ou sans votre pelletée de terre. Mais vous, vous ne savez pas ce que vous voulez. Vous êtes foutu d'avance.

— C'est possible. Mais vous vous trompez si vous pensez que je ne cherche pas.

Elle eut un sourire bancal, dévoila des dents jaunes et irrégulières.

— Donnez-moi une cigarette.

Il se pencha. Elle lui prit la main pour guider l'allumette.

— Vous avez vu *Heures dernières* ?

Il s'agissait de la pièce qu'on jouait à son théâtre.

— Non.

— Allez-y. Les critiques ont dit que c'était une grande œuvre, une « descente aux enfers », un « cri d'alarme », un « prodigieux exposé de l'angoisse du siècle ». En fait, c'est de la merde, du porno-mystique de sixième zone. Allez la voir, et vous me direz si ce n'est pas aussi du boulevard, du boulevard qui crève au grand jour, sur un plateau, devant un public qui voit sa propre mort et ne songe qu'à applaudir de peur de passer pour une bande de cons. Ça vous évitera peut-être de vous brûler les ailes.

— Vous êtes très franche.

— Je n'ai rien à perdre. Eux, ils ont tout. Alors je parle bien haut, bien fort, et ils font la sourde oreille. Ils ne veulent pas le savoir, monsieur Bois. Je vous rends votre manuscrit?

— S'il vous plaît.

Elle fouilla dans une pile de revues, près du lit, et en tira la brochure. Cependant, Servais prenait un boîtier Nikon dans une poche, un objectif 110 *mm* dans l'autre, et assemblait l'appareil. Marielle Lachize se tourna avec le manuscrit.

— Tenez.

Un temps. Elle fronça le sourcil.

— Qu'est-ce que vous faites?

— Je vais vous photographier.

— Vous êtes photographe, aussi?

— Oui, aussi.

— Je ne veux pas.

Elle se dressa, les poings serrés.

— Mais pourquoi pas? Je vous ai dit que je faisais des recherches. J'ai besoin d'une photo de vous. Ne vous inquiétez pas, je ne sais pas encore pourquoi.

Marielle Lachize semblait brusquement traquée.

— Je vous ai dit que je ne voulais pas. Rangez ça.

Déjà les doigts de Servais couraient sur l'objectif, choisissaient la vitesse, ouvraient le diaphragme.

Marielle Lachize recula comme s'il avait tenu un revolver. Servais déclencha calmement l'obturateur.

— Voilà. Je ne sais pas ce que je veux, et vous, vous le savez. J'en conviens. Mais vous, vous ne savez pas exactement ce que vous voulez détruire, personne ne l'a vraiment défini. Et rien n'est plus difficile que de combattre un ennemi dont on ignore la véritable nature.

— Sortez!

Servais lui adressa un large sourire.

— Bonsoir, madame.

Il tira la photo le soir même et la disposa sur sa cheminée à côté de la femme en robe du soir. Côte à côte, les deux photos le fascinèrent.

Deux mois plus tard, Landolfi renvoya le manuscrit contre remboursement et sans lettre d'accompagnement. Quant à Raymond Maillard, Servais l'appela plusieurs fois sans succès. Il eut toutefois des conversations de plus en plus étendues avec Mme Maillard qui tint à l'assurer de son admiration pour la pièce en termes plus chaleureux et plus détaillés chaque fois. Servais cessa d'appeler lorsqu'elle proposa un déjeuner en ville pour mieux parler de la pièce. Il rangea les deux exemplaires restants dans un tiroir avant de se rendre à Los Angeles où il photographia les émeutes qui y faisaient rage.

À son retour, il avait oublié la pièce, mais non Nadine Chevalier. S'étant rendu au théâtre des Variétés avec l'intention de revoir *Faut passer par là*, il constata avec surprise que l'œuvre de Puclos avait quitté l'affiche. Nadine Chevalier figurait toutefois au générique d'un film tout nouveau qu'affichait une salle des Boulevards. Servais y entra. Il s'agissait d'un film policier que le metteur en scène, réputé pour l'indifférence qu'il éprouvait à l'égard des sujets qu'il traitait, avait réalisé du bout des doigts et où Nadine Chevalier jouait un rôle terne et épisodique. Elle recevait un coup de couteau à la sixième bobine et Servais quitta le film en même temps qu'elle, se demandant pourquoi elle avait accepté le rôle.

Le lendemain, à l'agence, il consulta *le Film français* et découvrit que Nadine Chevalier n'était distribuée dans aucun film en cours de tournage. Claude Landre, par contre, figurait dans trois projets, et avec des rôles de plus en plus importants. Il l'appela.

— Tiens! Toujours vivant!

— Toujours. Ça marche pour toi, je vois?

— Oui, ça démarre. On dîne ensemble ?

— Pas ce soir. Dis-moi, tu as des nouvelles de Nadine Chevalier ?

— Toujours intéressé ?

— Oui.

— Je crois qu'elle fait un peplum en Italie, ou peut-être un western, je ne suis pas sûre. Quelque chose de bien payé, en tout cas.

Le chiot avait grandi. Servais trouva Lapade en train de consommer son cognac habituel en compagnie d'une chienne imposante, nantie de cette tête « Louis XIV » propre aux beaux cockers, mais qui n'avait rien perdu de son enthousiasme pour les lacets de chaussure. Elle mordit amicalement la main de Servais et durant la conversation, grignota le bas de son pantalon. Lapade n'était pas seul, il était attablé avec un individu blême aux cheveux blonds, qui arborait un costume de velours noir et une expression d'anxiété chronique.

— Servais, je te présente Karl-Heinz Zimmer, artiste dramatique d'outre-Rhin. Karl, Servais Mont, journaliste sans scrupules.

L'Allemand inclina la tête.

— Monsieur...

— Vous êtes acteur ?

— En Allemagne, oui. J'ai joué à Francfort et à München, et aussi à Hambourg au Grosse Schauspielhaus. Ici, je cherche des rôles mais je connais peu de gens et la chose semble complexe. Je fais des tentatives, vous voyez.

Il avait un accent peu prononcé, chantant et feutré. Servais s'aperçut subitement que son expression d'intense inquiétude n'était qu'un masque mondain recouvrant quelque chose de lisse et de dur, d'indéfinissablement brutal.

— Oui, je sais que c'est difficile.

Servais se pencha pour caresser la chienne. Il remarqua les chaussures de Karl-Heinz Zimmer, lourdes, neuves, brillantes, aux talons bardés d'acier étincelant. Se relevant, il nota, aux vêtements délibérément négligés, aux mains roses et manucurées, au visage rasé de près et probablement poudré, le « je-ne-sais-quoi » qui émane de la richesse.

— Vous comptez rester longtemps à Paris ? questionna Servais, se demandant pourquoi Lapade ne faisait aucun effort pour alimenter la conversation.

— Je ne sais pas. Si je ne m'ennuie pas, je reste. J'ai trouvé un excellent hôtel, où l'on dort bien.

Lapade se leva.

— Vous m'excuserez, je ne me sens pas bien, je rentre.

La chienne tirait sur la laisse.

— Ça ne va pas ? demanda Servais.

— Un malaise passager. A bientôt, viens dîner avec moi un jour.

— Entendu, dit Servais, constatant que Lapade avait le teint pâle et l'œil un peu flou.

Karl-Heinz Zimmer se leva.

— Soignez-vous bien.

— C'est ça. Salut.

L'Allemand le regarda partir, puis se tourna vers Servais.

— Vous savez qu'il est très malade ?

Servais hocha la tête.

— Oui.

— Il va bientôt mourir, comme mon frère.

— Votre frère ?

— Oui.

— De quoi est-il mort ?

— De dégoût.

Karl-Heinz Zimmer regardait Servais dans les yeux, avec trop de sérieux, comme s'il se mesurait à lui. Servais eut envie de rire.

— C'est possible, dit-il.

La nuit tombait sur le boulevard Saint-Germain où les embouteillages commençaient à diminuer. Un vendeur de journaux injuriait une jeune femme à la terrasse. Servais se prépara à partir.

— Vous vous intéressez au théâtre ? demanda Zimmer,

exactement comme s'il avait perçu l'intention de Servais et voulait l'empêcher de se lever.

Servais vida sa tasse et la posa calmement.

— Un peu.

Et il ajouta, après un temps :

— J'ai écrit une pièce.

— Ah oui? Justement, je pourrais peut-être la lire.

Servais se demanda à quoi se rapportait le « justement ».

— Peut-être, oui.

Il pensa qu'il faisait sans doute une bêtise, ou tout au moins un mauvais calcul.

— Vous avez une copie disponible?

— Je vous préviens, elle a été refusée par je ne sais combien de théâtres.

— Ça ne veut rien dire.

L'anxiété de l'Allemand croissait à vue d'œil, on l'aurait dit incapable de dormir ou de manger avant d'avoir lu la pièce.

— Bon. Venez ici demain soir à cette heure-ci. Je vous la passerai.

— Vous comprenez, je pourrais peut-être faire quelque chose.

Servais fit semblant de ne pas comprendre.

— Oui, il y a un bon rôle. Mais c'est difficile de faire monter une pièce.

— Vous viendrez demain avec le manuscrit?

— Oui, oui. D'accord.

— Bien. Je vais au strip-tease. Vous voulez venir?

— Non, merci.

Karl-Heinz Zimmer posa un billet de cinq cents francs dans la soucoupe.

— J'aime beaucoup le strip-tease, poursuivit-il d'une voix neutre, le mauvais strip-tease dans les petits clubs privés, vous voyez... Il faut que les filles soient un peu laides et peu sûres d'elles. La vulgarité est toujours intéressante, vous ne trouvez pas?

Servais se leva, boutonnant son imperméable.

— Je ne saurais dire.

— J'aime aussi voir les mauvais chanteurs du premier

rang et puis il y a le public, le public populaire. A Hambourg, j'allais souvent me promener sur le port, et je mettais toujours un manteau de fourrure très luxueux.

Servais lui tendit la main.

— A demain.

— Oui. N'oubliez pas la pièce.

Servais ne l'oublia pas et retrouva l'Allemand le lendemain, assis seul au fond de la salle, plongé dans le dernier numéro de *Tel Quel*.

— Intéressant? demanda Servais, désignant la brochure.

Zimmer haussa les épaules.

— On ne peut pas toujours lire des choses sérieuses.

Servais ne resta pas. Il se contenta de poser le manuscrit sur la table et de donner son numéro de téléphone au comédien. Deux jours plus tard, celui-ci l'appelait à deux heures du matin pour lui demander un rendez-vous. Ils se virent au Saint-Claude, pour changer.

— Votre pièce ne vous ressemble pas. Elle est intéressante. Un cri d'horreur, non? Nous allons la faire monter. Avec trois acteurs et un décor, ce n'est pas très cher. Je pense cent mille francs, pas plus.

— Il faut les trouver.

— Je les ai.

Servais tourna son café en silence. L'Allemand se pencha.

— Je joue le pianiste et je finance. Votre pièce m'intéresse.

Servais hocha la tête, prenant un air légèrement incrédule.

— Bon. Vous avez un metteur en scène?

— J'y ai pensé. Il ne faut pas faire de bêtises. J'ai pensé à Messala.

— Je le connais mal. Le Büchner, l'année dernière à l'Œuvre, c'était lui?

— Oui, c'est ça. Je le connais un peu, personnellement. Je vais lui faire lire la pièce. Pour la femme, je crois qu'il faut Michèle Castaine.

Servais alluma lentement une cigarette.

— J'avais songé à Nadine Chevalier.

— La fille qui fait du cinéma?

— Oui.

Zimmer fronça le sourcil.

— Peut-être.

— Voyons toujours Messala, pour trouver un théâtre.

— Je l'ai déjà appelé. Je le vois ce soir.

Laurent Messala lut la pièce en vingt-quatre heures et demanda à rencontrer l'auteur. En compagnie de Zimmer, Servais pénétra un vendredi soir dans l'atelier que le metteur en scène habitait boulevard Saint-Jacques depuis plus de vingt ans.

Un couloir vétuste, tapissé d'affiches, menait à la pièce principale et unique, antre sombre au mobilier rare et lugubre, aux murs surchargés. Messala serra les deux mains de Servais avec chaleur, et le pria de s'asseoir sur l'un des nombreux poufs disposés autour d'un poêle malodorant. Chauve et gras, le teint jaune et la bouche lippue, il évoquait un bouddha.

— Je suis content de vous rencontrer, Karl m'a beaucoup parlé de vous et puis, bien sûr, j'ai lu votre ouvrage.

Servais avait le mot « ouvrage » en horreur. Il s'attacha à ne pas ciller. Karl s'était arrêté devant la bibliothèque où il feuilletait un volume épais avec intérêt. Il n'avait visiblement pas l'intention de participer à l'entretien, du moins au début. Servais avait une envie irrésistible de fuir.

— Qu'est-ce que vous prenez ?

Messala posa la question avec une sorte d'angoisse, craignant, semblait-il, que Servais ne réclamât quelque breuvage ésotérique dont il ne disposerait pas.

— Je ne bois pas, dit Servais, si vous avez du café...

Messala parut éprouver un soulagement intense.

— J'en ai pour une seconde.

Il quitta son pouf avec alacrité, malgré son poids, et se dirigea vers le coin de la pièce qui servait de cuisine.

Cinq minutes plus tard, il servait à ses invités un breuvage épais et noir dans des récipients informes d'aspect vaguement étrusque.

— Alors... Parlons de vous. Vous êtes plus jeune que je ne pensais et vous ne ressemblez pas du tout à Huxley. Je m'attendais à ce que vous lui ressembliez. D'autre part, vous n'êtes pas Tchékov.

C'était presque une accusation. Servais ouvrit la bouche pour tenter d'expliquer qu'il n'avait jamais prétendu... mais Messala balaya tout cela d'un geste rond.

— Vos intentions me laissent indifférent. Votre pièce manque d'épaisseur humaine... elle est fragile. Si je la monte, il faudra travailler, nourrir votre squelette, ajouter des ombres, de la chair, et puis la fin ne va pas du tout. C'est à jeter, je vous préviens.

Il plongea son regard, brusquement embué, dans les yeux de Servais.

— Je vous fais de la peine?

— Non, dit Servais.

— Tant mieux. Lorsque Karl m'a apporté *la Soirée* et m'a expliqué qu'il voulait la monter, enfin, la financer, j'ai eu peur. Karl est un garçon impétueux. Mais il a du goût.

Karl hérita à son tour du regard embué.

— Tu pouvais te tromper, mais je crois que tu as trouvé un auteur.

Un peu interloqué par le tutoiement, Servais regarda Karl et Messala à tour de rôle.

— Bon, dit-il. Avez-vous pensé à un théâtre?

Messala haussa les épaules.

— Ils ne manquent pas, mais je pense que la Comédie de l'Étoile conviendrait très bien. Ni trop petit, ni trop grand, le plateau a de la profondeur, le jeu d'orgue ne date pas des Croisades, et puis ce n'est pas trop cher.

— Et la distribution?

Messala alluma une cigarette turque.

— Karl souhaite jouer le rôle de René. Je pense qu'il peut le faire, mais ça ne sera pas facile. Il serait bon qu'il soit épaulé par une comédienne sûre. C'est pourquoi j'ai pensé à Madeleine.

— Madeleine? demanda Servais.

— Oui, Madeleine Paret.

Il s'agissait d'une actrice de quarante ans qui tenait des rôles de second plan au T.N.P. depuis dix ans.

Servais secoua la tête.

— Trop âgée.

— Je ne trouve pas.

Un temps. Karl étudiait le tapis, pourtant hideux, et Messala souriait dans le vide. Servais se pencha.

— J'avais pensé à Nadine Chevalier.

— La fille qui fait du cinéma? demanda Messala, du ton qu'il aurait employé pour dire « la fille qui fait le trottoir? ».

Par ailleurs, Servais nota qu'il avait utilisé la même formule que Karl, trois jours auparavant.

— Elle fait du théâtre aussi, elle était dans la pièce de Puclos.

Messala devint rêveur.

— Vous appelez ça du théâtre?

Servais soupira, alluma une cigarette avec une lenteur délibérée.

— Jouons au jeu des définitions si ça vous amuse. Théâtre : activité artistique consistant à représenter devant un public au moyen de comédiens et de décors une projection de la réalité. Voyons la vôtre.

Messala sembla peiné. Il écarta les bras.

— Vous n'avez pas envie de vous entendre avec moi. On ne peut pas prendre cette fille, elle ne convient pas du tout à votre pièce. Je regrette.

Et de fait, il paraissait tout disposé à fondre en larmes. Karl se leva, s'adressa à Messala.

— Il faut réfléchir.

Messala hocha longuement la tête. On eût dit que Karl venait de faire une éblouissante démonstration philosophique.

Messala pria alors Servais de parler de sa pièce. Servais retrouva les théories qu'il avait conçues pour asseoir sa pièce et les proposa d'une voix terne, ne s'adressant ni à Messala, ni à Karl. Messala l'écouta sans un mot, ses trois mentons soutenus par une petite main dodue, en souriant, comme un parent d'élève assistant à la remise des prix. Quand Servais se fut tu, il resta un moment immobile. Messala se dressa avec vivacité.

— Bien dit-il, je vous ai écouté attentivement. Je suis surpris. J'avais compris autre chose. Je voyais quelque chose de plus simple et de plus... désespéré. J'avais mis la froideur de votre texte au compte de l'inexpérience. Je n'en suis plus si sûr. Je vais relire la pièce dans l'optique de ce que vous venez de me dire, et puis nous en reparlerons.

Servais se leva.

— Entendu.

Messala les accompagna à la porte. Dans le couloir, il prit brusquement le bras de Servais.

— Si nous travaillons ensemble, il vous faudra me supporter. Pensez-y, c'est important.

Servais l'assura qu'il y songerait.

Karl et Servais prirent un café ensemble avant de se séparer.

— Qu'en dites-vous? demanda Karl.

Servais haussa les épaules.

— Je ne sais pas.

— Je crois qu'il est accroché. Vous avez bien fait de lui parler comme ça. La prochaine fois, soyez plus brutal.

— Comment ça?

Karl eut un vague sourire.

— Vous verrez. Parlez-moi de Nadine Chevalier. Vous la connaissez?

— Non.

— Vous trouvez que c'est une bonne comédienne?

— Pour le rôle, oui.

— Bon. C'est possible, je la connais mal. Vous savez que Messala m'avait parlé de votre pièce auparavant. Il n'avait rien compris. Il voyait une histoire de complexe d'Œdipe, vous voyez, avec la femme. Il est trop freudien. C'est la maladie d'aujourd'hui. Ce que vous avez expliqué

l'a surpris, il va réfléchir. Il n'est pas idiot, je vous assure.
Karl tendit la main.
— Au revoir, Jérôme.
— Salut, Karl.
Il commençait à pleuvoir. Karl leva son col et quitta le café en courant, lourdement. Deux mètres plus loin, il glissa sur le trottoir mouillé, perdit l'équilibre et tomba brutalement. Il se releva sous l'œil indifférent des passants et s'éloigna, une tache sombre s'épanouissant dans le dos de son manteau beige.

Servais attendit que la pluie se fût calmée pour regagner sa voiture. Il hésita, puis se rendit à l'agence. Tout le monde était parti. Il passa au Flore mais n'y trouva aucune connaissance. Alors il alla à pied jusqu'à la rue de Verneuil.

Luce Berthelot le dévisagea sans sourire.
— Il est d'usage de téléphoner.
— Je sais. T'es occupée ?
— Oui.
— Tant pis.
Il se retournait lorsqu'elle lui prit le bras.
— Entre, imbécile.
Il referma la porte derrière lui. Comme d'habitude, tout était méticuleusement propre et rangé dans le minuscule studio. Luce portait un vieux pull-over et un pantalon fatigué. Elle n'était pas maquillée.
— Qu'est-ce que je peux faire pour toi ?
Servais se posa la question.
— On pourrait dîner.
— On pourrait, concéda-t-elle. Mais je ne suis ni habillée, ni maquillée, ni coiffée.
— J'attendrai.
Luce haussa les épaules.

— Bon.

Assis sur le lit, Servais ne la quitta pas des yeux tandis qu'elle fardait ses yeux, brossait ses longs cheveux blonds, choisissait tailleur et chemisier dans l'étroite penderie. Peu à peu l'exaspération où l'avait mis l'entretien avec Messala se dissipa.

— Retourne-toi.

Il lui tourna le dos pour lui permettre de quitter ses vêtements.

Une fois le repas commandé et les hors-d'œuvre en route, Luce prit un stylo-feutre dans son sac et entreprit de dessiner une enfilade de « bonshommes » sur la nappe de papier.

— Alors? Pourquoi l'invitation?

Elle gardait les yeux baissés.

— Comme ça. Il faut une raison?

— J'aurais cru. Je me trompe peut-être. Où en est la pièce?

— Je n'ai pas envie de parler de ça.

— Ah? Combien de personnes sont au courant, sauf moi?

— Personne.

— Et tu ne m'as pas invitée pour en parler?

— Non.

Avec un sourire quelque peu incrédule, elle dessina un nu, une fille aux longs cheveux et à la poitrine éléphantesque. Les hors-d'œuvre arrivèrent. Luce posa son stylo pour se saisir de sa fourchette. Servais remarqua ses gestes rapides, précis, et toutefois très féminins.

— Ça marche à l'agence? demanda-t-il.

Elle leva la tête, plongea ses yeux bleus dans ceux de Servais.

— On fait un pacte. Je ne te parle pas de la pièce, tu ne me parles pas de l'agence. Okay?

— Okay.

Luce s'adressa à la petite femme nue sur la nappe :

— Maintenant il se demande de quoi on va bien pouvoir parler.

Servais versa le vin, jeta un coup d'œil sur la salle du petit restaurant où dînaient une dizaine de clients dans un bourdonnement discret. C'était vrai. Il ne savait que lui dire et il ne s'en souciait pas. Mangeant peu, il étudia Luce, la manière dont ses cheveux glissaient sur son épaule lorsqu'elle penchait la tête en portant les aliments à sa bouche, les lèvres pâles, le long cou aux salières profondes dont la blancheur avait des reflets bleutés, et surtout les yeux si expressifs, à la fois ironiques et candides, où Servais inexplicablement trouvait des lueurs familières, souvenirs de ses premiers rendez-vous d'adolescent.

Le dollar tomba dans le crachoir, roula et s'immobilisa. Passant nerveusement la main sur sa bouche, Dean Martin se pencha, tendit la main. Un pied le devança, envoyant d'un brutal coup de botte le crachoir hors champ. La projection de *Rio Bravo* venait de commencer. Servais éprouvait une profonde satisfaction. Il voyait le film pour la dixième fois, avec quelqu'un qui ne l'avait jamais vu. D'avance, il savourait pour elle le plaisir de la découverte. Il retrouvait les mille détails amoureusement agencés qui font du film de Hawks l'un des plus grands de tous les temps. Luce se tenait très droite sur son siège, ses lunettes perchées au bout de son nez court, les lèvres entrouvertes. De temps en temps, Servais tournait la tête pour juger de l'effet de telle ou telle scène sur elle. Elle découvrait le vieux Walter Brennan et son rire joyeusement sénile, la merveilleuse Angie Dickinson au jeu ambigu, riche, aux sourires narquois et tendres, sans oublier la composition spirituelle et subtile de Martin et le monolithique, le remarquable Wayne, pachyderme impavide qui, à lui seul, annihilait des siècles d'ésotérisme geignard. Après une demi-heure, Servais oublia Luce, se perdit dans le film une fois de plus, éprouvant cette sensation de sereine certitude devant une rareté cinématographique : un hommage à la capacité humaine.

Il se produisit alors ce que Servais craignait chaque fois qu'il entrait dans un cinéma du quartier Latin : les ricanements, réaction habituelle des étudiants, « intellectuels » et pseudo-cinéphiles qui ne peuvent supporter une scène lyrique, émouvante ou allégorique, sans produire ce hennissement destiné à désamorcer l'émotion qu'ils se refusent à éprouver. En l'occurrence, il s'agissait de deux couples, placés derrière Luce et Servais, qui veillaient à tourner en dérision toute scène imbue de la moindre grandeur. Servais les pria de se taire plusieurs fois, sans résultat. Durant quinze minutes, il essaya de les oublier sans y parvenir. Chaque ricanement, chaque raillerie le blessait personnellement.

— Pour la dernière fois, je vous ai demandé de vous taire.

— On est libre, non ? Fous-nous la paix.

Servais commençait à se lever lorsque la main de Luce se glissa dans la sienne. Elle souriait. Dès ce moment, les quatre spectateurs se calmèrent, et la projection continua sans interruption. Servais garda la main de Luce dans la sienne.

Lorsque les lumières se rallumèrent dans la salle, Luce retira sa main pour prendre des cigarettes dans son sac. Elle ne dit rien du film. Servais resta assis, les yeux fixés sur le rideau douteux qui venait de se refermer sur la dernière image de *Rio Bravo*. Une main le frappa doucement à l'oreille et une voix railleuse se fit entendre.

— Alors, petit, on s'énerve ? Faut pas s'exciter comme ça !

Servais se leva, se retourna. Le garçon pouvait avoir vingt-deux ou vingt-trois ans ; il avait de longs cheveux, une barbe sombre et embroussaillée. Ses dents brillaient, ainsi que ses petits yeux pâles. Il était grand. Avec un sourire mortifié, Servais tendit la main pour dire « sans rancune ». Ravi, le garçon avança le bras. Servais le lui cassa en deux endroits, rapidement, scientifiquement, et sans effort apparent. Puis il prit le bras de Luce et ils quittèrent la salle. Le spectateur s'effondra avec un hurlement.

Servais conduisait calmement, les yeux attentifs à la circulation.

— Où as-tu appris ça? demanda Luce, après un moment.

— Chez les louveteaux. Tu as aimé le film?

— Bien sûr. Il est parfait. Normalement, je n'aime pas les westerns.

— Moi, c'est les « drames contemporains », dit Servais, je ne peux pas les voir.

Luce se tourna, Servais avait le visage fermé.

Cinq minutes plus tard, la voiture s'arrêtait dans la rue de Verneuil.

— Bonne nuit, Luce.

— Tu veux monter? Je te ferai un café.

— Une autre fois.

Elle baissa la tête, cherchant la poignée.

— Bon.

Elle ouvrit la portière.

— Merci, dit-elle.

— Merci d'être venue.

Elle hésitait encore.

— Qu'est-ce que tu vas faire maintenant?

— Dormir.

— Oui, ben moi aussi.

Un temps. Le moteur tournait au ralenti, discrètement.

— Je me suis bien amusée, tu sais, je suis contente que tu aies pensé à moi. Mais...

Servais lui fit face.

— Mais?

— Rien. Bonne nuit.

Elle traversa le trottoir, entra dans l'immeuble. Servais regagna la rue Falguière. Avant de se coucher, il passa dix minutes à étudier les photographies de Nadine Chevalier.

VI

Servais eut l'impression, en entrant à l'agence le lendemain matin, qu'il retrouvait une famille dont il aurait été séparé depuis plusieurs décennies. Il ne s'aimait pas dans le rôle de Jérôme Bois, il n'aimait pas les gens que rencontrait Jérôme Bois, et pourtant c'était à Jérôme Bois et à lui seul qu'il appartenait de mener l'opération à bien. Servais avait passé une partie de la nuit à étudier cette situation difficile, sans trouver d'autre solution que de se munir de patience et de ténacité. Aussi serra-t-il la main de Mertolle avec ferveur, s'enquit-il même de sa santé, avant d'aller gratifier la standardiste d'un brûlant baiser sur les lèvres. Il était satisfait d'être à nouveau Servais Mont. Mertolle, quelque peu ahuri, lui demanda s'il n'était pas « un peu malade », mais la standardiste, prénommée Violaine, réagit avec l'aimable chaleur des filles sans attaches ni problèmes d'ordre freudien.

Servais effectua trois reportages ce jour-là, et quatre le lendemain; le troisième jour, il quitta Paris pour Bruxelles où il immortalisa les sinistres membres d'une assemblée de théologiens. Sur la route du retour, il écouta la radio et apprit ainsi que Nadine Chevalier avait été hospitalisée à la suite d'un accident de la route.

A Paris, il prit le téléphone pour appeler l'hôpital de Mâcon.

— L'agence Gaya-Becque à l'appareil. Je voudrais connaître l'état de santé de mademoiselle Nadine Chevalier.

— Ne quittez pas.

Il attendit quelques secondes.

— Allo?

— Oui.
— Deux côtes fracturées et des contusions, rien de grave.
— Quand pensez-vous qu'elle puisse quitter l'hôpital?
— Elle est partie ce matin. On est venu la chercher.
— Elle est partie pour Paris?
— Je ne sais pas, monsieur, je suppose.
— Merci bien.

La rue de Varenne était calme ce soir-là. Peu de passants, une vieille dame promenant un teckel fatigué, deux jeunes femmes rieuses, un petit garçon plongé dans ses pensées, une casquette rouge sur la tête. Servais avait garé sa voiture près de la porte d'entrée de l'immeuble. La « *planque* » durait depuis deux heures. Il avait un peu faim, et la température baissait régulièrement dans le véhicule.

A condition de respirer calmement et de ne pas tousser, elle ne souffrait pas. Depuis plus de sept heures, elle dormait dans la voiture, se réveillant au moindre cahot avec une grimace, jetant un coup d'œil au profil soucieux de Jacques. Quand il la regardait, elle fermait les yeux pour ne plus avoir à répondre à l'inévitable « ça va? ». Elle avait eu peur, au moment de l'accident, peur de mourir, d'être diminuée, peur tout court. Puis elle avait éprouvé cette bouffée d'exaltation que ressent le motocycliste en redressant sa machine après un mauvais dérapage. Mais tout cela était passé, s'était estompé dans les couloirs gris et l'odeur d'éther de l'hôpital, ne laissant qu'indifférence et lassitude. Elle fit un mouvement.
— T'as une cigarette?
— Tu ne crois pas qu'il vaudrait mieux ne pas...
— Aucune importance.
— Tiens.
Elle aspira la fumée, tourna les yeux vers la route. Les

arbres défilaient de part et d'autre de la voiture, leurs troncs blafards à la lumière des phares. C'était bien la peine, pensa-t-elle, d'avoir effectué presque toutes les cascades d'un western sans le moindre ennui, pour se retrouver étendue sur l'herbe au bord d'une autoroute à écouter un automobiliste belge expliquer à son épouse décolorée que ce n'était pas sa faute.

— Il n'y en a plus pour longtemps, dit Jacques.

Elle lui sourit, se rendit compte qu'il ne pouvait la voir et dit :

— Oui, tant mieux.

De toute manière, se disait-elle, le film sera mauvais. Le metteur en scène était un imbécile. Un jour, il se prenait pour Anthony Mann, le lendemain pour Pasolini. Aucune œuvre ne pouvait survivre à une telle macédoine d'ambitions. Et puis, il était pédéraste, mégalomane et geignard. Nadine s'était mal entendue avec Augusto Pinnelli.

— Tu es trop masquée, *cara*, trop intérieure. Vas-y franchement, fais-moi confiance.

Et Nadine, faisant taire ses doutes, rejetant ses cheveux en arrière, s'était lancée une fois de plus dans une scène parfaitement grotesque où elle devait repousser les avances d'un paranoïaque chevelu dans une grange isolée du Nouveau Mexique. Le comédien, qui se faisait appeler Jeff Marshall au générique de ses films, se nommait Antonio Cifariello pour l'état civil. Jadis électricien à Cinecitta, il avait été « découvert » par Pinnelli qui, estimait Nadine, lui avait indubitablement fait les honneurs de son lit.

— Porte d'Orléans! annonça Jacques.

La voiture contourna le monument élevé à la gloire du maréchal Leclerc et remonta l'avenue portant son nom. Nadine se frotta les yeux et regarda avec plaisir les vitrines allumées, les néons et bientôt le stoïque et sympathique Lion de Belfort. Elle n'avait plus sommeil. Elle pensa qu'aucun contrat ne l'attendait et que les choses tournaient mal. *Demain, on verra* n'avait pas fait les recettes escomptées par les producteurs, et ces derniers, ainsi que leurs confrères, en avaient attribué l'insuccès pour une part aux comédiens. Il y avait toujours la télévision, le refuge traditionnel des

« *petits noms* » en déclin. Quant au théâtre, mieux valait ne pas y compter depuis la pièce de Puclos.

— Terminus. Tu ne bouges pas, je viens te chercher.

Elle resta immobile tandis que Jacques faisait le tour de la voiture. Il se pencha pour l'aider à descendre. Dès qu'elle bougea, la douleur lui traversa le sternum et elle gémit doucement. Elle espéra qu'il n'avait rien entendu. Il claqua la portière, lui prit le bras. A cet instant, un éclair provenant d'une voiture garée de l'autre côté de la rue les aveugla. Jacques, éberlué, fit un pas, puis se retourna.

— Qu'est-ce que c'était ?

Nadine haussa les épaules.

— Un flash électronique, viens.

Ils pénétrèrent dans l'immeuble. Nadine fut un peu pensive dans l'ascenseur.

Le téléphone sonnait lorsque Servais ouvrit la porte de son studio, une demi-heure plus tard.

— Cher ami, j'essaie de vous avoir depuis deux jours. C'était Messala.

Rien n'avait changé chez le metteur en scène : c'était le même antre lugubre où l'on servait le même café turc dans les mêmes récipients antiques. Mais Messala paraissait plus enjoué, et en l'absence de Karl, moins disposé à parler pour ne rien dire.

— J'ai relu la pièce, Jérôme, plusieurs fois. J'y ai travaillé, et je suis en mesure de vous dire que nous pouvons envisager quelque chose.

Il se ménagea une pause dramatique avant de poursuivre :

— Nous avons un théâtre. J'ai parlé à Cattand, avant-hier, il est partant.

Louis Cattand, ex-sociétaire de la Comédie-Française,

dirigeait la Comédie de l'Étoile depuis une dizaine d'années.

— Il aime la pièce? demanda Servais.

Messala haussa les épaules.

— La question n'est pas là. Son théâtre est un garage, ce n'est pas lui qui produit. Disons que, compte tenu de la pièce, des comédiens et du metteur en scène, il nous cédera son plateau à des conditions raisonnables. Bien sûr, il ne connaît pas Karl, mais Nadine Chevalier l'a intéressé et j'ai monté un Albee chez lui qui a bien marché. Cela dit, il y aura quand même quelques problèmes. Cattand est endetté un peu partout, il doit une fortune à la société qui gère les Colonnes Morris. Il faudra donc établir un budget de publicité indépendant du théâtre. Mais n'allons pas trop vite. La prochaine fois que vous verrez Nadine Chevalier, dites-lui de me téléphoner. En attendant je vais essayer de trouver un décorateur pas trop ruineux.

— Mais je ne la connais pas.

Messala reposa lentement sa tasse, leva les yeux.

— Comment?

— Nadine Chevalier, je ne la connais pas.

— Mais je croyais...

Messala passa une main potelée sur son front.

— C'est très ennuyeux, dit-il, je croyais qu'elle avait lu la pièce et vous avait donné son accord. Il faut la contacter tout de suite.

— D'accord, je m'en charge.

— Maintenant travaillons.

Messala ouvrit le manuscrit à la première page et se mit à lire. Chaque fois qu'une réplique lui déplaisait, il s'arrêtait, secouait la tête, puis reprenait. Au fur et à mesure que la lecture progressait, Servais fut de plus en plus persuadé que *la Soirée* constituait la plus inepte des œuvres dramatiques jamais conçues.

Nadine alluma la dixième cigarette de la journée, évitant le regard tendrement réprobateur de Jacques, et se replongea dans le scénario qu'on avait apporté au courrier de onze heures. Elle essayait vainement de comprendre comment un tel salmigondis avait pu se voir octroyer 300 000 francs d'avance sur recettes. Rédigé par un jeune comédien qui avait eu son heure de gloire durant les beaux jours de la Nouvelle Vague et qu'on avait complètement oublié depuis, il décrivait les sordides amours d'un étudiant et d'une comtesse dans une station balnéaire méditerranéenne. L'étudiant ne cessait d'emprunter de fortes sommes à la comtesse, l'humiliait en public aussi souvent qu'il le pouvait et sous le moindre prétexte, et occasionnellement la sodomisait à minuit sur la plage privée de l'hôtel. A tout cela, la comtesse donnait un lugubre assentiment, persuadée, semblait-il, que son tortionnaire lui était envoyé par on ne sait quelle inéluctable force historique pour lui faire expier une faute qu'elle devrait non à l'une quelconque de ses actions, mais à sa condition sociale. Nadine venait de lire une scène édifiante où la malheureuse aristocrate apprenait avec une joie toute mystique que son amant lui avait inoculé la syphilis.

Jetant un coup d'œil sur les factures qui s'empilaient sur le tapis (ils n'avaient toujours pas acheté de meubles, à l'exception d'un lit et d'un tabouret), elle se demanda si elle n'allait pas être obligée d'incarner la comtesse. Le téléphone sonna.

— Oui?

— Madame Nadine Chevalier, s'il vous plaît.

— De la part de qui?

— Jérôme Bois.

Elle fronça les sourcils. Elle ne connaissait personne de ce nom.

— C'est moi.

— Ah bon.

Un temps.

— Je vous appelle au sujet d'une pièce dont je suis l'auteur et que Laurent Messala va monter. Pourrais-je vous rencontrer pour en parler?

Nadine se demanda si, par hasard, elle n'allait pas échapper aux malheurs de la syphilitique comtesse.

— Oui, d'accord. Quand voulez-vous?

Dans l'ascenseur, Servais commit l'erreur de relire quelques pages de son manuscrit au hasard. Elles lui parurent si mauvaises qu'il s'en fallut de peu qu'il ne repartît sur-le-champ. Un homme lui ouvrit la porte. Servais reconnut l'individu qu'il avait aperçu avec Nadine près du théâtre, le dénommé Jacques.

— Jérôme Bois, j'ai rendez-vous avec mademoiselle Chevalier.

— Oui, entrez.

Pour la deuxième fois, Servais pénétra dans l'appartement blanc. Il remarqua le lit dans un coin de la grande pièce, des piles de livres, un tabouret.

Nadine Chevalier était assise à même la moquette, adossée au mur, un manuscrit à la main. Elle dévisagea Servais avec étonnement, se souvenant de l'avoir vu quelque part, mais ne sachant ni où ni quand.

— Vous m'excuserez de ne pas me lever, je ne suis pas encore totalement remise de mes acrobaties sur la route.

— Je vous en prie.

Après un instant d'hésitation, Servais s'accroupit, posant sa brochure et sans quitter la comédienne des yeux. Elle n'était pas maquillée. Ses longs cheveux blonds avaient été brossés peu auparavant, ils brillaient. Son pull-over violet accentuait ses formes allongées et nerveuses.

— Whisky?

Servais sursauta, il avait oublié Jacques.

— Non, merci.

Nadine le fixait toujours, cherchant à situer un visage vaguement familier.

— Tu prends quelque chose? demanda Jacques.

Elle secoua la tête, désigna le manuscrit.

— Alors, vous m'apportez une pièce?

— Oui.

Jacques s'éloigna discrètement. Servais prit un paquet de cigarettes dans sa poche et le tendit à l'actrice. Elle accepta, et Servais se leva, se rapprocha, s'accroupit de nouveau pour proposer son briquet. Ils se dévisagèrent pardessus la flamme. Elle avait un regard pensif. Servais éprouvait une sorte de douleur. Il lui en voulut de ne jamais le décevoir, d'être très exactement, du moins physiquement, et jusque dans les moindres expressions ou mouvements, celle qu'il portait dans sa tête.

— C'est une pièce à trois personnages, expliqua Servais lorsqu'il eut repris sa position à un mètre d'elle, un mari, sa femme et sa maîtresse.

Du boulevard, pensa Nadine, il va me filer du boulevard.

— Le mari est un homme qui se ment, et qui le sait. Il réunit sa femme et sa maîtresse pour tuer ou sauver le meilleur aspect de lui-même, celui qu'il croit réserver à sa maîtresse.

Du boulevard psychologique, pensa Nadine, c'est mieux mais ça ne fera pas un rond. Trente représentations et la salle bourrée d'« *éxos* ».

Elle tendit la main.

— Je peux voir?

Servais lui donna le manuscrit qu'elle feuilleta. Sans lever la tête, elle dit subitement :

— Vous êtes venu voir la pièce de Puclos. Vous ne l'aviez pas aimée.

— Oui, c'est vrai.

— Je me souviens.

Elle referma la brochure.

— Bon. Je vous appellerai quand je l'aurai lue. Vous dites que c'est Messala qui met en scène?

— Oui. Vous le connaissez?

Elle fit une grimace imperceptible.

— De réputation. Et le théâtre?

— La Comédie de l'Étoile.

— La Comédie? C'est Cattand qui produit?

— Non. Karl-Heinz Zimmer.

— Connais pas.

— C'est l'acteur qui va jouer le mari.

Elle éteignit sa cigarette en silence.

— Vous faites bien de me prévenir. Un ami de Messala sans doute?

— Plus ou moins, oui.

— Je vois. Écoutez, on vient de me proposer un film.

Elle indiqua l'autre manuscrit du doigt.

— Un truc assez intéressant, le premier film de Gérard Hylène. Il faudra que je choisisse entre les deux — si votre pièce me plaît.

— Je comprends.

Servais se leva.

— Alors, j'attends votre coup de fil, dit-il.

— Oui. Au revoir.

Elle tendait la main, il se baissa pour la serrer.

— Si ça ne vous plaît pas, dites-le-moi franchement, dit-il soudain.

— Entendu.

Elle retira doucement sa main.

— Au revoir.

Jacques l'accompagna jusqu'à la porte où il salua Servais avec un sourire. Servais se demanda quel métier il pratiquait. Il lui sembla très séduisant.

— *Forever and forever farewell Servais, if we do meet again, why we shall smile; if not, why then this parting was well made.*

Plus pâle que jamais, Nesbitt sortait du bureau de Gaya.

— Il t'a jeté? demanda Servais.

— Il m'a remercié. Mes poches sont bourrées de dédommagements sonnants et trébuchants. Je suis riche et libre. Les jeunes filles pubères vont accourir.

— Qu'est-ce que tu vas faire?

Nesbitt haussa les épaules, puis entreprit de vider les tiroirs de son bureau. Un incroyable ramassis d'objets hétéroclites vit le jour : le pot en fonte, une paire de pantoufles, un rasoir électrique, une serviette de toilette, un pistolet d'alarme, un tube de gelée contraceptive, une vingtaine de livres dont *Ma Mère* de Georges Bataille, trois tomes des œuvres complètes de Fenimore Cooper, et une photo montrant deux femmes pratiquant ce que les sexologues appellent des rapports bucco-génitaux.

— Je retournerai peut-être en Angleterre, murmura Nesbitt, je ne sais pas. Voilà.

Il avait tout entassé dans un sac verdâtre d'aspect militaire qu'il hissa, non sans peine, sur ses maigres épaules.

— Je te paie un pot?

— Si tu veux.

Servais signala à Mertolle qu'il descendait chez Victor. Mertolle en profita pour lui présenter une jeune fille décharnée aux yeux et au nez protubérants nommée Roberte.

— Enchanté, dit Servais.

— Moi aussi, dit Roberte avec une horrible sincérité.

Servais s'éclipsa prestement sous l'œil morose de Mertolle.

— Alors? demanda Victor, intéressé, du champagne?

— Un café, dit Servais.

— Tu en crèveras, dit Nesbitt, tandis que Victor actionnait la machine expresso avec une brutale dextérité.

Ils burent en silence, sensibles au fait que sans doute ils prenaient leur dernier verre ensemble.

— Je te souhaite une bonne vie, dit Nesbitt, et au fait, il y a une chose que je ne t'ai jamais dite : tu es le meilleur photographe de l'agence.

— Tu ne l'as jamais dit, mais je le savais, dit gravement Servais.

Nesbitt leva son verre.

— Puissent tes enfants avoir des enfants sans trop de problèmes, sans oublier la Sécurité sociale.

L'Anglais serra la main de Servais et quitta l'établissement. Victor fit le tour du comptoir pour assister au départ avec Servais. Ils virent Nesbitt grimper dans son antique véhicule et disparaître dans un fracas de pistons mal ajustés.

— Je croyais que c'était lui qui régalait, dit Victor.

— Moi aussi, dit Servais, prenant l'argent dans sa poche.

Il remonta à l'agence où il prit, sans trop savoir pourquoi, le chemin des archives. Il n'y trouva que la secrétaire.

— Luce n'est pas là ?

— Elle est grippée. Ça fait trois jours qu'on ne la voit pas.

Servais retourna dans la salle des reportages et s'installa à un bureau vacant pour feuilleter *Life*. Le magazine commémorait la disparition de Marilyn Monroe avec une remarquable série de photos de Bert Stern. Servais les étudia longuement, puis alla chercher un Nikon dans son casier.

Il était sept heures du soir lorsque Servais frappa à la porte de Luce Berthelot. Une voix s'éleva de l'intérieur de l'appartement.

— Qu'est-ce que c'est ?

— Les oranges.

— Quoi ?

Silence. Servais s'adossa au mur pour allumer une cigarette. La porte s'entrebâilla. Luce portait un pyjama bleu sous un peignoir de bain.

— Tu ne téléphones donc jamais ?

— C'est un principe, expliqua Servais.

Il entra, referma la porte, tandis que Luce se recouchait. La table de chevet était chargée de médicaments divers, mais le studio ne s'en trouvait pas moins ordonné.

— J'ai appris que tu étais malade, dit Servais, et je me suis demandé si tu avais quelqu'un pour te préparer des gargarismes et des oranges pressées.

Luce se coiffait à l'aide d'une minuscule glace de poche.

— Je suis touchée. Tu n'as pas peur des microbes ?

— Les microbes me craignent et m'évitent, dit Servais posant son Nikon sur le lit.

— Tu viens de travailler ?

— Je n'ai rien foutu de la journée. Tu as de la fièvre ?

— Non, plus maintenant.

Elle ajusta ses lunettes pour mieux le regarder.

— Qu'est-ce que tu es venu foutre ici ?

— Des photos.

Ébahie, elle le dévisagea en silence.

— Tu plaisantes?

Sans répondre, il ouvrit le boîtier de son appareil qu'il se mit à charger.

— Nous allons faire de grandes choses, tu verras.

Elle secoua la tête.

— Mais tu es fou ou quoi? Mertolle t'a demandé un reportage sur la grippe? C'est ça?

— Pas du tout.

— Je ne comprends pas, alors.

En silence, Servais ouvrit son sac pour en extraire un trépied et deux « gamelles ». Il monta sur une chaise pour vérifier le voltage de l'ampoule au plafond, avant de brancher ses propres projecteurs. Satisfait, il les éteignit aussitôt.

— Tu nous fais un café avant de commencer?

Éberluée, Luce se leva et s'affaira dans le placard kitchenette. Servais tomba la veste et alluma une cigarette. Il faisait bon dans le minuscule studio. Par la fenêtre entrouverte, on pouvait entendre le lointain bourdonnement de la circulation sur le quai Voltaire. Les ustensiles de cuisine s'entrechoquaient plaisamment. La queue de cheval de Luce renvoyait les lueurs jaunes de la lampe de chevet.

Luce posa les deux tasses sur la table basse et Servais préleva ses quatre sucres habituels dans le sucrier.

— Je t'écoute, dit Luce avec une certaine froideur.

Servais goûta le café.

— Très bon. De quoi veux-tu que je te parle?

— De ça.

Elle désigna les appareils, les spots, la pile de boîtes de pellicules.

— Ah ça, dit Servais, on ne t'a jamais photographiée?

— Pas depuis longtemps et je n'y tiens pas.

— Écoute, j'ai vu une série de photos dans un canard à l'agence; une très bonne série qui m'a fait comprendre certaines erreurs que je fais régulièrement. Tu comprends?

— Non. Tu n'as qu'à prendre une des « starlettes » de Mertolle. Je ne vois pas pourquoi je te servirais de cobaye.

Servais lui jeta un regard sévère.

— Je te trouve aigrie, ce soir.

— Arrête de faire l'imbécile. Explique-moi.

Elle avait parlé doucement, sans le regarder, froissant le drap du bout des doigts. Elle leva subitement la tête.

— Ça va, n'explique rien. Dis-moi ce que je dois faire.

— Tu t'habilles, tu te coiffes, tu te fais belle.

— Mais ce n'est pas trop petit, ici?

Servais lui montra un objectif.

— Avec cette petite merveille, rien n'est trop petit.

— Bon, dit Luce.

Elle se leva.

Jacques était allé revoir *Band Wagon* à la Cinémathèque. L'appartement blanc, éclairé par une ampoule nue, avait le silence des salles d'attente. Nadine tournait lentement les pages, assise près de l'unique source de lumière, une cigarette entre les lèvres.

> LÉA : Vous avez des ambitions, Michelle? Des projets? Une doctrine, même? J'aimerais les connaître. J'aimerais savoir pourquoi vous êtes venue ici, ce que vous avez voulu trouver et ce que vous comptez en retirer.
>
> *Un temps.*
>
> C'est tellement facile de sous-estimer René, je vous l'ai dit. Nous descendons tous les matins à huit heures ensemble. Nous prenons un café près du métro dans un bistrot qui s'appelle le *Pourquoi Pas?* Lui prend un grand crème avec une tartine beurrée, moi un double-express avec une Gauloise. Ce n'est pas une habitude, c'est un rite.
>
> *Un temps.*
>
> Je vous trouve très jolie, Michelle.

Nadine posa le manuscrit et se leva. Elle s'approcha de la fenêtre où durant dix minutes elle observa le pâle faisceau lumineux de la tour Eiffel tournant dans la nuit.

— Baisse un peu la tête, dit Servais, oui c'est ça. Ne bouge plus.

Le miroir se releva avec un déclic et l'obturateur se referma. Luce était assise sur son lit, peu éclairée, sans lunettes. Un minuscule projecteur faisait luire ses yeux bleus.

— Mouille tes lèvres.

Elle passa la langue sur ses lèvres. Servais prit la photo, puis s'éloigna pour aller fixer une gamelle à la bibliothèque. Luce resta immobile, elle paraissait écouter une voix lointaine. Sans lunettes, ses traits s'étaient adoucis.

— Et la fille, demanda-t-elle, tu l'as trouvée?

— Elle lit la pièce en ce moment. Elle m'a promis une réponse pour la fin de la semaine.

— Qui est-ce?

— Nadine Chevalier.

— Tiens.

Servais se retourna.

— Quoi?

— Rien. Vive Mertolle.

Il la dévisagea un moment, puis se remit au travail.

— Tu connais l'histoire?

— Il l'a racontée à tout le monde.

Servais hocha la tête.

— Et qu'est-ce qu'il a raconté, exactement?

— Qu'elle était d'accord pour se défringuer et que tu as fait une série de portraits *sur-ex*.

Servais prit un autre objectif dans son sac de travail, essuya soigneusement la lentille avec une peau de chamois.

— C'est tout?

— Oui.

Il s'approcha du lit, déboutonna le premier bouton du chemisier de Luce.

Les connaisseurs estiment en général que la danse du parc constitue le sommet de l'art minnellien, mais Jacques avait une préférence marquée pour le ballet final, parodie policière évoquant la brutale maestria des romans de Spillane et qui permettait à la splendide Cyd Charisse, en un double rôle, de se surpasser. C'était bien la vingtième fois que Jacques revoyait *Band Wagon*, il entrait dans le film comme dans une veste confortable, il s'y trouvait bien. A présent, dans les rues humides de Paris, il conservait encore au fond de lui-même la chaude insouciance de Broadway vu par Minnelli, souriait rétrospectivement aux facéties d'Oscar Levant, au charme d'Astaire et revoyait le galbe admirable des longues cuisses de Cyd Charisse. Il ouvrit la porte avec précaution, et s'avança dans la grande pièce sombre. Allongée, comme une morte dans la lumière crue de l'ampoule nue, Nadine dormait avec, à ses côtés, le manuscrit de Jérôme Bois. Jacques s'accroupit près d'elle, écarta la brochure et souleva Nadine dans ses bras pour la porter jusqu'au lit. Elle ouvrit les yeux, eut un sourire.

— Alors, dit-elle, comment va la belle Cyd?

— Bien, dit Jacques, le film tient le coup.

— Tu dis ça chaque fois.

Jacques la coucha avec tendresse.

— Allez, dors.

Elle hocha la tête et ferma les yeux. Jacques se mit à fouiller dans ses dossiers, empilés près de la porte. Il trouva le classeur étiqueté *Band Wagon* et feuilleta lentement les photos. Nadine se tourna sur le lit avec une grimace, une main plaquée contre ses côtes. La main remonta, se referma sur un sein qu'elle pressa brutalement. C'était une douleur lointaine, un cri évanescent provenant d'un horizon obscur, et qui se fixait entre les lèvres moites où ses doigts se glissèrent.

— Non.

Servais défit le deuxième bouton sans un mot, les yeux durs. Luce lui prit la main pour l'arrêter.

— Ne fais pas l'idiot.

Servais s'écarta du lit, se versa une tasse de café, tournant le dos à Luce. Il alluma une cigarette et s'approcha de la bibliothèque. On entendit distinctement le tic-tac du réveil sur la table de chevet. Servais gagna la fenêtre dont les vitres s'étaient embuées. Du bout de l'index, il dessina un visage hilare aux yeux écarquillés. Quand il se retourna, Luce avait retiré chemisier et jupe. Elle avait la plus belle poitrine que Servais eût jamais vue. Des seins lourds et fermes, pâles, complaisamment ombrés par les projecteurs dont les rayons accentuaient la douceur de la peau, les lignes presque liquides de la gorge. Il y avait disproportion entre les frêles épaules, le ventre étroit et plat et ces seins ronds et pleins dont Servais devinait la tiédeur au bout de ses doigts. Elle se tenait droite sous le regard de Servais, impassible. Elle se prêta à toutes les poses, sans résistance et sans talent, soucieuse d'obéir, de faire exactement ce qu'on lui demandait — et y trouvant, semblait-il, une étrange satisfaction. A minuit, Servais rangea son matériel, but le dernier café préparé par Luce, et s'en alla après l'avoir embrassée sur le front.

Dalila ouvrit un œil; quelqu'un venait de s'arrêter sur le palier. Elle dressa les oreilles, retroussa les babines, s'apprêtant à gronder. Mais la personne s'éloigna. Avec un soupir, Dalila se pelotonna contre Lapade qui dormait lourdement, une bouteille vide sur la table de chevet près d'un exemplaire usé des *Ames mortes*.

Claude alluma une cigarette, les yeux fixés sur le jeune homme chevelu qui dormait dans son lit. Elle lui trouva un aspect prétentieux jusque dans le sommeil, agressivement juvénile. Il se nommait Hubert; il était l'assistant du cinéaste Jean Carmet-Ladin, et il faisait l'amour comme une femme frigide qu'on caresse et qui ne caresse point. Claude regrettait d'avoir accueilli cette fatuité parisienne entre ses cuisses. Nue, un pied sur le lit, la tête rejetée en arrière, elle examinait le dénommé Hubert sans chaleur. Son regard troubla le dormeur, il ouvrit les yeux. Il vit une amazone au corps puissant, qu'un abat-jour éclaboussait de rouge, et dont les yeux méprisants le clouaient sur le lit comme un insecte sur une table de dissection.

Sébastien Steiner déplaça la tour blanche avec gravité. Le cheval s'en trouva menacé, mais il ne voyait pas d'autre solution. L'électrophone diffusait un concerto de Rachmaninoff. Dans le grand appartement de la rue Dutot, l'ombre d'une femme se glissait de pièce en pièce. Sébastien Steiner avança sa reine. Il était deux heures du matin.

Nadine Chevalier dormait.

VII

Élégant et bronzé, Nadant montait dans sa Porsche pour aller faire honneur au déjeuner qu'Hélène, son épouse, lui préparait tous les jours, lorsqu'il aperçut Servais qui arrivait.

— Il y a eu un coup de fil pour toi ce matin. La petite n'est pas arrivée à te trouver.

— Merci.

Servais gagna une épicerie à quelques mètres où il fit l'achat d'un kilo de raisins. Puis il monta à l'agence et se rendit à la cabine de la standardiste. Violaine avait des yeux pâles, une chevelure blonde et floue, de petites mains blanches et potelées. Elle maniait les fiches du standard avec une dextérité toute féminine.

— Agence Gaya-Becque, j'écoute... ne quittez pas... c'est pour vous... Agence Gaya-Becque, j'écoute... Il ne fait plus partie de la maison, madame, je regrette... je vous en prie...

Servais s'installa sur un tabouret. Violaine lui octroya un bref regard.

— C'est gentil de venir me tenir compagnie.

Il hocha la tête, lui proposa une grappe de raisins.

— Tiens.

— C'est pour m'acheter?

— Oui, c'est ça.

Elle glissa deux raisins dans sa bouche, l'œil narquois.

— Alors? Qu'est-ce que tu veux?

Il ne répondit pas. Violaine se souvint de son adolescence.

— ... voir mes seins?

— Je n'osais pas te le dire, avoua Servais, impassible.

Violaine réfléchissait.

— Ça sera cher.

Et elle ajouta, pour le rassurer :

— Mais ça vaut le coup.

Servais se tordit sur son tabouret.

— Combien ?

— Deux baisers — un pour chaque.

— Vendu.

Ils se dévisagèrent. Servais pensait qu'elle était bête et qu'il l'aimait bien. Violaine pensait qu'il était idiot mais qu'elle l'aimait bien. Elle releva son pull-over. Elle ne portait pas de soutien-gorge. Servais se pencha pour apposer ses lèvres sur les pâles mamelons de blonde. Violaine rabaissa son chandail.

— Il faut que tu appelles Nadine Chevalier.

— Merci, dit Servais.

Il quitta le standard.

Trois fois dans l'après-midi il appela la rue de Varenne et à chaque occasion Jacques l'informa que Nadine Chevalier n'était pas rentrée de chez le dentiste. A cinq heures, Servais commençait à échafauder des hypothèses colorées à propos du dentiste. A six heures, il eut Nadine Chevalier à l'appareil.

— Vous m'avez appelé, ce matin ?

— Oui, j'ai lu votre pièce.

Un temps.

— Et alors ? dit-il avec précaution.

Un temps.

— Voulez-vous qu'on se voie pour en parler ?

Servais aspira une bouffée de fumée.

— Chez vous ?

— Neuf heures, ça vous va ?

— Entendu. A tout à l'heure.

Ce n'est qu'en raccrochant que Servais eut conscience de l'anomalie. Il se précipita au standard.

— Écoute-moi, Nadine Chevalier, elle t'a demandé qui ?

Perplexe, Violaine le regarda.

— Ben... toi.

— Oui, mais qu'a-t-elle dit, exactement ?

— « Monsieur Servais Mont, s'il vous plaît »; qu'est-ce que tu veux qu'elle dise?

— Elle ne t'a pas demandé Jérôme Bois?

— Qui c'est, ce mec-là?

— Mon fiancé.

Pensif, Servais quitta l'agence.

Jacques avait entrepris de classer sa collection de photos. Il les avait éparpillées à travers la pièce et tentait de les ordonner selon un complexe système de « cross-index ». Nadine contourna Mitchum, enjamba Preminger, évita Garbo, Wilder et Baclanova, et trouva Jacques au centre d'une pile considérable d'Elizabeth Taylor.

— C'était bien le même.

— Le même quoi? demanda Jacques qui ne se souvenait plus si Liz Taylor avait tourné *les Quatre Filles du docteur March* avant ou après *Allons donc papa.*

— Le photographe de chez Gaya. C'est le même type qui m'a apporté la pièce.

— Tiens! dit Jacques, estimant qu'en tout cas *Ivanhoé* venait après.

En règle générale, Victor ne servait pas de dîner, mais pour un client régulier, fût-il antialcoolique, il faisait d'occasionnelles exceptions. Aussi Servais se vit-il servir, ce soir-là, une crème de champignons et une omelette au jambon. L'établissement ne faisait pas de grosses affaires à cette heure, et Servais s'installa au fond de la salle près du juke-box. Il y glissa quelques pièces et dîna en compagnie de Marie Laforêt. On avait oublié un journal sur la banquette et Servais tenta de s'intéresser à une nouvelle crise au Moyen-Orient sans grand succès. Il ne put s'arracher à d'inutiles méditations consacrées à Nadine Chevalier. Entre la soupe et le fromage, il consulta douze fois sa montre.

A neuf heures moins dix, Servais sonna à la porte de Nadine Chevalier. Jacques le fit entrer et lui recommanda de marcher avec précaution à cause des photos. Servais choisit un itinéraire qui le mena des Marx Brothers à Carol Lombard en passant par Louise Brooks, Bogart et Angie Dickinson.

Nadine était assise près de la fenêtre, le front appuyé à la vitre, vêtue d'une robe courte. Le regard de Servais remonta l'intérieur de ses cuisses et il en conçut une douleur sourde.

— Bonsoir.

Elle le dévisagea un moment en silence, puis demanda :

— Vous avez dîné?

— Non, dit Servais, pensant à Claude Landre.

Il tendit la main pour l'aider à se lever et crut, une seconde, qu'elle ne l'accepterait pas. Puis ses doigts fins et secs agrippèrent sa main. Son visage passa près du sien. Il s'attacha à lâcher prise avant elle.

— Je sors, Jacques.

Jacques leva la tête d'une filmographie de Nicholas Ray.

— D'accord.

Elle prit son manteau dans un placard et Servais ouvrit la porte. Devant l'ascenseur, ils patientèrent en silence, évitant de se regarder. Parvenus au rez-de-chaussée, Nadine indiqua à Servais un restaurant à quelques mètres où elle avait sans doute l'habitude de se rendre.

L'endroit, assez sinistre, aux murs ternes décorés de croquis célébrant d'obscures manifestations folkloriques, comptait deux salles superposées. Nadine choisit de monter. Du rez-de-chaussée bruyant ils débouchèrent sur une pièce vide, malodorante et silencieuse, où l'unique serveuse salua Nadine sans enthousiasme. Servais conclut qu'elle devait avoir une ardoise chargée dans la maison. Il désigna une table disposée près d'une fenêtre, laquelle donnait sur un vaste chantier sombre dont les profondes excavations évoquaient des tombes démesurées. Sous l'œil bovin de la serveuse, ils étudièrent le menu et Nadine commanda un repas conséquent. Servais réclama un café double. Nadine fronça les sourcils.

— Vous n'avez pas faim?

— Merci, j'ai mangé.

Elle le dévisagea en silence.

— Encore un mensonge ?

— Encore un.

Il sourit en reposant la carte. Il lui semblait qu'un mur qui les aurait séparés et qu'il s'efforçait d'escalader depuis des mois, venait de s'écrouler. De sa poche, il tira un boîtier de Nikon qu'il posa sur la table.

— Vous vous souvenez de la première fois que nous nous sommes vus ?

— Au théâtre des Variétés ?

C'était elle qui mentait. Si elle ne s'était pas souvenue de sa première visite, elle n'aurait jamais songé à l'appeler à l'agence. Servais alluma une cigarette, savourant le moment.

— Je m'appelle Servais Mont ; je suis photographe.

— Et écrivain, non ?

— Peut-être. A ce sujet, je vous écoute.

Nadine découpa son pâté de campagne en minuscules carrés et prit une décision.

— J'aime beaucoup votre pièce.

Elle lui expliqua qu'elle appréciait les personnages, la justesse des situations, compte tenu des théories qu'elles étaient destinées à promouvoir, qu'en Léa elle voyait un personnage riche et attirant qu'elle serait disposée à camper, sous la direction de Laurent Messala. Puis, abruptement, elle changea de sujet, s'enquit des activités de l'agence Gaya-Becque, du métier de photographe et de l'utilisation, très compréhensible, d'un pseudonyme. Elle se montra poliment intéressée par les réponses, écoutant avec attention, sans négliger le repas qu'elle consomma entièrement avec discrétion. Servais se demanda comment le mur avait pu être relevé si vite. Au fur et à mesure qu'arrivaient les plats, il évaluait le temps qu'il lui restait à passer en sa compagnie, et tentait vainement d'entamer l'ennui qui planait sur la table. Il étudiait ses mains, son cou, sa bouche, et devinait à travers ses vêtements le corps qu'il connaissait par cœur.

— Voulez-vous dire à Messala de m'appeler ?

Elle avait glissé sa clef dans la serrure, et s'apprêtait à lui serrer la main. Servais se demanda si Jacques était déjà couché.

— Oui. Entendu. Je suis content que la pièce vous plaise.

Elle baissa les yeux.

— Bonne nuit, dit-elle.

La porte se referma derrière elle. Servais prit l'ascenseur. Dans la rue, il fit demi-tour, remonta à pied et sonna à la porte. C'est Jacques qui se présenta.

— Excusez-moi. J'ai oublié de dire une chose importante à mademoiselle Chevalier.

— Attendez.

Servais resta une minute sur le palier, puis Nadine apparut en peignoir de bain.

— Oui?

— J'ai oublié de vous dire que Messala et Zimmer me connaissent uniquement sous le nom de Jérôme Bois.

— Très bien. Au revoir.

Servais gagna sa voiture et resta indécis au volant, une cigarette éteinte aux lèvres. Il n'avait aucune envie de rentrer chez lui. Il était dix heures du soir et il avait une victoire à fêter, une victoire à figure de défaite.

Le Flore était bondé. Servais se fraya un chemin à travers la salle sans trouver une table. Il aperçut alors Claude Landre attablée avec un homme d'une quarantaine d'années, vêtu de velours à côtes bordeaux et d'un nœud papillon. L'homme parlait avec volubilité et Claude écoutait, hochant la tête, l'œil vague. Il restait une chaise vacante à la table. Servais se rapprocha, tirant son Nikon de la poche de son imperméable. Ils levèrent la tête au deuxième déclic. Imperturbable, Servais armait et déclenchait son appareil avec toute la frénésie d'un jeune pigiste assistant pour la première fois à la descente d'avion du pape. Ébahie, Claude ouvrit de grands yeux. L'homme n'était pas moins stupéfait. Enfin, Servais rangea son appareil et s'assit.

— Présente-moi, dit-il à Claude.

Elle se tourna vers l'homme.

— Servais Mont — Guy Dellaste.

— Enchanté, dit Servais, et il demanda un café au garçon qui passait.

— Vous êtes metteur en scène?

L'homme parut gêné.

— Pas du tout, non.

Servais fronça le sourcil.

— Ça fait longtemps que vous vous connaissez?

Claude consulta sa montre.

— A peu près vingt minutes. Monsieur Dellaste m'a gentiment invitée à sa table lorsqu'il a vu que je ne trouvais pas de place.

Servais fixa l'homme en silence.

— Lui as-tu au moins dit que nous étions fiancés?

Penaude, Claude baissa la tête. Guy Dellaste estima que le moment était venu de se manifester.

— Cher monsieur, croyez bien que...

— Ça va, dit Servais, combien lui avez-vous proposé? Dix mille? Vingt mille?

L'homme s'empourpra.

— Mais...

— Cinquante mille? Je connais votre espèce, vous croyez que tout peut s'acheter, ce en quoi vous avez parfaitement raison. Là où vous faites erreur, c'est en proposant de l'argent. A chaque commerce, son outil d'échange. Le vôtre monsieur, ne convient pas!

Servais abattit son poing sur la table secouant verres et tasses. Dellastre sursauta, Claude éclata de rire. Quelques clients se tournèrent. Servais leva son appareil et photographia une blonde au cou décharné, aux yeux éteints. Elle se détourna aussitôt. Dellastre se baissa pour prendre un porte-documents sous la table, puis il serra la main de Claude. Il montrait une certaine dignité. Servais pensa que sans doute il sortait rarement le soir et qu'en Claude il avait cru trouver la réalisation d'un vieux rêve bourgeois : la rencontre du hasard et l'amour d'une nuit. Il le suivit des yeux, tandis qu'il s'éloignait, disparaissait dans la foule du boulevard Saint-Germain.

— Qu'est-ce qui t'a pris? demanda Claude.

Sans répondre, Servais s'installa sur la banquette à côté de Claude, appuya son épaule contre la sienne et posa la main sur sa jambe. Elle le dévisagea en silence. Il la trouva jolie avec ses cheveux sombres, son nez délicat, ses yeux inquiets.

— Aide-moi, dit-il.

Elle avait un ventre lisse, des cuisses enveloppantes et lourdes, un goût d'océan. Ses seins flottaient au-dessus de lui, le frôlaient, s'installaient chaudement; son ventre se creusait. Servais se releva brusquement, se dressant rageusement au-dessus d'elle. Il la coucha, lui écarta les jambes, les bras, s'éloigna pour la regarder. Elle était belle. S'agenouillant sur le bord du lit, il embrassa le bout de son nez, ses paupières, ses tempes. Elle le prit aux hanches, le serra, voulut qu'il se rapproche. Mais elle vit qu'il s'éloignait et qu'elle n'y pouvait rien.

Messala fut enchanté de la nouvelle. Il contacta Nadine sur-le-champ et la convia à déguster un café turc chez lui. Servais fut aussi invité, mais il avait un reportage à effectuer en banlieue et ne put s'y rendre. Le lendemain, il apprit que la comédienne avait fait bonne impression sur Messala, et qu'ils avaient parlé argent. Karl-Heinz Zimmer appela Servais trois jours après pour l'informer que Messala avait fait faire des maquettes par un jeune décorateur de ses amis et qu'il souhaitait que Servais les étudiât. Servais trouva le metteur en scène recroquevillé près du poêle, un vieux tapis à franges drapé sur les épaules. Après s'être plaint du froid pendant une bonne minute (il faisait en vérité un temps assez clément), il tira un carton à dessins de sous un canapé éventré et disposa une demi-douzaine d'aquarelles sur le plancher.

Toutes suggéraient une pièce sans mobilier, avec une fenêtre et trois portes. Elles avaient été exécutées à grands coups de pinceau, sans souci de détail ni même de la perspective, tant et si bien que Servais fut bien incapable de trouver plus d'intérêt à l'une ou à l'autre. Pour satisfaire Messala, il finit par désigner le dernier dessin dont les couleurs lui plaisaient. Messala leva les bras, perdant tout contrôle sur le tapis qui glissa à terre, et l'assura qu'il avait lui aussi une préférence marquée pour la maquette en question. Après avoir sacrifié au rite du café turc, ils discutèrent du troisième rôle, celui de la jeune fille, qui restait encore à distribuer. Messala proposa d'organiser des auditions, susceptibles de permettre la découverte d'une talentueuse inconnue. Servais ne s'y opposa pas. Arriva alors Karl-Heinz Zimmer, accompagné d'une femme maigre et pâle vêtue d'un manteau de fourrure usagé et informe. Elle se précipita dans les bras de Messala qui la présenta à Servais. Il s'agissait d'une comédienne russe nommée Tania Boilovna, dont on assurait qu'elle avait campé une inoubliable Nastasia Philipovna au Vieux-Colombier en 1948. Dans ses yeux flous voguaient de brumeux souvenirs du théâtre d'autrefois. Elle avait l'allure d'un fantôme et parlait avec douceur comme si elle craignait d'effaroucher les images nostalgiques qu'elle portait en elle.

Les auditions eurent lieu un samedi matin pluvieux, dans la salle déserte de la Comédie de l'Étoile. Dès dix heures, les premières candidates étaient arrivées, certaines pimpantes et soignées sous leurs parapluies, d'autres ruisselantes des pieds à la tête, le chignon affaissé et l'œil noyé. L'assistant de Messala, un garçon fluet et efféminé prénommé Serge, recevait les comédiennes, prenait leurs noms et les conduisait dans le foyer poussiéreux où la lumière blanche du jour soulignait la saleté des murs et l'usure des tentures.

Messala apparut vers onze heures, méconnaissable à l'intérieur de trois manteaux superposés, la tête enrubannée d'une écharpe douteuse. Il s'installa au dixième rang, serra la main de Servais, et se lança dans une virulente diatribe contre la R.A.T.P., responsable de son retard.

Pendant ce temps, les comédiennes attendaient. Certaines lisaient le journal, cochaient les informations dans *le Technicien du film*, d'autres demeuraient inactives. Voyant entrer Servais, elles le dévisagèrent un instant, se demandant s'il ne s'agissait pas du metteur en scène. Servais remarqua une fille assise sur le bar, jambes pendantes, une cigarette aux lèvres. Elle paraissait insouciante, sans l'anxiété qui marquait les autres. Servais s'approcha d'elle, lui demanda son nom. Elle haussa les épaules.

— Je ne suis pas venue auditionner, j'suis là pour donner la réplique à l'autre névrosée là-bas.

« L'autre névrosée » était brune, blême et épaisse; assise à même le plancher, un volume du théâtre d'O'Casey à la main. La conversation s'arrêta là car Serge fit une apparition attendue, sa liste entre les doigts. Il appela la première candidate, une blonde anguleuse affublée du nom improbable de Marion Lorde.

Servais s'installa au fond de l'orchestre, songeant à Puclos aux Variétés. Marion Lorde monta sur le plateau où elle manqua de disparaître dans l'épaisse obscurité qui y régnait. Messala expédia Serge en coulisse, où il trouva et alluma, après une minute d'attente, la lampe de travail. Il s'agissait d'une grosse ampoule opaque qui pendait des cintres, diffusant une forte lumière verticale. Insatisfait, Messala dépêcha son assistant au jeu d'orgue pour y brancher quelques projecteurs. Coupée de la salle et éclaboussée de lumière jaune, Marion Lorde se pencha avec angoisse pour tenter de deviner quand il serait temps de commencer. Incapable de voir la salle, elle se sentait brusquement sourde en ce qui la concernait.

— Vous nous passez quoi, Mademoiselle? demanda Messala d'une voix étonnamment vigoureuse.

— Mara dans *l'Annonce*.

— Allez-y.

La fille fit un pas en arrière, appuyant ses paumes contre

ses joues. Les secondes passèrent. Elle ne bougeait pas. Enfin, la comédienne baissa les mains, écarta légèrement les jambes pour mieux planter ses pieds.

— *Salut, mon père ! Je vous salue tous. Vous tenez les yeux sur moi et je sais ce que vous pensez : « Violaine est morte ».*

Sa voix grave vibrait d'émotion, ses mains raidies à ses côtés tremblaient.

— *« Le beau fruit mûr, le bon fruit doré, s'est détaché de la branche, et, seule, amère au-dehors, dure au-dedans, comme la pierre, nous reste la noix hivernale. Qui m'aime ? Qui m'a jamais aimée ? »*

La voix se brisa, la fille prit une longue inspiration, et rejeta la tête en arrière.

— Bien, je vous remercie.

La voix de Messala dispersa la tension comme un coup de fouet. La fille se décontracta. La main devant les yeux, elle essaya de discerner le metteur en scène derrière les projecteurs éblouissants.

— J'ai préparé Sylvia aussi, si vous...

— Non, merci. Laissez votre numéro de téléphone en partant.

La matinée progressa ainsi et Servais assista à d'innombrables fractions de scènes coupées en plein envol par la voix nasillarde de Messala. Il vit successivement trois Hermione, deux Anne *(Richard III)*, trois Camille dont une d'*On ne badine pas avec l'amour* et deux d'*Horace*, et une bonne dizaine de Sylvia du *Jeu de l'amour et du hasard*. Une fille replète aux yeux malicieux donna quelques répliques de *Ne t'promène donc pas toute nue*, avec le soutien d'un maigre comparse venu lui prêter main-forte, et deux femmes d'un certain âge rendirent *les Bonnes* avec plus de ferveur que de talent. A quatorze heures, Servais se préparait à partir à la recherche d'un sandwich lorsqu'il vit monter sur le plateau la fille qu'il avait remarquée au foyer ainsi que « l'autre névrosée ».

— Bien. Qu'avez-vous préparé ?

La brune nerveuse s'avança pour répondre, se prit les pieds dans un fil et s'allongea avec fracas. Il y eut un profond silence. L'amie fixait sa compagne avec froideur, Messala attendait, Serge se curait le nez. La fille se releva.

— Excusez-moi, dit-elle, ramassant sa brochure, le devant de sa robe saupoudré de poussière grise.

— Vous vous êtes fait mal ?

— Non, non.

— Qu'avez-vous préparé ?

— *Le Tramway*, Blanche.

— Nous vous écoutons.

Dans le rôle de la névrotique Blanche Dubois, elle se montra parfaitement incapable, mêlant sa très réelle nervosité à des artifices trop apparents, prenant pendant une seconde appui sur sa vraie nature puis composant pesamment avec des effets factices. L'autre comédienne, par contre, proposa une Stella solide, riche et colorée, avec une aisance convaincante et des ressources inattendues. Physiquement gracieuse, quoique petite, elle réussissait, malgré la gaucherie de sa partenaire, à projeter un type psychologique juste et intéressant.

— Merci beaucoup. Mademoiselle, votre nom s'il vous plaît.

La brune se pencha.

— Je l'ai donné au monsieur, c'est Elizabeth Torr...

— Pas vous, mademoiselle, votre amie.

« L'amie » leva la tête.

— Moi ? J'suis venue donner la réplique, c'est tout.

— Vous n'êtes pas comédienne ?

— Si.

— Vous êtes libre en ce moment ?

— Oui.

— Alors ayez l'amabilité de nous donner votre nom.

— Solange Ménard.

— Laissez votre téléphone à mon assistant en partant, merci.

Un peu ébahies, les deux filles quittèrent la scène. Messala fit signe à Servais d'approcher.

— Vous avez vu ?

— Oui.

Les auditions prirent fin à seize heures. Messala et Servais convinrent que Solange Ménard pouvait faire l'affaire. A dix-sept heures, Servais prenait un avion pour Kuala-Lumpur où l'on déplorait plusieurs centaines de morts à la suite d'émeutes violentes dans les quartiers chinois.

VIII

MICHELLE : On peut vous aider?
LÉA : Non, merci, Michelle. Vous permettez que je vous appelle Michelle?
MICHELLE : Bien sûr.
LÉA : Alors je vous permets de m'appeler Léa. Ça fait longtemps que vous travaillez avec René?
MICHELLE : A peu près six mois.
LÉA : C'est gentil d'être venue.

La lecture progressait depuis dix minutes dans le sombre atelier de Messala. Celui-ci avait, comme d'habitude, pris position à côté du poêle, les épaules garnies de l'inévitable tapis, un bonnet de laine jaunâtre rabattu sur les oreilles. Karl était affalé dans un fauteuil avachi, sous une lampe dont les rayons se reflétaient dans ses petites lunettes cerclées d'or, lui faisant de lumineuses pastilles à la place des yeux. Étendue à même le sol, Solange Ménard prenait appui sur ses coudes pour lire le manuscrit ouvert devant elle. Nadine Chevalier était assise en tailleur près d'un pouf qui soutenait sa brochure. Servais, assis à l'écart sur un tabouret aussi rudimentaire qu'inconfortable, se forçait à maintenir les yeux sur son texte, guettant par anticipation les répliques de Léa. Nadine avait une voix grave ce matin-là, bien timbrée. Selon l'usage pour une première lecture, elle se contentait d'indiquer ses intentions, esquissant les émotions sans les développer, ne recherchant aucun effet immédiat. Solange Ménard, petite, ronde, l'œil malicieux, des lunettes démesurées perchées au bout de son nez retroussé, faisait une bonne lecture, fluide et sans effets. Karl-Heinz Zimmer, cependant, bafouillait, se reprenait sans arrêt, « avalant » une syllabe sur deux, butant sur les mots les plus inoffensifs, se prenant les pieds dans les liaisons, s'embourbant dans les « tunnels » et cela impavidement, son accent dix fois plus perceptible qu'en temps normal, sans le moindre signe d'énervement, avec un étrange aplomb. Servais jeta un regard dans la direction de Messala, mais le metteur en scène semblait plongé dans une méditation privée, sans rapport aucun avec la lecture en cours.

> LÉA : Michelle, je voudrais vous poser une question, vous me le permettez ?
> MICHELLE : Oui.
> LÉA : Comment était-il ?

Solange leva la tête, fronça les sourcils, gagnée par l'esprit de la scène.

> MICHELLE : Je ne comprends pas.
> LÉA : Je parle de celui qui vous a donné une nouvelle notion du temps, de celui qui a fait qu'un certain matin, vous ne vous êtes pas reconnue dans votre miroir.
> *Un temps.*
> Vous voyez de qui je veux parler ?

Nadine avait posé la question avec la dureté voilée d'une femme qui souffre.

> MICHELLE : Oui, je vois.
> LÉA : Aujourd'hui, il est sans doute parti, disparu ou mort. Égaré en tout cas, l'homme dont la passion n'a réellement secoué que lui-même et que vous avez soigné, comme un enfant qui aurait eu une mauvaise fièvre.

Messala se leva brusquement, prit une pipe sur la table basse et la porta à sa bouche. Puis il se rassit. Ce fut de nouveau à Karl de lire. Péniblement, il se fraya un chemin syncopé à travers le long monologue que l'auteur lui avait inconsidérément réservé. Solange observait l'acteur à la dérobée, sans cacher tout à fait sa surprise. Nadine restait imperturbable. Messala suçait sa pipe et méditait. La lecture se termina enfin.

Il y eut un long silence, puis Messala poussa un grognement.

— Bien. Voilà la pièce que nous allons jouer. Elle n'est pas facile et cela pour plusieurs raisons, la principale étant qu'elle emploie des ressorts psychologiques tout en s'appuyant sur des théories rigides. L'auteur a voulu faire une démonstration, et pourtant il vous demande de faire preuve d'intuition et de justesse dans l'émotion. Je n'ai pas grand-chose à vous dire pour ce qui est de cette lecture. Nadine, je crois que vous faites une légère erreur de conception au départ, mais je ne peux la cerner pour le moment. Solange, vous surveillerez votre enthousiasme naturel. Karl, tu lis comme un cochon, nous le savions déjà. On en reste là pour aujourd'hui, prochaine lecture demain au théâtre. J'espère être en mesure de vous montrer les maquettes définitives à ce moment-là. Merci.

Servais s'approcha de Nadine alors qu'elle endossait son manteau près de la porte.

— Je vous raccompagne?

Elle lui octroya un bref sourire.

— C'est gentil, mais j'ai ma voiture. Au revoir.

Il la regarda partir, se demandant pourquoi elle était si pâle et paraissait si fatiguée. Se détournant, il constata que Karl l'observait fixement, ses yeux clairs pleins d'appréhension factice. Messala bourrait sa pipe. Solange étudiait un dessin de Bellmer avec horreur et fascination. Il s'agissait d'un de ces amalgames géométriques de membres et d'organes génitaux, propres au grand dessinateur, avec en son centre un œil humide en forme de vulve où perlait une larme étincelante. Servais prit congé de Messala, serra la main de Karl et s'approcha de Solange.

— Je vous offre un café?

Elle se détourna du dessin.

— Vous pouvez, dit-elle, et par la même occasion je vous permets de m'expliquer votre pièce.

— Vous ne la comprenez pas ?

— Je ne comprends jamais rien. Je suis une idiote congénitale. Prenez ce dessin...

— Non merci.

Intriguée, elle le dévisagea.

— Ah bon ? Alors on est deux. Allons prendre ce café.

Ils s'attablèrent dans un bistrot, non loin de la place Denfert-Rochereau, dont la salle n'était pas trop bruyante. Une pluie fine tombait, portée en rafales par des vents sporadiques. Les passants se hâtaient dans la rue, une sirène hurlait au loin, infatigablement. C'était le premier jeudi du mois de novembre.

Solange se cala sur la banquette; mille gouttes de pluie reluisaient dans ses courts cheveux sombres et sur ses lunettes. Elle avait appuyé un avant-bras rond sur la table, glissé une cigarette entre ses lèvres.

— Vous êtes le premier auteur dramatique que je rencontre et j'aime autant vous dire que je suis horriblement déçue.

— Comment ça?

Elle haussa les épaules.

— Vos cheveux sont nettement trop courts, vous n'avez pas l'air névrosé pour deux ronds et je suis prête à parier que vous n'avez jamais sauté votre mère. Vous êtes fauché au moins ? J'espère que c'est moi qui vais devoir payer le café ?

Servais secoua la tête.

— Même pas, désolé.

Nadine ouvrit une boîte de raviolis qu'elle avait fait réchauffer dans une casserole d'eau bouillante. Elle la vida dans une assiette, trouva une cuillère dans l'évier, et s'installa sur la moquette. La pluie ruisselait sur les vitres de la grande pièce, il faisait sombre et gris. Jacques était sorti. Nadine brancha l'électrophone, empila plusieurs disques sur le changeur automatique. Les raviolis étaient à peine tièdes. Elle les mangea néanmoins, puis fuma une cigarette pour combattre l'écœurement. Enfin, elle s'endormit, étendue sur la moquette, les deux mains serrées entre ses cuisses. La pluie fouettait les vitres comme des gravillons projetés par une main invisible.

Servais coupa le contact et se tourna vers Solange.

— Voilà.

— Merci.

Elle ouvrit la portière, releva le col de son imperméable.

— Vous voulez monter?

Servais secoua la tête.

— Une autre fois.

Elle haussa les épaules.

— Décidément, vous ratez tous vos effets. L'auteur est censé sauter l'ingénue à la première occasion.

Servais la regarda, puis se pencha pour étudier l'immeuble cossu de l'avenue Paul-Doumer.

— Chambre de bonne?

— Pas tout à fait.

Il sourit.

— Qu'est-ce qu'il fait, votre papa?

— Venez le lui demander.

— Une autre fois. Salut.

— Salut.

Elle traversa le trottoir en courant pour disparaître par une large porte vitrée.

Servais gagna l'agence où Mertolle l'attendait avec impatience depuis midi. Un tremblement de terre venait de secouer le Chili, et Gaya souhaitait que Servais rendît visite aux victimes.

Cela faisait une heure que Sébastien Steiner était penché sur le cahier. Sur les dix premières pages il avait transcrit le plan qui lui avait coûté trois nuits blanches. Il n'estimait pas possible de traiter son sujet : « Une Nouvelle Epistémologie générale : condition nécessaire à l'établissement d'une philosophie nouvelle » en moins de mille pages, et s'étonnait à présent d'avoir pu concevoir une tâche aussi ambitieuse. Trois fois, déjà, il avait tenté une mise en question du plan, espérant inconsciemment y trouver des failles permettant de repousser la rédaction proprement dite. Mais le projet résistait stoïquement à toute critique, ses divers composants s'emboîtant avec une implacable solidité, conduisant sans heurts l'analyse à ses conclusions multiples. Il était temps de commencer et il ne commençait pas. Une réplique de Dubillard lui vint à l'esprit : « *Le réveil difficile? Non. L'envie de se réveiller qui se réveille difficilement.* »

Servais marchait la tête lourde, abruti par de longues heures de vol, sur un chemin poussiéreux, fissuré et escarpé, encombré d'énormes blocs de pierre, qui semblait faire tant de détours que Servais n'aurait pas été étonné de se retrouver d'un moment à l'autre à son point de départ. Il maudissait l'encombrant 400 *mm* qu'il avait cru devoir emporter, le soleil qui l'aveuglait, la chaleur qui le faisait haleter. A mesure que les heures passaient, ses pensées revinrent à Paris, à sa pièce et à ceux qui la répétaient. Il avait été frappé à la lecture par une baisse de tension au second acte et se demandait en marchant comment il pourrait y remédier.

Il parvenait à la conclusion que le défaut tenait à l'excessive passivité de Michelle dont on attendait, au second acte, une riposte qui ne venait pas, lorsque le petit groupe de reporters-photographes gravit un dernier monticule de terre noirâtre et tomba en arrêt devant les ruines d'un village traversé de part en part d'une large crevasse. Une odeur fétide assaillait les narines, celle de la putréfaction, stagnante et oppressante, car aucune brise ne remuait l'air empesté. Servais attacha son mouchoir sur le bas de son visage et s'avança en armant ses appareils. Un confrère suisse, qui le précédait, buta sur quelque chose, se tourna, eut un recul et vomit sur le sol. La tête et le bras d'un enfant dépassaient d'un pan de mur affaissé. Servais leva son Nikon. Il travailla une heure, mais ne put continuer plus longtemps. Il avait mal à la tête, se sentait tout entier imprégné par l'odeur de décomposition. Rangeant son matériel, il se prépara à redescendre dans la vallée. C'est alors qu'il ressentit le regard de la femme et se tourna. Elle était adossée aux éboulis d'une maison exiguë, les jambes étendues et ouvertes, un chapeau melon sur la tête. Ses yeux noirs fixaient le photographe avec gravité. A travers son vêtement lacéré pointait un sein blafard au mamelon tuméfié. Lentement, Servais ajusta un objectif 90 *mm* sur un boîtier. S'agenouillant, il régla diaphragme, vitesse et mise au point. Il était seul avec la femme. Les autres avaient suivi l'équipe de secours qui travaillait à l'autre extrémité du village. L'appareil fit un bruit terrible dans le silence empuanti, mais il ne troubla pas la femme.

Dalila et Lapade avaient à présent une chose en commun : la maigreur. Ils descendaient la rue Monsieur-le-Prince côte à côte, Lapade d'un pas lourd et incertain, Dalila en trottinant. Le visage mangé par une barbe de quinze jours, Lapade faisait des clins d'œil involontaires aux passants. Le tic était apparu depuis une semaine et empirait de jour en jour.

— Il faut se nourrir, dit Lapade, et ils entrèrent dans une boucherie. Lapade fit l'achat de deux cents grammes de viande hachée. Ayant retrouvé l'appartement sordide de la place d'Italie, il divisa la viande en deux. Dalila engloutit sa part en trois secondes, mais Lapade ne put manger la sienne. Il la céda à Dalila et se coucha avec une bouteille. Il avait froid et ne savait plus comment se réchauffer. Dalila sauta sur le lit, s'enroula contre son maître, et poussa un soupir de satisfaction.

Luce feuilleta le jeu de photos, s'arrêta subitement devant une épreuve. Le visage fier, les yeux fixes et graves de la femme, sous son curieux couvre-chef, son sein livré avec indifférence à l'objectif; le portrait atroce avait une secrète grandeur. Dans le modelé du corps, la lumière froide de la peau et l'amoncellement presque géométrique des éboulis qui enserraient et cadraient le sujet, transparaissait l'indicible beauté d'un De Vinci. Luce sépara le tirage du jeu, et jeta un regard vers sa secrétaire. Celle-ci classait des dossiers, le dos tourné. Luce glissa la photo dans son sac.

Une curieuse ambiance régnait au théâtre lorsque Servais s'y rendit, à son retour d'Amérique du Sud. Les répétitions avaient progressé et se déroulaient maintenant sur le plateau où l'omniprésent Serge avait collé des bandes de ruban adhésif jaune indiquant l'emplacement du décor. Servais constata que Nadine maintenait une attitude de froide coopération professionnelle, que Solange paraissait éteinte et presque mal à l'aise, et que Karl semblait mille fois plus anxieux, plus distant et plus implacablement introverti que jamais auparavant. Derrière les petites lunettes rondes, les yeux bleus lançaient des regards de pierre, perçants, glacés, et même haineux. Quant à Messala, il sautait de la scène à la salle avec une surprenante souplesse, malgré les innombrables vêtements hétéroclites dont il s'était affublé comme à l'accoutumée. Ce matin-là, il portait, outre les lainages et manteaux habituels, un passe-montagne d'épaisse laine écossaise d'où n'émergeaient que ses yeux et la moitié de son nez épaté. Sa voix, toutefois, avait de chaudes et vibrantes inflexions, et exprimait une solide assurance.

— Nadine, on va reprendre. Essaie de sentir cette phrase, c'est un peu la clef du personnage.

Nadine s'avança jusqu'à Karl qui lui fit face, le visage obstinément impassible. Messala recula, regagna la salle.

— Karl, plus de raillerie et un peu moins de dureté, tu veux?

Les comédiens reprirent la scène, et Servais constata avec surprise que d'évidents progrès avaient été accomplis. Une cohésion devenait apparente; aux répliques de la pièce étaient venus s'ajouter des mouvements, des gestes, des regards; Servais éprouvait la curieuse impression que les acteurs en se glissant à l'intérieur de leurs rôles, les avaient fait éclater comme des vêtements trop étroits, et que par les déchirures du tissu fendu paraissaient des caractéristiques originales et inattendues, certaines enrichissant les personnages, d'autres en contradiction avec eux.

Lorsque la répétition prit fin, Karl quitta le théâtre sans un regard pour qui que ce fût, le bruit de ses lourdes chaussures faisant écho dans le foyer désert. N'y prêtant aucune attention, Messala serra la main de Servais.

— Vous venez trop souvent.

— Pourquoi? demanda Servais.

— Vous verrez.

Messala glissa une paire de gants de peau doublée de fourrure par-dessus les gants de laine qu'il portait déjà, et hurla à la cantonade : « Dix heures trente, les enfants, à demain ».

Servais s'avança jusqu'au plateau où Solange et Nadine discutaient à voix basse. Le voyant approcher, elles se turent subitement, et se tournèrent vers lui.

— Voilà le coupable, dit Solange.

Nadine serra la main de Servais.

— Bonjour. Excusez-moi, je suis très en retard.

Elle embrassa Solange sur les deux joues, gratifia Servais d'un sourire rapide et quitta la scène. Solange prit le bras de Servais.

— Je te paie un breuvage?

— Oh oui, dit Servais.

[illegible]

[illegible]

[illegible]

— [illegible]

— [illegible]

[illegible]

[illegible]

— [illegible]

— [illegible]

— [illegible]

[illegible]

— [illegible]

— [illegible]

IX

Le *Corned Beef* avait un drôle de goût. Lapade l'arrosa copieusement de cognac et le trouva ainsi à peu près comestible. Il proposa le même service à Dalila, mais celle-ci n'avait que peu de goût pour le cognac. Après une seconde d'hésitation, elle engloutit son repas avec son habituelle précipitation. Une heure plus tard, alors que Lapade faisait une des nombreuses siestes quotidiennes dont il ne pouvait se passer depuis qu'il ne mangeait pour ainsi dire plus, Dalila posa une patte sur son bras avec délicatesse. Lapade n'ayant aucune réaction, elle poussa un léger gémissement. Lapade ouvrit un œil.

— Qu'est-ce qu'il y a?

Appuyée au sommier, Dalila le dévisageait. Lapade lui trouva un aspect étrange. Ses yeux paraissaient enfoncés dans leurs orbites.

— Tu veux monter! Vas-y, saute!

Dalila sauta, s'allongea avec un soupir. Tous deux s'endormirent. Lorsqu'ils se réveillèrent une heure après, Lapade constata qu'on ne voyait plus les yeux de Dalila. Ils avaient disparu derrière d'énormes replis de chair tuméfiée qui la défiguraient. Ses babines étaient démesurément enflées, pendaient absurdement de part et d'autre du museau. La chienne gémissait doucement, frottait son front ballonné et hirsute contre les draps.

— T'as une drôle de mine, dit Lapade.

Il s'aperçut alors que son propre visage lui démangeait, et qu'il avait bien du mal à maintenir les yeux ouverts. S'approchant d'un miroir, il observa qu'il avait lui aussi le visage enflé, les yeux enfouis sous des bourrelets de chair, les lèvres tuméfiées et pendantes, les joues arrondies, et qu'à l'instar de Dalila, son faciès rond et rouge tranchait curieusement sur la maigreur de son corps.

— Voulez-vous que je vous dise? dit Lapade à Dalila, nous avons un problème. Il serait bon que nous consultions le corps médical.

Dalila n'ayant pas dit non, ils se mirent en route.

Le docteur G. Le Coatieux avait congédié son assistante, une blonde apathique atteinte de narcissisme mammaire (elle passait des heures à admirer ses seins, enfermée dans la salle de bains). Aussi devait-il, ce samedi après-midi, ouvrir la porte lui-même à ses patients. Il dévisagea d'un œil étonné l'homme maigre et le chien rachitique qui déparaient le somptueux palier aux murs tendus de velours rouge. Tous deux avaient les yeux mangés par des bourrelets de chair tuméfiée. L'homme s'avança.

— Moi et mon chien, dit Lapade, on a un problème.

Gérard le Coatieux pensa inexplicablement à son épouse, disparue depuis bientôt trois mois avec un Anglais et son chien, un boxer exubérant et baveux.

— Je ne suis pas vétérinaire. Laissez votre chien dans la salle d'attente.

Lapade secoua la tête et ses nombreux bourrelets.

— Un imbécile constaterait, dit-il, que nous souffrons du même mal, mon chien et moi.

— Je ne suis pas vétérinaire.

Le Coatieux se souvint que le chien de l'Anglais s'appellait Andrew.

— Vous ne voulez pas nous soigner?

— Vous si, pas votre animal.

Lapade vacilla légèrement, eut un hoquet, et se pencha vers Dalila.

— Laissons-le, dit-il.

Ils quittèrent le médecin la tête haute, mais plus boursouflée que jamais.

Le docteur Richard Ducroux, vétérinaire de son état, se rasait une fois par semaine, maudissant le monde en général et la compagnie Gillette en particulier. D'aspect hirsute, l'œil injecté de sang, la blouse plus que douteuse, il officiait dans un sombre cul-de-sac non loin de la rue Mouffetard, où il louait depuis bientôt vingt ans un local exigu et malodorant. Rebutés par la saleté de l'homme et de son cabinet, ses clients l'avaient quitté les uns après les autres au profit de praticiens plus coquets, exode que les manières brusques et impatientes du médecin n'avait fait qu'accélérer. Tant et si bien qu'à présent, Richard Ducroux ne soignait plus guère que ses propres animaux, un afghan, deux dalmatiens, un perroquet, un fennec, deux souris, une grenouille verte et une chauve-souris nommée Albertine.

Il fut donc très surpris, ce samedi-là, alors qu'il se versait une petit goutte d'armagnac pour bien lancer l'après-midi, de voir arriver un homme et son chien, tous deux souffrant de tumescence faciale caractérisée.

— Moi et mon chien, dit Lapade, on a un problème.

Richard Ducroux les fit entrer, prit un verre douteux sur une étagère poussiéreuse et y versa un doigt d'armagnac.

— Albertine, dit-il, tendant un verre et levant le sien.

— Albertine, répéta consciencieusement Lapade avant de goûter.

Les deux hommes firent des bruits de succion, claquèrent la langue et avalèrent. Lapade hocha la tête.

— Pas mal, admit-il.

— Il se tient, approuva Richard Ducroux.

— Qui est Albertine? demanda Lapade.

Richard Ducroux désigna une cage où la chauve-souris dormait, pendue par les pieds, enveloppée dans ses fragiles ailes noires.

— Elle fait une petite fièvre.

Dalila, cependant, faisait connaissance avec la grenouille. Cette dernière, s'étant laissé renifler une seconde, sauta sur la tête de la chienne, et s'y installa l'œil victorieux.

— Jérôme a une bonne nature, dit Richard Ducroux avec satisfaction.

Il remplit de nouveau les deux verres, soigneusement.

— Albertine.

— Albertine, dit Lapade. Pour ce qui est de notre problème...

— Urticaire, dit le vétérinaire, qu'est-ce que vous avez mangé ?

— Du *singe*, dit Lapade, et il avait un drôle de goût.

— Voilà, dit Richard Ducroux, voilà, voilà...

Il se frotta les mains, ouvrit un tiroir pour y prendre une seringue, un autre où il trouva deux petits flacons de liquide blanchâtre et une aiguille hypodermique. Il remplit la seringue avec soin, puis grattant une allumette ignifia un brûleur bunsen et agita l'aiguille dans la flamme.

— Qu'est-ce que c'est ? demanda Lapade.

— Un désensibilisant. D'ici deux ou trois heures, ce sera fini. Tenez votre chienne.

Lapade tint la tête de Dalida, tandis que le vétérinaire lui injectait le liquide sous la peau. La chienne n'eut aucune réaction.

— A moi, dit Lapade, relevant sa manche.

— Attention, dit Richard Ducroux, je ne suis pas toubib.

Lapade versa une goutte d'armagnac dans les deux verres.

— Albertine, dit-il.

L'avion se posa avec une forte secousse, fit un bond, et roula jusqu'à l'extrémité de la piste.

— Bravo, dit Servais défaisant sa ceinture.

Une vieille dame, sa voisine, hocha la tête et glissa un chewing-gum mauve entre ses dents. C'était le vingt-cinquième depuis le décollage.

Servais se prêta avec résignation aux formalités d'Orly,

retrouva sa voiture au parking et gagna l'autoroute. Il revenait du Pakistan où il avait assisté avec ses Nikons à de sanglants et féodaux combats. Il était bronzé, mais avait des poches de fatigue sous les yeux.

Son téléphone sonnait, lorsqu'il ouvrit la porte de son studio de la rue Falguière.

— Cher ami, il est temps que nous discutions, nous sommes à huit jours.

C'était Messala.

Messala avait peur, peur de la pièce, de la critique, du public; il craignait qu'il ne plût le jour de la première, qu'il ne fît beau, qu'il n'y eût une grève, qu'il n'y en eût pas, que la critique vînt, qu'elle ne vînt pas, que le décor ne plût, ne plût pas, plût trop, ou encore ne s'écroulât, que la police n'interdît la représentation, que le directeur du théâtre ne fît trop de publicité cinématographique à l'entracte, que les affiches ne fussent imprimées à temps, qu'elles ne fussent recouvertes par erreur, que...

— Vous oubliez les tremblements de terre, dit Servais, fatigué de voir Messala arpenter sa lugubre demeure, tasse en main, les épaules abritées sous l'inévitable tapis à franges.

Messala s'arrêta net, jetant à Servais un regard hagard.

— Ils me détestent, dit-il doucement.

— Qui?

Messala haussa les épaules, reprit son va-et-vient.

— Les critiques et... les autres... j'ai signé le manifeste des 320.

— Alors vous êtes trois cent vingt à être détestés.

— Ce n'est pas tout.

— Quoi d'autre?

Messala ne dit rien. Il passa une main grasse sur ses pâles bajoues, et tenta de se ressaisir.

— Il y a des choses que vous ne pouvez comprendre, dit-il, et il fixa Servais comme une jeune mère cachant à ses enfants la raison de ses indispositions mensuelles.

— C'est ça, dit Servais. Vous m'avez fait venir pourquoi, exactement?

Messala prit un exemplaire de la pièce sur une table et le feuilleta.

— Il faut faire des modifications, à la fin du premier acte. Karl ne s'en sortira pas.

Servais alluma une cigarette.

— Rien à faire.

Messala reposa tristement le manuscrit.

— Nous sommes à huit jours, répéta-t-il, d'une voix éteinte.

Il s'assit lourdement sur un pouf, les mains agrippées aux franges du tapis vestimentaire.

— Ils me détestent, dit-il.

On eût dit qu'il allait pleurer. Servais leva son Nikon. Au déclic Messala sursauta.

— Qu'est-ce que vous faites?

Mais Servais était déjà parti.

Rien n'y faisait, dès le mois de novembre les pensées de Sébastien Steiner se tournaient vers sa femme, vers l'après-guerre, vers les jours et les nuits de 47, de 48, de 50 et l'après-midi hivernale quand la lourde traction Citroën avait renversé Madeleine Steiner, l'avait broyée et sectionnée, l'avait mutilée et écrasée, dans un bruit de métal et une odeur de caoutchouc brûlé. Sébastien Steiner avait oublié le projet de livre, le cahier dormait dans un tiroir. La nuit, il jouait de nouveau aux échecs avec lui-même. Il avança pensivement sa tour noire et ce faisant oublia de protéger sa reine. Elle tomba, ensanglantée, un filet à provisions à la main. Les œufs roulèrent sur la chaussée, une boîte de haricots à la tomate buta contre le trottoir, un quartier de brie s'immobilisa dans une flaque d'eau.

La Comédie de l'Étoile accueillera dès la fin de la semaine une pièce d'un jeune auteur, Jérôme Bois. LA SOIRÉE, nous dit Laurent Messala, qui assure la mise en scène, est pirandellienne par la forme, mais ouvre la voie à un nouveau théâtre psychologique. Dans les principaux rôles : Karl-Heinz Zimmer, Nadine Chevalier et Solange Ménard. Générale le 5 décembre.

Luce Berthelot plia pensivement le journal. Puis elle entoura l'article d'un gros trait d'encre rouge et quitta les archives. Elle posa le *France-Soir* devant Mertolle qui racontait sa guerre d'Indochine à une maigre candidate à la gloire cinématographique.

— Faudra couvrir ça.

— Ah oui ? dit Mertolle sans enthousiasme.

Il parcourut l'entrefilet des yeux, repoussa le journal.

— Ça ne vaut rien.

— Oui, mais j'ai deux clients.

— Sans blague...

Réticent, Mertolle nota la date de la générale sur son carnet.

— Vu, dit-il.

Le taxi de Nadine Chevalier s'arrêta devant la Comédie de l'Étoile avec un quart d'heure d'avance. Elle parcourut les cinquante mètres qui séparaient le théâtre du café le plus proche et s'installa au comptoir avec un café noir. Il était dix heures du matin. Le bistrot était presque désert. Un barbu consommait deux œufs sur le plat au fond de la salle. Deux vieilles dames buvaient du thé en cochant les programmes de la semaine dans *Télé 7 Jours*. Depuis quelque temps, Nadine dormait mal. Sa côte fêlée guérissait difficilement et les somnifères que Jacques lui allouait avec parcimonie ne produisaient guère leur effet.

A dix heures et quart, elle entra au théâtre par la porte de l'administration, longea un couloir vétuste qui contournait la salle et poussa la porte du foyer. Dans la pénombre près du bar, Messala embrassait Karl-Heinz Zimmer. Nadine recula, laissa le battant de la porte se refermer sans bruit et alluma une cigarette avant de gagner la salle. Elle y trouva Serge en conversation avec Servais et Solange Ménard. L'auteur se leva en l'apercevant, s'approcha lentement, froid et impassible. Une fois encore, elle se demanda ce qu'il allait bien pouvoir lui dire. Il la salua, et elle remarqua qu'il paraissait aussi fatigué qu'elle, malgré un hâle récent.

— Messala n'est pas là ? demanda-t-il.

— Non.

Ils se regardèrent, sans sourire. Servais tripotait un Nikon qui pendait à l'intérieur de son imperméable.

Nadine baissa la tête.

— Vous êtes très occupé en ce moment ?

Serge et Solange s'éloignaient.

— Non, pourquoi ?

— J'aurais besoin d'une photo récente pour le programme.

— Quand vous voulez. Demain ?

— Oui, très bien. Disons vers une heure, à la coupure.

Il inclina la tête. Elle se força à le dévisager, puis, posant sac et manteau, monta sur le plateau. Une porte claqua et Zimmer entra dans la salle, son pardessus sur le bras, nettoyant ses lunettes avec une peau de chamois. Il serra la main de Servais, fit un signe de tête à Nadine et Solange. Serge mettait les meubles en place à l'intérieur du nouveau décor, les meubles, c'est-à-dire les caisses qui en tenaient lieu. Enfin, apparut Messala et la répétition commença.

Servais s'ennuya ferme du commencement à la fin. Le dialogue lui parut plat, la mise en scène laborieuse, les comédiens étriqués et le décor hideux. Les situations s'enchaînaient sans raison profonde, avec une inexorable banalité, conduisant la pièce tristement à son terme. Le jeu de Solange, autrefois brillant et nerveux, s'était terni, Karl récitait sans accent et sans talent, Nadine dominait les autres de loin par son jeu précis, hautement technique, automatique et sans âme. Alors qu'à Solange et Karl la pièce échappait, Nadine la tenait dans sa main, mais la jetait pardessus son épaule en négligentes pincées. Messala n'interrompit jamais le filage et à sa conclusion se déclara ravi.

Lorsque Nadine descendit dans la salle, Servais était parti. Elle eut un sourire, récupéra ses affaires et s'en fut à la recherche d'un taxi.

Elle fut surprise, en entrant chez elle, d'entendre le bourdonnement d'une conversation. Puis elle se souvint que c'était journée d'échanges. Cinq hommes se levèrent en l'apercevant, tandis que Jacques s'approchait pour l'embrasser.

— Je crois que tu connais tout le monde.

Nadine serra la main de Manuel Béninge, notaire adipeux, collectionneur d'Yvonne de Carlo; de Raphaël Rosenthal, garçon fluet et chevelu, archiviste à la Columbia, collectionneur d'Ava Gardner et de Douglas Sirk; de Michel Léothard, chauve et nerveux, célibataire de quarante ans, auteur de plaquettes ésotériques sur Fritz Lang, Dieterle et Sternberg; de Claude Pellimant, souriant et myope, comédien de doublage, mythomane et amateur de Carol Lombard, Elizabeth Taylor et Vincente Minnelli. Le cinquième, Albert Finch, d'origine américaine, vigoureux tennisman et ex-champion d'escrime, vêtu de tweed, souffrant éternellement de la chaleur et par conséquent perpétuellement occupé à se dévêtir, à desserrer sa cravate, à s'éponger le front, avait un faible pour l'œuvre de Raoul Walsh et une passion pour le regretté Errol Flynn.

Nadine les connaissait en effet. Tous les quinze jours, ils se réunissaient chez l'un d'eux et passaient de longues heures à marchander leurs trésors. Ils n'avaient que peu en commun, hors leur passion, si ce n'est leur gaucherie à l'égard des femmes et, à l'exception de Jacques, un célibat total, qu'ils meublaient de rêves cinématographiques. Léothard faisait souvent état d'exceptionnelles prouesses sexuelles avec d'improbables créatures issues de la mythologie hollywoodienne des années trente. Béninge avait reporté sur sa mère la passion sans espoir qu'il avait jadis vouée à Yvonne de

Carlo. Nadine savait que les collectionneurs avaient horreur de procéder à leur commerce devant un non-initié, à plus forte raison une femme. Leurs dossiers étalés sur la moquette, ils la dévisageaient dans un silence constipé.

— Ne vous occupez pas de moi, dit Nadine, s'installant dans un coin avec un livre.

Rosenthal se tourna vers Béninge.

— *L'Esclave libre*, mon vieux. T'as Walsh dirigeant Gable et de Carlo.

Il présenta sa photo avec révérence, à plat sur la paume de sa main. Béninge l'étudia en silence, sans la toucher.

— Oui, dit-il, évidemment.

— Introuvable aujourd'hui, ajouta Rosenthal.

— Faut voir, dit Béninge.

La voiture de Servais contourna l'Arc de Triomphe, s'engagea dans l'avenue Foch et gagna la porte Dauphine où elle pénétra dans le bois de Boulogne. Nadine n'avait pas dit un mot depuis qu'elle était montée dans la voiture. Servais tira le frein à main, se pencha pour ouvrir la portière de la passagère.

— On marche un peu ?

— Oui.

Ils déambulèrent en silence sur la terre jonchée de feuilles mortes, détrempée par une averse récente. Nadine releva le col de son manteau. A cette heure, en semaine, il y avait peu de promeneurs; une vieille dame sur un banc partageant un sandwich avec un caniche arthritique, un homme distingué faisant courir un jeune boxer.

— Vous croyez que vous serez prêts pour la générale? demanda Servais, enfin.

— Vous savez, on n'est jamais prêt dans ces cas-là.

Ils firent encore quelques pas.

— Karl me fait peur, dit Servais.

— Non, c'est un instinctif, il faut attendre.

— Vous n'êtes pas instinctive?

Elle lui jeta un regard.

— Ce n'est pas mal ici, dit-elle. Ça vous va?

— Très bien.

Servais décida d'en finir au plus vite. Il arma son appareil. Nadine s'adossa à un arbre, releva la tête. Il approcha sa cellule de son visage, releva la luminosité, recula d'un pas. Elle attendait. Servais eut vaguement l'impression qu'elle offrait sa tête à couper. Il déclencha l'obturateur sans enthousiasme.

— Okay? demanda-t-elle.

— On en fait plusieurs, non?

— Comme vous voulez.

Elle se remit à marcher. Servais serra les dents, la rattrapa.

— Couchez-vous, là.

Elle le toisa.

— C'est trempé.

— Et alors?

Un temps. Servais changeait d'objectif sans la regarder. Nadine s'allongea sur les feuilles mouillées.

— Comme ça?

— Non, sur le ventre. Comme ça, oui. Ne bougez pas.

Il prit la photo, elle se releva.

— C'est tout?

— Non. Marchons encore un peu.

Ils marchèrent.

Le jeune boxer contourna un arbre en dérapant, éparpillant feuilles et brindilles, et se précipita vers Nadine. Se dressant sur ses pattes arrière, il s'appuya contre la comédienne déposant deux marques boueuses sur son manteau. Il haletait avec des ronflements, sa tête de fausse brute illuminée de tendresse. Nadine lui caressa l'encolure, les oreilles, le dos, penchée sur le chien, les yeux subitement adoucis. Elle n'entendit pas le déclic du Nikon. Rappelé par son maître, le chien s'éloigna et Servais rangea son appareil.

— On rentre, dit-il.

— Mais je croyais...

— J'ai changé d'avis.
— Très bien.
Ils regagnèrent la voiture.

Il fallut plus de deux heures à Servais pour tirer une épreuve qui le satisfît. Il la présenta à Nadine le lendemain matin, dans un couloir du théâtre. Sans expression, elle étudia le cliché la montrant penchée sur le boxer.
— Et les autres ? demanda-t-elle.
— Il n'y en a pas d'autres, c'est celle-là.
Elle hocha la tête, glissa le tirage dans l'enveloppe.
— Merci.

La répétition, ce jour-là, ne ressemblait en rien à celle de la veille. Karl exprima pour la première fois les conflits intérieurs de son personnage. Solange trouva d'innombrables enrichissements et parut moins pressée d'atteindre la fin de chacune de ses répliques ; et Nadine projeta une vulnérabilité inattendue, une étrange fragilité, butoir idéal pour les assauts de Karl. *La Soirée* devint une pièce, soudain, et Servais en fut le seul surpris. Messala remercia ses comédiens comme à l'accoutumée, et quitta le théâtre, enrubanné d'une écharpe de laine vert pomme. Serge ne tarda pas à le suivre, ainsi que Nadine qui emprunta le couloir de l'administration, évitant la salle où Servais l'attendait. Solange, descendant l'allée centrale, s'arrêta devant lui.
— Salut.
— Salut, dit Servais, c'était bien aujourd'hui.
— Ça vient, dit-elle.
— On mange un morceau ?
— J'ai un rendez-vous.
— Alors va te faire foutre.
Elle le regarda en silence.
— Qu'est-ce que tu as ?

— Rien. C'était vraiment bien aujourd'hui.

— Tu l'as déjà dit.

— Je sais.

Elle le dévisagea.

— Demain soir, si tu veux.

Il ne répondit pas. Elle quitta la salle. Un employé coupa l'électricité, ne laissant qu'une ampoule de travail sur le plateau. Assis à l'orchestre, Servais attendait, immobile, dans l'obscurité complète. Il n'avait pas envie de bouger. Une silhouette massive se profila sur la scène, des talons d'acier firent résonner le plancher. Karl sauta lourdement dans la salle, remonta l'allée dans le noir et s'arrêta avec une miraculeuse précision devant Servais.

— Vous venez dîner?

Dans la BMW gris métallisé de Karl, ils gagnèrent Pigalle où le comédien « connaissait un endroit ». Il s'agissait d'une brasserie bruyante, aux murs tendus de velours bleu, à la clientèle interlope; beaucoup de prostituées, leurs proxénètes, des ex-catcheurs alcooliques, des individus glabres aux yeux froids. La nourriture se révéla excellente.

Durant le repas, Karl parla de sa famille, des armateurs de Hambourg, installés depuis plusieurs générations dans le faubourg cossu de Blankenese. Il méprisait son père, disait-il, le trouvant brillant et efficace, mais incapable de « vivre ses névroses ».

— De quoi? demanda Servais.

Karl le dévisagea en silence, ses yeux pâles dénués d'expression.

— Vous allez comprendre, dit-il.

Un groupe de nouveaux arrivants se frayait un chemin entre les tables; trois hommes trapus, des entraîneurs de boxe peut-être, avec trois femmes peinturlurées aux formes avachies.

— Je suis un fils de riche, dit Karl, élevé dans la peur de certaines choses et de certaines personnes.

Les six clients passaient derrière la chaise de Karl, les femmes d'abord, les hommes ensuite. Le dernier, gêné par sa propre corpulence, bouscula Karl au passage. Karl-

Heinz Zimmer se leva avec son habituelle gaucherie de bon aloi.

— Mes excuses, dit-il, mais vous avez touché mon beau manteau de fourrure que j'ai payé très cher.

L'homme se retourna, un peu ébahi.

— Qu'est-ce qu'il y a? demanda-t-il, l'œil soupçonneux.

— Mon manteau, vous l'avez touché en passant. Je tiens à ce manteau qui est très chic et m'a coûté une somme considérable. Je serais désolé que des gens du commun le salissent.

L'homme fronça le sourcil, tandis que ses deux compagnons et les trois femmes étudiaient bouches ouvertes le pâle jeune homme à l'accent chantonnant, aux yeux bleus et inexpressifs. Servais glissa la main dans sa poche et ferma le poing sur son trousseau de clefs. Dans un grand silence, l'homme toisa Karl de haut en bas.

— Qu'est-ce que tu veux? demanda-t-il enfin.

— Vous avertir qu'il me déplaît d'être en contact avec des personnes de votre milieu. Voyez-vous, je suis un homosexuel de bonne famille, et je tiens énormément à mes affaires.

Les trois hommes échangèrent un regard médusé.

— Vous ne comprenez pas? continua Karl, la lumière d'un tube de néon se reflétant dans ses lunettes rondes et accentuant la blondeur de ses cheveux savamment peignés. Je vous dis que votre vue me dérange et que votre toucher m'indispose. Je n'aime pas votre espèce. Je suis le fils unique d'une puissante famille d'Allemagne. Mon père a fait d'excellentes affaires pendant la guerre. Je n'ai jamais travaillé par nécessité, je suis indépendant, cultivé et oisif, et vous m'avez touché avec vos sales doigts de prolétaire.

L'homme fit un pas, nouant ses poings, une lueur de satisfaction dans l'œil. Karl le regardait de haut, une main négligemment accrochée à son gilet, l'autre glissée dans la poche de son pantalon.

— Allez donc vous asseoir, dit-il avec un signe de tête, et pensez-y la prochaine fois que vous approcherez d'une personne de qualité.

L'homme ne put réprimer un soupir de rage. Saisissant les revers du « beau manteau très chic » de Karl, il prépara un coup de tête qui avait sans doute fait ses preuves. Mais au lieu d'esquiver, Karl agrippa les deux bras de l'homme aux poignets et les tordit lentement. L'homme se raidit, ouvrit la bouche, émit un son guttural. Ses doigts épais frétillaient dans les mains roses et soignées de l'impassible et digne Karl-Heinz Zimmer. L'homme commença de haleter, des gouttes de sueur perlant sur son front et sur la crête de son nez.

— Je crois vous avoir dit que je suis homosexuel, dit Karl d'une voix blanche. Une tante, un pédé, une folle... comme on dit chez vous, de ces individus qu'il fait bon tabasser à minuit dans les rues sombres.

Karl lâcha les poignets de l'homme.

— Allez, dit-il.

L'homme se massa les bras, la face brusquement empourprée, n'osant se tourner vers ses compagnons. L'un d'eux venait de glisser une main dans sa poche, mais avait vu Servais en faire autant de son côté, et n'avait pas donné suite au geste.

— C'est bon, dit l'homme. Tu vas voir.

— Eh bien, voyons ça, dit Karl d'un ton mondain.

L'homme effectua une feinte sur sa gauche et releva sa main droite, les doigts raidis, le pouce aligné, dirigeant le coup vers le bas-ventre. Karl fit un mouvement négligent de côté et la main glissa contre ses côtes.

— Vous m'avez encore touché, dit Karl froidement.

Et il assena deux manchettes rapides et brutales au visage de l'homme, lui crevant la lèvre inférieure au premier coup, lui brisant le nez au second. La face de l'homme s'ensanglanta aussitôt, le flot ruisselant de ses narines et de sa bouche. Hébété, il chancela. Au bourdonnement de la salle succéda un profond silence. Les garçons ne bougeaient plus, le caissier fumait tranquillement une pipe d'argile. La chose était sans doute habituelle.

Les deux compagnons de l'homme n'en croyaient pas leurs yeux. Ils jetaient des regards incrédules du visage déchiqueté de leur ami à l'élégant Karl, dont les yeux pâles et plats brillaient d'une nouvelle et bizarre émotion.

— Vous avez une drôle de tête, dit Karl. Allez donc vous asseoir et veillez à ne plus importuner les gens riches et cultivés.

Seul, l'homme se serait esquivé, cherchant déjà des explications à fournir à ses amis pour l'état de son visage. Mais il n'était pas seul. Il fit donc une bêtise, il tira un couteau à cran d'arrêt de sa poche. La lame jaillit avec un déclic sonore. L'homme tenait l'arme correctement, pointée de bas en haut, le manche calé dans sa paume, le pouce appuyé sur la lame. A travers le sang, ses yeux brillaient de fureur et de peur. Karl s'assit sur un coin de la table avec élégance, croisant les jambes.

— Voilà une situation qui n'aurait pas déplu à Schiller, dit-il.

Et il ajouta avec toute la déférence d'un jeune étudiant de Heidelberg s'adressant à une parente âgée :

— Connaissez-vous *Don Carlos*?

L'homme fit un pas, sa respiration sifflant entre ses dents.

— Courage, dit Karl, ce n'est qu'un mauvais moment à passer.

Les trois hommes lui sautèrent dessus en même temps. Tandis que le premier remontait le couteau dans la direction du ventre, les deux autres tentèrent de s'emparer de ses bras. Karl désarma le premier d'une manchette suivie d'un coup de pied curieusement précis qui fractura le tibia de l'homme et l'expédia au sol. Karl se laissa saisir par les deux autres, se contentant de les regarder. Il était blafard, les lèvres retroussées, des lueurs haineuses dans ses yeux bleus.

— Lâchez-moi, dit-il avec une étrange douceur.

Ils le relâchèrent. Leur compagnon se tordait sur le plancher. Le caissier avait décroché le téléphone. Il le raccrocha. Servais se leva, s'éloigna de quelques pas, se retourna son Nikon à la main. Dans le viseur il vit Karl au centre de la salle, allumant un cigarillo, et jetant un regard d'insolite convoitise à l'une des trois prostituées.

X

Nadine se réveilla tôt, se demanda à quoi elle devait une sourde appréhension et un vague écœurement, puis se souvint que c'était le jour de la première représentation publique. Sans déranger Jacques, elle quitta le lit et gagna la cuisine où elle s'assit, nue, sur un tabouret pour boire, à petites gorgées, un verre de lait. A mesure qu'elle ingurgitait le liquide glacé, elle suivait la progression de la chair de poule sur son corps. Elle étendit les bras, bâilla, posa un pied sur la table, écartant largement les jambes. Elle aurait aimé que quelqu'un entrât. Rien ne bougea dans l'appartement. Elle alluma une cigarette. Le camion des éboueurs remontait la rue de Varenne, en première, avec un bruit de diesel. Une pluie légère pétillait contre la vitre. Nadine retourna dans la pièce principale, se posta à côté du lit. Elle observa le dormeur un long moment, les mains sur les hanches, puis posa un pied au milieu de son dos. Jacques soupira, ouvrit un œil.

— Saute-moi, dit Nadine.

Mme Ménard pénétra avec précaution dans la chambre de sa fille, posa son plateau sur la table de chevet et tira les doubles rideaux. Un jour gris inonda la pièce, et le bruissement de la pluie se fit plus présent. Solange remua bras et jambes avec une grimace, ouvrit les yeux, embrassa sa mère.

— J'ai eu un mal fou à m'endormir, dit-elle.

Sans répondre, la mère lui tendit une tasse de café.
— N'oublie pas que tu as promis, dit subitement Solange.
Sa mère hocha la tête en souriant, une femme fluette dont le visage portait encore les vestiges d'une beauté 1940.
— C'est promis, nous ne viendrons pas ce soir.
— Je vous dirai quand vous pourrez venir.
— C'est ça, tu nous le diras.
La femme se dirigea vers la porte.
— Faut pas m'en vouloir, ajouta Solange, mais ce n'est pas encore au point, tu comprends?

Messala, qui avait mis la nuit à profit pour relire une œuvre mineure de Hegel, s'étira vers neuf heures et posa son livre. Avec réticence, il quitta les quelque vingt couvertures qui l'avaient protégé du froid nocturne pour aller ranimer son poêle malodorant. Percevant le bruit de ses pas, le jeune rat qui partageait le studio du metteur en scène regagna son trou discrètement.

Mertolle réveilla Servais à neuf heures trente au téléphone.
— Flins - grève - lock-out - garantie *l'Humanité* - urgent-, annonça-t-il dans le style télégraphique qu'il avait adopté depuis peu et dont il était assez fier.
— Message reçu, dit Servais, terminé.
Éparpillés sur son lit et autour de la pièce se trouvaient les tirages des dernières photos qu'il avait faites de Nadine Chevalier.

Les deux prostituées dormaient enlacées, leurs membres emmêlés, la main de l'une douillettement enfouie entre les jambes de l'autre, leurs quatre seins groupés comme des fruits dans une corbeille. Rimmel et rouge à lèvres s'écaillaient, fondaient sur les visages blafards, éteints comme des masques de carnaval un lendemain de fête. Karl étudiait le tableau en silence, vêtu d'une lourde robe de chambre écarlate, fumant par longues aspirations une Benson and Hedges, une tasse de café à la main. Sans lunettes, il paraissait plus jeune mais non moins impassible. Il massa les jointures de ses mains, endolories depuis la bagarre, et soupira. Les deux femmes avaient fait preuve d'ingéniosité, s'étaient montrées délicieusement vulgaires, mais n'avaient pu lui faire oublier l'imminence de la couturière.

A dix-neuf heures trente, le metteur en scène avait réuni les comédiens sur le plateau. Il se tenait près de la rampe, vêtu d'un duffle-coat dont le capuchon lui plongeait le visage dans l'ombre. Il ressemblait à un franciscain de mélodrame et ses paroles résonnaient sourdement dans la salle déserte. Karl était posté au centre de la scène, blême, une canne fine et noire négligemment accrochée entre deux doigts de sa main droite. Solange écoutait Messala assise sur une caisse du décor, les genoux ramenés sous le menton, l'œil un peu écarquillé. Nadine faisait les cent pas entre le piano à queue et la table, dévoilant à chaque enjambée sous sa jupe courte des cuisses longues et pâles, les cheveux relevés en un chignon bancal, non maquillée, la bouche dure. Au dernier rang du balcon, invisible à tous et immobile, avait pris place Servais, une cigarette éteinte aux lèvres, trois Nikons en bandoulière.

— Il existe deux sortes d'invitations, disait Messala, celles que l'on distribue à des amis pour remplir la salle pendant le creux qui suit la générale, et celles que l'on octroie à des organisations et agences afin qu'elles nous assurent un public d'essai. C'est ce dernier qui nous attend ce soir. Ils seront remplis de bonne volonté, obtus, désireux de rire, et affligés pour la plupart de bronchites chroniques. Leurs réactions seront sporadiques et sincères — à peu près aussi évoluées que celles d'un groupe d'enfants au guignol du Luxembourg. Vous voilà prévenus. Ne faites aucun pas vers eux, jouez la pièce, même si vous sentez qu'ils en regardent une autre. Surtout ne vous imaginez pas comprendre ce qu'ils veulent, et ne croyez pas pouvoir le leur donner. Ils ne savent pas, ils n'ont jamais su ce qu'ils voulaient. Ils subissent. Si vous vous écartez de la pièce d'un pouce pour vous rapprocher d'eux, vous vous retrouverez dans le désert.

Messala désigna la salle du doigt :

— Le désert, c'est eux. Je vous remercie.

Ils quittèrent le théâtre, Messala avec Karl, Solange avec Nadine. Servais resta un moment sans bouger. Il vit l'assistant, Serge, discuter avec le régisseur, tandis qu'un machiniste balayait le plateau. Puis ils partirent eux aussi, et furent remplacés par deux femmes de ménage qui retirèrent les housses drapées sur les rangées de fauteuils et ramassèrent les mégots. Enfin, Servais se leva et gagna la rue. Il décida d'essayer de manger quelque chose.

Le restaurant connaissait une certaine affluence. Au fond de la salle, Messala conversait à voix basse avec Karl. Plus près de la porte, Nadine et Solange grignotaient une salade de tomates à deux. Apercevant Servais, quelque chose se ferma dans le regard de Nadine. Servais tenta de repérer une table vacante, pensant avec nostalgie au petit restaurant de la rue Falguière et à la compagnie silencieuse mais solide de Sébastien Steiner. Il résolut de partir et se tourna de manière à ne pas affronter une seconde fois les yeux de Nadine. Une main se glissa dans la sienne, un bras lui entoura les épaules.

— Où tu vas, comme ça ?

Servais se pencha sur le sourire nerveux de Solange, lui embrassa le bout du nez.

— Tu as quelque chose à me proposer ?

Elle lui serra les doigts.

— On n'a pas le temps, dit-elle.

Il soupira. Solange voulut l'entraîner vers sa table.

— Tu viens avec nous ?

Servais se tourna vers Nadine, assise très droite, les yeux cernés et froids.

— Je n'ai pas faim, dit-il.

— Alors prends un café.

— Non, t'es gentille. A tout à l'heure.

Il quitta le restaurant, remonta la rue jusqu'à sa voiture et s'installa au volant. Il se remit à pleuvoir. Tandis que les vitres du véhicule s'embuaient, que l'eau ruisselait sur le pare-brise et tambourinait sur le toit, il prit un Nikon dans la boîte à gants et le chargea avec une pellicule très sensible.

On avait annoncé le lever du rideau pour neuf heures, mais à neuf heures dix, selon la tradition du public parisien, les spectateurs entraient encore dans la salle. De toute évidence, l'employé chargé du contrôle avait le sens des convenances sociales. La disposition des spectateurs trahissait une nette discrimination. Ainsi trouvait-on aux premiers rangs d'orchestre une majorité de personnes élégantes, panachée d'un occasionnel « intellectuel » à la chemise sale et à l'œil critique. A la corbeille et à l'arrière du parterre, se multipliaient les toilettes de « sortie », les manteaux roses et orange, les chemisiers à fleurs, les robes décolletées sur des poitrines grasses et blafardes, les visages poudrés surmontés de laborieuses « permanentes » témoignant de longues heures passées dans d'exigus salons de coiffure. Aux murmures de l'orchestre s'opposaient les rires aigus de la corbeille.

Le balcon comptait un spectateur unique : Servais. Son appareil de photo sur les genoux, il attendait depuis vingt heures quarante-cinq. Il avait déjà photographié une famille endimanchée, une ravissante personne court-vêtue au nez retroussé, et un vieillard impotent qu'on avait porté à son fauteuil. Il avait consulté le programme et constaté que sa photo de Nadine Chevalier avait été imprimée à l'envers pour les besoins de la mise en page. Il avait pris connaissance d'un texte remarquablement abscons signé par Messala dont le dernier paragraphe le laissa rêveur :

> *Théâtre de l'instant — du fulgurant — de l'immédiat, théâtre viscéral et intuitif, théâtre précis par la forme mais souple par le fond, l'œuvre de Jérôme Bois traduit une insatisfaction trop répandue pour être ignorée — malaise social dont l'implicite présence constitue comme un quatrième personnage dans cet ouvrage exceptionnel et singulier que j'ai eu grand plaisir à mettre en place. Je souhaite à Jérôme Bois que son œuvre trouve en représentation au public les résonances profondes qu'elle a suscitées en moi.*
>
> Laurent Messala.

Comme ça, on est fixé, pensa Servais, consultant sa montre pour la trentième fois.

Les lumières baissèrent, le régisseur frappa les trois coups et le rideau se leva sur un plateau vide. Messala avait amoureusement éclairé le décor, bridant les projecteurs, multipliant ombres et contre-jours. Par la fenêtre, on distinguait les lumières de la ville en un scintillement lointain des plus réalistes. La porte d'entrée s'ouvrit et Karl entra, suivi de Solange. Servais poussa un soupir de soulagement. Il avait craint que les comédiens ne pussent, face au public, adopter, comme il le fallait et dès le début, la tension requise par la pièce. Mais Karl avait l'œil froid, le geste nerveux, qui convenaient, et Solange referma la porte derrière elle avec toute la déférence exigée par la situation. Karl donna la première réplique avec une aisance merveilleusement factice, trahissant d'ores et déjà les troubles de son personnage.

RENÉ : Elle n'est pas encore arrivée.

Il retira son manteau, le posa, alla s'appuyer au piano. Solange resta près de l'entrée. Un temps. Puis, avec une singulière méchanceté, Karl leva la tête pour fixer Solange.

RENÉ : Vous avez froid?
MICHELLE : Non, pourquoi?
RENÉ : Vous n'enlevez pas votre manteau.

Pensive, Solange quitta son vêtement avant de demander, avec juste ce qu'il fallait de perplexité :

MICHELLE : Tu me dis vous, maintenant?

Karl marqua une hésitation, puis :

RENÉ : Non.

La négation brutale coupa court aux derniers bruissements de la salle : elle écoutait.

Il en fut ainsi pendant presque vingt minutes, après quoi l'intérêt connut un fléchissement progressif mais constant, sensible d'abord à la corbeille et qui ne tarda pas à gagner la salle entière. Un individu au troisième rang fit un louable effort pour cracher ses poumons en une explosive et interminable quinte de toux, une dame chapeautée à la corbeille se mit à trouver aux répliques les plus sérieuses des vertus comiques insoupçonnées, produisant avec régularité un petit hennissement nasal qui à son tour provoqua l'hilarité du public. Servais vit un spectateur au premier rang tourner le dos à la scène pour lire son programme à la lumière des projecteurs. Le rideau tomba à la fin de l'acte sur une salle remuante, agitée d'éternuements, de toux, de grincements de fauteuil, et de murmures généralisés. Servais se rendit compte alors qu'il n'avait pas pris une seule photo.

Il ne quitta pas le balcon durant l'entracte, mais resta dans son fauteuil, avec cette même immobilité qu'il avait observée quelques semaines auparavant chez Puclos. Il se sentait plus solitaire, plus détaché et plus haineux qu'il n'aurait cru possible. Il rêvait soudain de grottes isolées sur quelqu'île lointaine, d'une vie monastique, où, en compagnie d'une mouette domestiquée et d'un dauphin amical, il écrirait des œuvres froides et dures que personne ne lirait jamais. Une apparition coupa court à son apitoiement. Un couple fit irruption au balcon et s'arrêta subitement. La femme portait une robe informe à l'image de son corps, autour de son nez épaté clignaient de petits yeux pâles d'une vacuité tombale. L'homme transpirait dans un costume de laine brunâtre, le teint couperosé, les cheveux drus, le front quadrillé de rides profondes exprimant simultanément la crainte et l'aigreur. Ils se regardèrent, puis se tournèrent vers Servais.

— On s'est gouré, dit l'homme. On était plus bas.

— Tu crois? demanda la femme, dévisageant Servais avec curiosité.

Servais eut brusquement envie de rire. Prenant son Nikon en main, il photographia rapidement le couple.

— Merci, dit-il.

L'acte I établissait la mise en place des personnages les uns par rapport aux autres, et exposait par petites touches l'exemplarité psychologique des caractères vis-à-vis du thème. On avait vu le couple et leur invitée se mesurer, se tâter, faire des aveux qui sonnaient creux, se rétracter, proposer à la place des révélations encore plus mensongères, encore moins convaincantes. Dans cette forêt d'invraisemblances, brillaient des phrases sèches et brutales, parfois banales, souvent inachevées, où l'on discernait une sincérité involontaire. Multipliant de tels moments jusqu'à la fin de l'acte, Servais avait porté l'action aux portes du thème. La démonstration pouvait commencer — avec ce danger : que la psychologie des personnages ne lui résistât pas et que la théorie ne brûlât l'épaisseur humaine comme un acide, ne laissant pour finir que des squelettes, individus inconsistants n'ayant pu se défendre des intentions de leur auteur, rongés par sa volonté jusqu'à n'être plus que d'insubstantielles abstractions flottantes. Ce n'est pas sans nervosité que Servais vit le rideau remonter pour le second acte.

Si les spectateurs avaient répugné à s'intéresser aux rapports ambigus mais apparemment banals des personnages au premier acte, il n'en fut pas de même pour leur dégradation ouverte, à coups d'éclats verbaux, de hiatus inattendus, de volte-face révélatrices, au second. Servais avait adopté, pour la cristallisation de sa démonstration, un procédé dramatique sans explications ni confidences. On ne suivait pas le comportement des personnages, on le subissait, et l'on ne pouvait reconstituer les intentions théoriques de l'auteur qu'en analysant son propre étonnement devant la conduite des trois protagonistes et leurs apparentes démarches mentales. C'était là, aux yeux de Servais, la force de la pièce, car il avait évité toute distanciation d'avec le public, lui faisant vivre à travers ses propres réactions une conception qu'il serait ainsi davantage à même d'évaluer. Ce soir-là, une partie des volontés de l'auteur devait s'accomplir de curieuse façon. Les spectateurs restèrent rivés à la conduite de l'action, tendus, attentifs... et parfaitement incrédules. Ils acceptèrent l'irréalité de la conduite et de l'attitude des personnages sans parvenir à leur trouver la moindre explication. Le procédé dramatique remplissait parfaitement son rôle, sans déclencher le deuxième processus, celui de l'analyse. Les spectateurs restèrent un moment silencieux et béats, puis des mouvements divers, tous exprimant la perplexité et l'incompréhension se développèrent : des rires étouffés, des murmures, d'abrupts changements de position et d'agressifs soupirs. A cela, les comédiens opposèrent un engagement dans la pièce presque féroce. Karl s'était muré dans son personnage, vivant avec une intensité exagérément hargneuse ses soubresauts émotionnels; Nadine, n'éprouvant apparemment aucune difficulté particulière, trahissait son trouble en négligeant de soutenir sa voix qui se perdait parfois au-delà du dixième rang; Solange se laissa malmener par le public pendant dix minutes, laissant échapper son personnage davantage de seconde en seconde jusqu'à ce que Nadine, profitant d'une scène où elle avait à lui parler de près, lui insufflât autorité et assurance avec ses yeux glacés et ses longues mains frêles.

Le dénouement approchait, dénouement qui éveillait en Servais une curiosité particulière. La pièce prévoyait que le personnage de Karl, musicien raté, s'assiérait au piano pour interpréter l'unique morceau qu'il eût jamais composé : un prélude. Servais avait demandé que le morceau fût puissant, court, riche en réminiscences (Orff, Rachmaninoff, etc.) mais suffisamment éloquent pour exprimer une volonté créatrice bafouée et compromise par des faiblesses morales. Musicien lui-même, Karl avait annoncé qu'il composerait l'œuvre mais ne l'interpréterait que pour la première représentation publique. Non sans réticence, Messala avait accepté.

Le moment arriva. Solange, hôte aux intentions démantelées, au masque arraché, plus pitoyable que le couple qui avait cru puiser en elle la force de continuer, se tenait à la porte, son manteau sur le bras. Nadine, épouse trop complaisante envers son mari et trop exigeante envers elle-même, contemplait de la fenêtre ce nouvel échec, et Karl, assis au piano, ne voyant plus que lui-même, cassé en mille fragments dispersés comme les éclats d'une vitre brisée, levait lentement les mains au-dessus du clavier, blême et vacant tel un somnambule.

Servais avait eu l'occasion de constater que Karl-Heinz Zimmer ne faisait jamais les choses à moitié. Il conduisait sa voiture avec la brutale dextérité d'un coureur professionnel, il se battait avec la froide efficacité d'un commando entraîné, et jusqu'à son écriture, que Servais avait aperçue sur une enveloppe, avait une méticuleuse régularité. Sous des dehors gauches et mondains, il cachait, outre une intelligence d'autant plus redoutable qu'elle alimentait une sensibilité névrosée avec laquelle elle vivait en accord parfait, une rare capacité pour toute activité manuelle.

En six mesures, Karl démontra qu'il avait l'habileté et l'oreille d'un virtuose. Il jouait sans grâce, la tête à quelques centimètres du clavier, les coudes relevés et protubérants. Le morceau était traversé d'éclats lugubres, d'envolées puissantes que quelque obstacle compromettait, si bien qu'elles finissaient en cascades sombres, évocatrices d'échec, d'anéantissement, de mort. Les spectateurs subirent l'assaut musical avec consternation, vécurent avec Nadine et Solange le moment de silence qui lui succéda, et restèrent ainsi jusqu'au rideau final. Ils applaudirent les comédiens sans chaleur.

C'est Nadine qui fit les annonces. Elle s'en acquitta avec indifférence.

— La pièce que nous venons d'interpréter devant vous pour la première fois est de Jérôme Bois. La mise en scène est de Laurent Messala. Le décor est de Michel Pernetti.

Il n'y eut pas de rappel. Près du vestiaire, Servais enregistra quelques commentaires.

— C'est spécial, remarqua une dame aux cheveux bleus pâles à son compagnon âgé.

Et celui-ci hocha la tête.

— Ils n'ont rien inventé, confia un monsieur à sa fille, mais Ibsen le faisait mieux.

Messala fut bref.

— Demain à quatre heures, les enfants, il y aura un raccord.

— Un raccord texte ? demanda Nadine.

— Bien entendu.

Messala se tourna vers Servais.

— La nuit est à nous, cher ami. Allons-y.

Servais serra la main de Karl, de Nadine et de Solange avant d'accompagner Messala dans son studio où le metteur en scène prépara du café. A cinq heures du matin, ils avaient terminé les modifications destinées à faciliter la compréhension de la pièce à un public qui ne ressemblerait en rien à celui de la veille.

Au petit matin, Servais retrouva son lit où il tomba épuisé et s'endormit aussitôt. Mertolle le réveilla à neuf heures, et l'expédia à Villejuif rencontrer une octogénaire sourde-muette qui avait construit une tour de cinq mètres de haut dans son jardin avec des capsules de Coca-Cola.

Il fut de retour à l'agence au début de l'après-midi, et s'engouffra chez Victor pour se restaurer. Il y trouva Miriam aux seins poudrés qui venait de passer dix jours en famille à Toulon. Elle lui narra ses brèves fiançailles avec un honnête pêcheur nommé Émile, lequel avait voulu, comme le personnage de *Dédée d'Anvers*, l'arracher au trottoir et en faire une femme « bien ». Trouvant la perspective peu attrayante,

Miriam avait refusé la proposition non sans verser les larmes appropriées.

Servais remonta à l'agence pour surveiller le tirage de ses photos, puis s'installa dans la salle des reportages avec un journal. Il ne cessait de revivre la représentation de la veille, revoyant chaque phase de la pièce, et se demandant si les modifications apportées durant la nuit n'allaient pas compromettre l'équilibre du spectacle. A six heures, il se dirigeait vers la porte avec l'intention de s'éclipser discrètement lorsque Mertolle l'interpella :

— Pas si vite, Mont, j'ai du travail pour toi.

Servais regarda Mertolle en silence.

— Je ne suis pas libre ce soir, tu prendras quelqu'un d'autre.

— Je n'ai personne. Tu te feras une raison.

— Qu'est-ce que c'est?

— Une pièce à la Comédie de l'Étoile.

Éberlué, Servais se rapprocha du chef des reportages.

— Quelle pièce?

— J'sais pas, moi, une pièce.

Mertolle fouilla dans son tiroir, trouva un carton d'invitation qu'il étudia.

— Ça s'appelle *la Soirée* et c'est avec la mère Chevalier.

Servais secoua la tête.

— Tu plaisantes ou quoi? Ça ne vaut pas un clou.

— C'est un commercial; ils ont deux clients aux archives.

— *Deux* clients?

— Puisque je te le dis. Alors tu y vas?

Sans un mot, Servais prit le carton et se dirigea lentement vers les archives.

Luce était plongée dans un dossier, vêtue d'un élégant tailleur, le visage mieux fardé que de coutume. Servais s'assit sur un coin de son bureau, penché sur la tête blonde de l'archiviste.

— Alors comme ça, tu as deux clients pour la Comédie de l'Étoile?

Luce étudia le carton que Servais lui montrait, les yeux moqueurs.

— Comment vas-tu, Servais?
— Je vais, et toi?
— Aussi.
Elle baissa les yeux, referma le dossier.
— Tu emmènes ta maman?
— Où ça?
— A ta première.
Servais fronça les sourcils.
— Qu'est-ce que tu racontes?
— Ton carton est valable pour deux personnes. Alors si tu n'emmènes pas ta maman, au cas où tu en aurais une, tu aurais pu emmener une jeune femme qui a sacrifié ses heures de loisir à taper le manuscrit.
Servais étudia sa tenue soignée, son maquillage méticuleux, ses gestes un peu trop brusques.
— J'ai une maman, dit-il.
Elle haussa les épaules.
— Alors tant pis.
— Mais ce ne sont pas les cartons qui manquent. On dîne ensemble avant?
Luce prit une cigarette dans son sac, l'alluma, évitant les yeux de Servais.
— Entendu.
Servais empocha le carton et se dirigea vers la porte.
— Je viendrai te prendre. Merci de m'y avoir fait penser.
— A ta première?
— A ma mère.

Nadine but une dernière gorgée de café, posa sa tasse et se tourna vers Jacques qui, assis sur la moquette, essayait de classer ses photos de *Home from the Hill* dans l'ordre chronologique du film.
— J'aimerais autant que tu ne viennes pas ce soir. Ce n'est pas encore très au point.
Un peu surpris, il leva la tête.
— Ah bon?

— Tu viendras plus tard.

— Comme tu veux. Ils passent *The Fountainhead* à Chaillot, Manuel m'a appelé ce matin.

— Eh bien, vas-y. Dans quelques jours, ça sera bien mieux.

Jacques hocha la tête.

— Bon. Je viens te chercher, après?

— Inutile, il y aura sûrement des raccords.

Elle se leva, passa dans la salle de bains.

Pensif, Jacques reprit ses photos. Mais il ne parvint pas à se concentrer sur Eleanor Parker et Robert Mitchum. Il entendit l'eau couler à côté et songea que Nadine prenait un bain. Une cloche d'église tinta au loin, Nadine se mit à chantonner un air à la mode.

Le sex-shop faisait l'angle du boulevard de Sébastopol et de la rue aux Ours. En vitrine étaient exposés des affiches, des livres et de suggestives poupées articulées. Servais poussa la porte, se fraya un chemin parmi les clients qui consultaient les ouvrages et magazines dans un silence tendu. Il feuilleta une brochure consacrée aux méthodes susceptibles de guérir l'éjaculation précoce, le dysfonctionnement orgasmique et la dyspareunie masculine, puis s'approcha de la caissière, une femme blonde aux yeux charbonneux, la lèvre supérieure et le front sillonnés de rides.

— Bonjour, Maman.

— Tu vas, petit?

— Ça va.

Servais l'embrassa sur la joue et s'accouda à la caisse pour surveiller le magasin.

— Ça a l'air de mieux marcher que la lingerie.

Mme Mont haussa les épaules.

— Ça tourne à peu près. Quoi de neuf?

Servais étudia le visage fermé de sa mère.

— Pas grand-chose. Je suis passé devant, alors je suis entré te dire bonjour.

— Tu as bien fait, dit la femme d'une voix neutre, les yeux rivés sur un client empourpré penché sur un magazine.

Servais s'éloigna d'un pas, ouvrit un livre au hasard.

— Tu as des nouvelles de ton père?

— Non. Et toi?

— Pas un mot.

Et elle ajouta d'une voix blanche :

— Le con.

— Il vit sa vie, dit Servais.

— Elle le trompe, murmura la femme, elle le trompe, je le sais. On me l'a dit. Elle s'envoie en l'air avec n'importe qui, n'importe où, n'importe comment. C'est bien fait pour sa gueule.

Elle déplaça un carnet devant elle, ajouta :

— Il veut divorcer.

— Pourquoi pas?

— Non. Pas comme ça. Ce serait trop facile.

Servais la regarda en silence.

— Ça t'intéresse, des places de théâtre?

Perplexe, elle tourna la tête.

— De théâtre?

— Oui, c'est un copain qui a écrit la pièce.

— Tu sais, moi le théâtre...

— Je sais.

Un temps. Servais s'éloigna.

— Bon, salut.

— Salut. Si tu vois ton père, dis-lui que ce n'est pas la peine qu'il revienne ici.

Servais sourit.

— Il ne reviendra pas, dit-il, et tu le sais bien.

La femme hocha la tête, l'air de détenir un secret.

— Dis-lui, répéta-t-elle doucement.

Selon son habitude, Nadine gagna sa loge avec deux heures d'avance. Elle y trouva une pile de télégrammes qu'elle ouvrit lentement, assise à la table de maquillage. Parmi les dépêches, un message de Jérôme Bois : TOUS MES VŒUX — ET MERCI; et un autre de Servais Mont : LES COÏNCIDENCES NE SONT JAMAIS INDÉPENDANTES DE LA VOLONTÉ DE L'AUTEUR. Elle garda le premier, jeta le second. Dix minutes plus tard, le concierge du théâtre montait deux bouquets de fleurs, l'un venait de Messala, l'autre de Jacques. Nadine s'allongea sur le divan avec une cigarette, ses bras longs et maigres étendus à ses côtés, et resta ainsi plus d'une heure, oubliant sa journée et imaginant celle d'une dénommée Léa.

— Nerveux? demanda Luce.

Servais secoua la tête.

— Pas vraiment, pas autant qu'hier en tout cas.

Ils étaient assis dans un petit restaurant de la rue Quentin-Bauchart, en train de consommer d'énormes steaks T-bone à l'américaine. Servais avait son sac de travail à ses pieds.

— Tu avoueras que c'est la première fois que tu m'accompagnes sur un reportage. Tu comptes le faire souvent?

— Autant que tu voudras, dit Luce gravement.

Servais glissa sa jambe contre la sienne. Luce se pencha sur son assiette et le moment passa.

C'est Servais Mont qui entra au théâtre ce soir-là, et non Jérôme Bois. Avec trois Nikons en bandoulière, il sillonna l'orchestre immortalisant tous ceux que Messala et le directeur du théâtre avaient trouvé bon de convier. Servais fut un peu surpris de voir, outre les critiques, nombre de célébrités, dramaturges, vedettes de cinéma, couturiers à la mode, ainsi que deux jeunes metteurs en scène de la périphérie dont les réalisations audacieuses avaient fait couler beaucoup d'encre à défaut d'attirer le public.

Assise au sixième rang, Luce fixait le rideau avec gravité, son programme sur les genoux. La raideur de sa nuque trahissait une certaine tension intérieure. Servais s'arrêtait de temps en temps pour chercher des yeux sa tête blonde.

A neuf heures trente, on escorta le dernier spectateur — un critique âgé — à son fauteuil, et les trois coups retentirent. Trois répliques n'avaient pas été échangées que Servais se sentit irrésistiblement attiré vers la sortie. Il ne pouvait expliquer ce désir de fuir, d'être ailleurs, mais il savait qu'en aucun cas il ne voulait revivre la soirée de la veille. Aussi écarta-t-il avec précaution un battant de la porte du fond pour se glisser au foyer où une ouvreuse, occupée à préparer sa corbeille d'Eskimos pour l'entracte, lui jeta un regard étonné. Pour ne pas être en reste, Servais fit de même, la dévisageant avec stupeur comme s'il n'avait de sa vie vu ouvreuse, Eskimos, ou même corbeille. Après quoi, il emprunta un long et lugubre couloir latéral qui le mena aux coulisses.

Messala était perché sur un tabouret non loin de la cabine de régie, à côté d'un pompier qui mâchait du chewing-gum. Servais eut la surprise de voir le metteur en scène sans couvre-chef, duffle-coat ou édredon, et même peu couvert, la chemise ouverte sur son cou replet, et combattant cette fois, non pas le froid, mais la chaleur. Il ruisselait des pieds à la tête; sa chemise collait à ses aisselles, ses bajoues reluisaient, une sueur abondante perlait sur son crâne blanc. Il jeta un regard vacant à Servais, puis tourna derechef ses yeux vers la scène, où Nadine venait de faire son entrée.

Servais fut consterné de voir combien factices paraissaient le décor et les comédiens vus de la coulisse. Éclaboussés de lumière, leur maquillage outré, comme divorcé de leur véritable physionomie que l'on percevait en filigrane, les acteurs diffusaient une tension nerveuse dont rien, miraculeusement, ne passait la rampe. Les gestes de Karl débordaient les intentions du comédien, propulsés par on ne sait quelle inertie incontrôlable; Solange évoquait une somnambule, le trac ayant creusé un abîme entre sa volonté et son personnage; Nadine ne subissait, à la voir de si près, aucune transformation notable, si ce n'est qu'on ressentait un effort constant se manifestant par un imperceptible tremblement du corps tout entier. Servais resta dix minutes immobile près d'un montant du décor, avant de se glisser subrepticement par une porte d'acier qui donnait sur les loges.

Il trouva celle de Nadine sans difficulté, mais resta un instant devant la porte, le temps de s'assurer que l'habilleuse, qui repassait un costume dans une pièce voisine, ne l'avait pas entendu. Puis il s'introduisit dans la loge.

Adossé à la porte, il promena les yeux sur la coiffeuse chargée de pots de crème, de brosses et de peignes, de télégrammes aussi, et où deux bouquets de fleurs ornaient le miroir, sur une petite table nue, sur un divan, sur un paravent, où les vêtements de Nadine étaient négligemment jetés, une jupe, un pull-over, un soutien-gorge. Servais s'en approcha, les étudia un moment, puis se détourna, allumant une cigarette. Il trouva l'un de ses deux télégrammes épinglé au cadre de la glace, l'autre dans la corbeille à papiers. Il lut le message de Jacques : JE T'EMBRASSE ET JE PENSE A TOI, de Messala : MERCI STOP C'EST TOUT, et d'un dénommé Antoine : GROSSES BISES STOP JE SUIS AVEC TOI.

Un haut-parleur au-dessus de la porte transmettait la pièce en sourdine. Un éclat de rire général du public attira l'attention de Servais. Il écouta soigneusement les répliques suivantes pour tenter de retrouver celle qui l'avait provoqué. Il n'y parvint pas. S'asseyant sur le divan, il se mit à suivre la pièce, elle lui arrivait par bribes, voilée par les murmures de la salle, la toux sèche du régisseur qui se trouvait à côté du micro, et un constant bourdonnement électrique. Sous cette forme, elle lui parut curieusement proche de celle qu'il avait entendue alors qu'il l'écrivait. De plus en plus, il s'absorba dans *la Soirée* de Jérôme Bois. Il en oublia qu'au milieu de l'acte Nadine quittait le plateau pendant dix minutes. Il l'entendit prononcer sa dernière réplique avant de sortir et, seulement à ce moment-là, se rendit compte que, sans aucun doute, elle allait regagner sa loge. Il se leva vivement, s'approcha de la porte, mais trop tard. Déjà ses pas se faisaient entendre dans le couloir.

Servais resta un instant figé, puis il recula et s'assit de nouveau sur le divan. Les pas de la comédienne s'arrêtèrent devant la porte, la poignée tourna et la voix de l'habilleuse interpella Nadine alors que le battant s'ouvrait. Elle n'avait pu retrouver un chemisier dont l'actrice avait besoin au second acte. D'une voix sourde et éteinte, Nadine répondit qu'elle l'avait déposé dans la loge des costumes. Puis elle entra, repoussa la porte et alla s'asseoir à la table de maquillage. Servais la vit se couvrir le visage de poudre Leichner. Alors seulement elle l'aperçut dans le miroir. Sa main s'immobilisa avec le tampon de poudre qu'elle posa lentement.

— Bonsoir, dit Servais.

Elle hocha la tête, prit une brosse sur la table et se recoiffa. Servais étudia la disposition de ses longs doigts effilés sur le manche de la brosse. Il leva son Nikon. Elle ne broncha pas au déclic. Servais prit conscience qu'elle écoutait la pièce au haut-parleur. Il se leva, tira un paquet de cigarettes de sa poche et le lui tendit. Elle secoua la tête, quitta son tabouret.

— C'est à moi.

Elle sortit. Servais écouta ses pas dans le couloir et bientôt l'entendit prononcer une réplique sur le plateau. Il quitta le théâtre par la sortie des artistes.

Au volant de sa voiture, il roula jusqu'à la Défense avec l'intention de rentrer chez lui et sans tenir compte du fait qu'il prenait la direction opposée. A Courbevoie, il effectua un demi-tour, se trouva sous peu porte Dauphine et s'engagea dans le bois de Boulogne. A la lueur de ses phares surgit soudain une prostituée blafarde, rousse échevelée aux lèvres écarlates. Il freina brutalement.

— On passe un moment? demanda-t-elle.

Servais considéra le masque sinistre qui ne déguisait qu'à moitié des traits épais et disgracieux. Elle se pencha et ne fut plus qu'une silhouette.

— Pas encore, dit Servais, je ne suis pas prêt.

Et il accéléra.

Le deuxième acte était commencé depuis dix minutes lorsqu'il se glissa au balcon. De toute évidence, la représentation ne ressemblait en rien à la précédente. Les comédiens avaient un meilleur contrôle d'eux-mêmes, et par conséquent de la salle. Celle-ci, par ailleurs, comptait un public très différent. Parmi les sept cents spectateurs, les deux tiers suivaient plus ou moins les mouvements de la pièce sans perdre pied, ni, toutefois, y prendre un plaisir exagéré.

Lorsque Karl acheva au piano son apocalyptique et sombre prélude, un murmure d'émotion parcourut la salle; et à la chute du rideau, une sorte d'expiration se fit entendre, comme si les spectateurs retenaient leur souffle depuis le début de l'acte. Des applaudissements, plus fournis que la veille, saluèrent les comédiens.

Servais avait vécu les dernières répliques les poings noués, craignant absurdement et inconsciemment que relâcher ses muscles et son attention ne lui coûte l'attention du public. Il se leva, le front moite, un mégot éteint entre les lèvres, et fendit rapidement la foule en direction des coulisses. Messala, plus ruisselant que jamais, lui prit le bras au passage.

— Billy Merle, quelle tête faisait-il?

— Aucune idée.

Messala le dévisagea, incrédule.

— Et Lambert?

— Désolé, mais je regardais la pièce, pas les critiques.

— C'est bien le moment, dit Messala, exaspéré.

Puis il se ressaisit et entraîna Servais sur le plateau où les machinistes, pour des raisons obscures, tentaient d'élever une gigantesque échelle.

— J'ai réfléchi au second acte, dit-il, et il me semble qu'en développant la réplique de Karl, il y aurait moyen de...

— Pas ce soir, dit Servais. Je n'ai pas dormi depuis quarante-huit heures.

— Dormi? demanda Messala, comme s'il s'agissait d'une activité occulte et peu recommandable.

— Ç'est ça. On en parlera demain.

Karl s'approcha — pâle sous son maquillage, vacillant de fatigue. Servais lui serra la main.

— Merci, dit-il, vous commencez à être dans le mille.

Un sourire inattendu éclaira le visage de l'impassible Karl-Heinz Zimmer. Il hocha la tête sans répondre. Deux bras se pendirent au cou de Servais, une bouche fraîche se colla à la sienne.

— T'es content?

Servais serra Solange contre lui, écartant les cheveux de ses tempes, lui prenant la tête entre ses mains.

— Très content.

— Pas de blagues, hein?

— Je ne plaisante pas.

Solange riait de toutes ses dents, très jeune et très heureuse, étreignant Servais avec chaleur.

— Alors va le dire à Nadine. Elle est un peu drôle ce soir.

— Drôle?

— Oui, je ne sais pas ce qu'elle a.

Servais se recula pour mieux la regarder — dans ses yeux il perçut une lueur presque maternelle.

— Qu'est-ce que tu racontes?

— Va la voir, idiot.

Servais monta l'escalier, longea le couloir, et à l'instant où il levait la main pour frapper à la porte de la loge se souvint qu'il avait laissé Luce dans la salle. Il revint sur ses pas, gagna l'orchestre qu'il trouva désert. Il se rendit jusqu'au foyer, contourna des grappes de spectateurs en conversation, remonta la queue du vestiaire, sans voir Luce. Elle n'était pas dans le hall d'entrée non plus, et sur le trottoir, parmi les taxis alignés, les couples en partance et le brouhaha des « bonne nuit », il ne vit pas trace de Luce Berthelot. Il resta un instant, bras ballants, puis s'engouffra de nouveau dans le théâtre où un employé le refoula au contrôle.

— C'est fermé, monsieur.

— Mais j'ai quelqu'un à voir en coulisse.

— Passez par derrière, monsieur.

Servais ressortit, fit le tour du théâtre et emprunta le

long couloir menant aux loges. Messala y était entouré de spectateurs, femmes babillantes et jeunes gens sérieux, chevelus et lunettés. Plus loin, Karl et Solange discutaient avec des amis.

Servais s'arrêta devant la loge de Nadine et frappa à la porte. Il n'y eut aucune réponse. Il recommença, toujours sans succès. Alors il entra. La loge était vide, Nadine Chevalier partie.

Un long moment, il ne bougea plus, posant les yeux sur la coiffeuse où il l'avait vue se poudrer, sur le paravent où elle avait laissé ses vêtements, sur le miroir dans lequel elle avait aperçu son reflet et autour duquel étaient disposés ses télégrammes. Enfin, il referma la loge, salua Messala, Karl et Solange, et quitta le théâtre.

Au volant de sa voiture, il se dirigea vers Montparnasse, changea d'avis dans la rue de Rennes et effectua un large détour pour passer par la rue de Varenne. Il ne s'y arrêta pas, toutefois, et à une heure du matin il se garait rue Falguière. Ses Nikons en bandoulière, il monta lentement l'escalier, s'arrêtant au palier du second pour allumer une cigarette. L'immeuble lui parut trop silencieux, comme si les locataires, respiration coupée, guettaient son passage. La minuterie s'éteignit et il retrouva l'interrupteur à tâtons. Nadine Chevalier l'attendait devant la porte.

XI

Vêtue d'un imperméable clair serré à la taille, ses longs cheveux blonds libres sur les épaules, le visage creusé par la lumière blanche et verticale, elle était adossée au mur, une main appuyée au battant de la porte — impassible. Sans un mot, Servais tira la clef de sa poche, fit jouer la serrure et s'effaça pour la laisser entrer. Elle s'arrêta au centre de la pièce, enfonçant les mains dans son manteau et jetant un regard circulaire sur les meubles, les livres, les bibelots. Servais jeta ses Nikons dans un fauteuil et fit un pas vers la cuisine.

— Café ?

Elle hocha la tête.

— Si vous voulez.

Servais fit couler l'eau chaude, rinça deux tasses, brancha la bouilloire électrique, le dos tourné. De son côté, Nadine défit un à un les boutons de son imperméable, enroula soigneusement la ceinture qu'elle glissa dans une poche et déposa le tout, après une hésitation, sur les appareils de Servais. Puis elle s'approcha de la fenêtre où elle s'absorba dans le paysage : une gare de triage désaffectée dont les voies s'entrecroisaient et scintillaient à perte de vue.

Servais déplaça une table basse, avança un fauteuil, posa les deux tasses et le sucrier sur un petit plateau de fer-blanc décoré sans goût aucun par un artiste sur qui le mont Saint-Michel avait fait une grosse impression.

— C'est fait, dit-il.

Nadine se retourna, étudia les deux tasses, leva la tête.

— Je suis venue pour vous dire que je n'aime pas votre pièce, dit-elle.

— Oui, dit Servais, et il l'invita d'un geste à s'asseoir.

— Je voulais vous le dire... avant.

Elle but une gorgée de café, adressa un bref sourire à Servais.

— Il est bon, votre café.

— Merci.

— Mais ça ne veut pas dire que je ne sois pas disposée à payer mes dettes. Simplement, je vous ai menti lorsque je vous ai parlé de votre pièce la première fois.

Servais tournait son café, les yeux attentifs. Une voiture freina dans la rue.

— Je voulais travailler, continua-t-elle, j'en avais besoin. Même avec Messala, même avec l'autre fou. Comprenez-moi, je ne dis pas qu'elle soit mauvaise, elle ne l'est pas, je dis que je ne l'aime pas. J'ai déjà joué de mauvaises pièces, et tous mes films étaient mauvais, ce n'est pas la question. Votre pièce est remarquablement conçue, elle traduit parfaitement vos opinions. Je ne les partage pas, je m'y refuse. Et pourtant je crains que vous n'ayez raison, et c'est pourquoi je ne l'aime pas. Votre pièce est pleine d'explications pour les faiblesses humaines mais elle ne comporte aucune excuse. Elle est froide, elle... enfin...

Elle se pencha pour tremper ses lèvres dans sa tasse, puis continua :

— Savez-vous qu'elle ne sera jamais jouée comme vous l'avez écrite? Messala y a mis bon ordre. Pour le reste...

Elle se leva, reculant son fauteuil, rejetant ses cheveux en arrière.

— Je crois que nous nous comprenons.

Elle se déshabilla lentement, jetant ses vêtements les uns après les autres sur son siège. Servais ne fit aucun mouvement. Les doigts longs et fins de Nadine dégrafaient, déboutonnaient, découvraient, écartaient, jetaient. Son corps pâle apparut peu à peu, ventre plat, épaules larges, longues cuisses, poitrine renflée aux pointes sombres. Nue, elle s'immobilisa, les bras le long du corps, lèvres entrouvertes.

Elle étudiait le visage de Servais à mesure que celui-ci étudiait son corps.

Absurdement, Servais songea soudain à Mertolle et à la rue de Varenne. Se tournant, il prit un Nikon sur la cheminée, l'arma et le porta à son œil.

— Mertolle m'avait bien dit que vous étiez d'accord pour faire du sexy.

— Il vous a dit ça?

— Oui, mais après.

Elle hocha la tête.

— Je comprends. Enfin, nous voilà.

— Oui.

Posant l'appareil, il s'avança. Elle tendit la main, il la prit, la serra dans la sienne. Elle eut un petit sourire narquois.

— Non, dit-elle.

Il soupira.

— Il me suffit de savoir que... que vous existez quelque part... c'est tout.

— Ce serait trop facile, pour vous et pour moi.

Il posa les yeux sur ses seins. Elle rapprocha sa main qu'elle tenait encore et l'appliqua contre sa gorge. Elle tendit les lèvres. Ils s'effleurèrent, hésitèrent, s'embrassèrent, leurs langues reculant au premier contact. Contre la paume de Servais un mamelon durcissait. Nadine se recula brusquement, la tête penchée comme à l'accoutumée, une main accrochée au cou de Servais.

— Je me suis déshabillée, dit-elle, pour que ce soit très difficile. Alors regardez-moi.

Il pensa qu'elle avait raison. Aussi, au lieu de se dévêtir près d'elle, en la touchant, il s'éloigna d'elle, lui fit face de l'autre extrémité de la pièce où posément il quitta ses vêtements. Elle ne le lâcha pas des yeux, ne s'assit pas, ne fit aucun geste, resta debout, une jambe fléchie, les poings serrés. Enfin, c'est elle qui vint à lui.

— On y va?

Il la serra contre lui et à sentir sa peau accolée à la sienne ferma les yeux. Puis il la souleva, la porta sur le lit, l'écarta et reposa sa tête entre ses cuisses. Elle eut un recul brutal, puis s'immobilisa. Se relevant, Servais vit qu'elle était crispée, les yeux ouverts et fixes.

— Non, dit-il.

Elle tourna la tête, un œil noyé sous ses cheveux épars.

— Excusez-moi, dit-elle.

Elle agrippa son bras, se pressa contre lui.

— J'en ai envie, dit-elle, je vous le jure.

Et elle glissa la main de Servais entre ses jambes afin qu'il s'en assure, avec un pauvre sourire.

Servais indiqua la pile de vêtements sur le fauteuil.

— Écoutez, on a fait un bel effort. Vos vêtements sont là, ils vous attendent.

Elle lui scruta le visage un instant, puis sauta du lit. Ils commencèrent à se rhabiller.

— Cigarette? demanda Servais.

— Oh oui!

A la lueur du briquet tendu, elle tira goulûment sur la cigarette.

— Je vous paie un pot, dit-elle.

— Où ça?

— Au drugstore. On achètera les journaux pour lire les critiques. Je parie que Merle va encore me massacrer.

Nouant sa cravate, Servais l'épia du coin de l'œil. Elle semblait gaie, pire : soulagée.

— Oui, mais Rivière vous aime bien.

— Comment le savez-vous?

— J'ai lu les critiques de la pièce de Puclos.

Nadine, assise sur le bord du lit, réparait coiffure et maquillage.

— Vous en aviez du courage, dit-elle.

Elle se préparait à partir. Servais se tourna afin qu'elle ne vît pas ses yeux.

— Si vous êtes très sage, dit-elle, je vous paierai une glace monstrueuse, avec de la sauce au chocolat, de la banane, et une montagne de chantilly.

Servais observait la gare de triage sous une pâle lune tramée par un nuage. Il ne bougea pas. Nadine se leva, glissant son peigne dans son sac qu'elle referma avec un déclic.

— Venez, dit-elle, ne restons pas ici.

Il pensa qu'il lui faudrait bien y revenir, mais ne dit rien.

Dans la voiture, elle mit la radio, chanta avec un chanteur populaire, tandis que Servais les pilotait jusqu'à Saint-Germain-des-Prés. Les journaux n'étaient pas arrivés. Ils s'installèrent à l'étage, près d'une fenêtre donnant sur la place.

— C'est bien, ce que vous avez fait, dit-elle, le regardant par-dessus un monumental Banana Split.

Et elle ajouta :

— C'est très flatteur.

— Comment ça ?

— Une femme, ça s'achète, quoi qu'on dise.

Elle souriait, mais n'avait pas l'air de plaisanter. Ponctuant ses phrases avec sa cuillère dégoulinante de chocolat, elle poursuivit :

— Je voulais tricher, j'estimais que vous en valiez la peine. Mais je ne suis pas douée pour ça. Par ailleurs, je vous assure que j'aime beaucoup faire l'amour.

Servais avait bâti une manière de château fort avec sa glace au café. Il leva la tête :

— Bon. Parlez-moi de Jacques.

Elle se durcit sur-le-champ.

— Non, monsieur.

— Mon Dieu, dit Servais, comme vous devez aimer ma pièce.

Et il éclata de rire. Elle le dévisagea, froidement.

— Ce n'est pas si simple, dit-elle.

— Si simple que quoi ?

— Que vous le pensez.

Il avait, bien entendu, apporté un appareil de photo. Il le soupesa en la regardant.

— Si, dit-il.

Un temps, elle semblait rêver.

— Vous êtes fou, dit-elle soudain.

Elle repoussa son assiette, consulta sa montre.

— Il faut que je parte.

— Et les journaux ?

— Vous les regarderez sans moi.

Un jeune homme élégant accompagné d'une adolescente aux jambes maigres s'arrêta près de leur table.

— C'est libre ici? demanda-t-il d'une voix fluette, désignant les deux places vacantes.

— Non, dit Servais, nous attendons des amis.

Le jeune homme ne parut pas convaincu.

— Je vous assure, continua Servais, on les attend d'un moment à l'autre. Un critique de cinéma et sa femme. On partouze ensemble tous les vendredis soir.

Le garçon tenta sans succès de ne pas rougir. Nadine l'étudia des pieds à la tête.

— Remarquez, ils sont en retard, dit-elle. Vous pourriez peut-être les remplacer au pied levé, si j'ose dire. Je vous trouve pas mal.

— Il a quelque chose, concéda Servais, voyons la petite...

Tous deux tournèrent leurs regards vers la jeune fille trop fardée en mini-jupe et pull-over serrés. Elle dévisageait Nadine, bouche bée.

— Viens, dit le jeune homme.

Et ils s'éloignèrent. Nadine éclata de rire, puis jeta un regard de convoitise sur la glace que Servais avait à peine entamée.

— Vous n'en voulez plus?

— Allez-y, dit Servais, lui passant l'assiette.

Elle attaqua le monceau de chantilly avec style. Servais l'observa en silence. Il avait appuyé sa tête sur sa main droite et quelque chose le troublait. Il fronça les sourcils, cherchant à comprendre, puis s'aperçut qu'il portait encore sur sa main l'odeur de Nadine. Une vague d'amertume le parcourut. Nadine démolissait la glace avec vitesse et élégance. Servais leva son appareil, déclencha l'obturateur.

— Encore?

— Vous serez en bonne compagnie.

— Je ne comprends pas.

— Un jour une femme brune est sortie d'une boîte de nuit avec une cape sur les épaules.

— Et alors?

— Et alors j'étais là.

Elle fronça les sourcils.

— Qui était-ce?

— Je ne sais pas.

Elle haussa les épaules, fouilla dans son sac et en tira des billets de banque qu'elle posa dans la soucoupe.

— C'est moi qui régale, dit-elle.

Servais lui prit la main, elle la lui retira aussitôt.

— Attendez, dit-il, je vais chercher les journaux.

— Non, je m'en vais.

Il la regarda. Elle hocha la tête.

— Allez chercher vos journaux.

Il descendit au sous-sol, acheta les deux journaux du matin déjà parus et remonta. Nadine était partie, et à leur table était installé le jeune couple timide, se tenant par la main. Les journaux sous le bras, Servais regagna sa voiture et rentra chez lui.

Il les consulta sur son lit, essayant d'oublier le corps qu'il y avait caressé moins d'une heure auparavant.

LA CRITIQUE DE BILLY MERLE

LA SOIRÉE de Jérôme Bois
(Comédie de l'Étoile — 21 heures.)

Voilà une pièce, telle qu'elle est représentée à la Comédie de l'Étoile, qui provoque à la fois la plus totale consternation et le plus redoutable ennui. Passé le premier quart d'heure, le spectateur constate qu'il ne comprend rien à rien, que la situation et les personnages qu'on lui présente ne ressemblent en rien à ce qu'il a pu vivre et connaître par lui-même, que les références lui manquent, qu'il nage, qu'il patauge, et enfin — bien avant la fin de l'acte — qu'il sombre. Tentons néanmoins de rendre compte de l'anecdote(...) Ne sachant ce qui dicte leur conduite mais percevant néanmoins des intentions précises, on titube au bord d'un éventuel éclaircissement, espérant à chaque instant un lumineux rebondissement susceptible de dissiper notre incompréhension. Les rebondissements, il faut l'avouer, ne manquent pas, mais ils ne font que vous faire basculer plus avant dans l'obscurité, si bien que le retournement final — un prélude joué au piano par le mari avec fracas et conviction — vous laisse pantois, frustré, votre matière grise traversée de douleurs proprement musculaires tant les efforts méritoires auxquels on l'a soumise sont restés vains... L'interprétation mérite qu'on s'y arrête. Dans le rôle du mari, Karl-Heinz Zimmer m'a paru exagérément expressif, et son éloquence gestuelle est contrecarrée par une diction des plus douteuses. La jeune Solange Ménard fait des débuts très prometteurs avec d'évidentes qualités de fraîcheur, de charme et de sensibilité. Quant à Nadine Chevalier, elle a failli, par instants, me rendre la pièce accessible tant son jeu est émouvant, juste et d'une facture excellente. Je n'ai pas toujours eu l'occasion de louer le travail de cette comédienne, aussi ai-je grand plaisir à constater la qualité nouvelle et la précision technique de son interprétation. Il est à déplorer qu'elle ait mis tant d'ardeur à défendre une cause si évidemment perdue.

Billy Merle.

Servais relut le papier une seconde fois, puis ouvrit lentement l'autre journal.

AU THÉATRE :

LA SOIRÉE de Jérôme Bois
(Mauvaise)

Qui est Jérôme Bois? Un jeune auteur proposant sa première pièce? Le pseudonyme d'une célébrité soucieuse de sauvegarder sa réputation? Je ne sais, mais ce dont je suis certain, c'est qu'il aurait intérêt à clarifier ses idées (...) La mise en scène paraît honnête, encore qu'un peu lourde, l'interprétation laisse beaucoup à désirer. Signalons toutefois Nadine Chevalier qui fait ce qu'elle peut.

Raoul Guerzès.

Servais alluma une cigarette, consulta sa montre. Il était deux heures et demie passées. Il décrocha le téléphone.

Jacques ne dormait pas. *The Fountainhead,* le film de Vidor qu'il avait vu à la Cinémathèque, lui avait laissé un goût de cendres dans la bouche. Manuel avait déclaré, en quittant la salle, que c'était un film « fasciste ». Jacques aurait aimé souscrire à ce jugement, mais il ne pouvait écarter aussi facilement ce monument baroque à la gloire de l'individu. Au malaise causé par le film, s'ajoutait, assez curieusement, son inquiétude indéfinie mais pesante à l'égard de Nadine, qui à deux heures du matin n'était pas encore de retour. Une phrase de Gary Cooper à la fin du film résonnait dans sa tête : *I came here to say that I do not recognize anyone's right to one minute of my life. Nor to any part of my energy. Nor to any achievement of mine. No matter who makes the claim, how large their number or how great their need. I wished to come here and say that I am a man who does not exist for others,* comme un reproche très lointain, comme pour lui rappeler une trahison obscure commise par lui à l'égard de sa propre personne. Jacques consulta ses fiches, trouva celle consacrée au *Fountainhead,* se demanda qui était cette Ayn Rand, auteur à la fois du livre et du scénario. Brusquement, il résolut de ne lire le roman en aucun cas.

Les minutes passèrent et pour la troisième fois il se rendit dans la cuisine pour boire un verre d'eau. Le silence de l'appartement avait quelque chose de menaçant, de définitif. Jacques ouvrit la fenêtre, éprouva un soulagement puéril à écouter le lointain bourdonnement de la circulation. La porte s'ouvrit et Nadine entra. Jetant son imperméable sur la moquette, elle s'arrêta sur le seuil de la cuisine où Jacques, accoudé au réfrigérateur, buvait son verre d'eau.

— Ça va ? demanda-t-elle.

Il hocha la tête, remarqua qu'elle semblait nerveuse.

— Et toi ?

— On s'en est pas trop mal sorti.

— Et les raccords?
— Il n'y en a pas eu. J'ai été prendre un pot chez Mont.
— L'auteur?
— Oui.
Elle le fixa, réclamant silencieusement une question précise qu'il se garda bien de lui poser.
— J'ai eu du mal à dormir, dit-il, levant son verre avec un geste vague.
Le téléphone sonna. Étonné, Jacques consulta sa montre.
— A cette heure-ci?
— J'y vais, dit Nadine.
Elle traversa le couloir, décrocha le combiné.
— Oui?
— Vous vous êtes trompée, Merle ne pense que du bien de vous.
— Ah oui? Et la pièce?
Servais hésita.
— Vous verrez ça demain. Dormez bien.
— Vous aussi.
Ils raccrochèrent. Lorsque Nadine se retourna, Jacques se tenait dans l'encadrement de la porte.
— Il paraît que Merle m'a fait un bon papier, dit Nadine.

XII

Le lendemain, Servais fit une visite parfaitement inutile aux archives. Luce le reçut avec une distante amabilité, s'inquiétant de sa santé, de son prochain reportage, et ne mentionnant rien de la pièce.

— Je suis venu m'excuser, dit Servais brutalement.

— Surtout pas, dit-elle.

Servais remarqua une coupure sur son bureau : la critique de Billy Merle. Un peu triste, il quitta les archives. Alors qu'il passait dans le couloir près du laboratoire, il entendit Pommereuil s'exclamant au téléphone :

— Attendez, je le vois.

Servais s'approcha.

— Pour moi ? demanda-t-il prenant le récepteur que lui tendait le laborantin.

C'était Violaine, la standardiste.

— J'ai comme l'impression que tu m'oublies, dit-elle.

— Non point, dit Servais, je me consume chaque soir dans la solitude de mon lit en pensant à toi.

— J'aime mieux ça, dit Violaine. L'Hôtel-Dieu a appelé pour toi, ce matin.

— Qu'est-ce qu'ils voulaient ?

— Aucune idée. Il faut que tu rappelles le docteur Bareuil.

— Tu as le numéro ?

— Oui, mais il faudra que tu viennes le chercher.

Servais soupira.

— Bon, j'arrive.

Il traversa la salle des reportages où d'incessantes allées et venues indiquaient une activité intense. Dans le compartiment de Mertolle, ce dernier, appuyé par deux photographes, faisait de violents reproches à un jeune pigiste qui avait témérairement annoncé son intention de se marier, et même de faire des enfants.

La standardiste, ses cheveux pâles disposés en lourdes boucles autour de son visage rieur, reçut Servais avec un sourire malicieux. Il l'embrassa sur les deux joues, s'assit sur le radiateur et prit un paquet de cigarettes dans sa poche.

— Alors, ce numéro?

Violaine refusa la cigarette, repoussa la porte de la cabine, déconnecta toutes les fiches du standard et débrancha la sonnerie.

— Minute, dit-elle, tout se paie.

Servais hocha la tête.

— Qu'est-ce que je dois faire?

Violaine remonta légèrement sa jupe.

— Une pipe, annonça-t-elle calmement.

Servais écarquilla les yeux.

— Tu plaisantes?

— Absolument pas.

Depuis déjà longtemps, Servais avait entendu parler des orgies que Violaine organisait au standard. Il n'y avait jamais prêté attention.

— Ici?

Elle fit oui de la tête, relevant complètement sa jupe. Servais constata qu'elle ne portait pas de culotte. Il se dirigea vers la porte.

— Tu te dégonfles, dit Violaine avec tristesse, rabaissant sa jupe.

— C'est ça.

Elle secoua la tête avec commisération.

— Odéon 07-79.

— Merci. Tu me l'appelles?

— Non, dit-elle, butée.

Il la regarda, elle haussa les épaules.

— Je te le branche sur le bureau de Nadant.

— T'es une brave fille toute simple.

— Ta gueule, dit-elle gravement.

De retour dans la salle des reportages, Servais ouvrit la première édition de *France-Soir*, qui venait d'arriver, à la page spectacle.

LA CRITIQUE DE CLAUDE BALLARD

LA SOIRÉE de Jérôme Bois

Pourquoi Messala a-t-il monté cette pièce? Comment a-t-il trouvé un théâtre? Telles sont les questions que l'on se pose en quittant la Comédie de l'Étoile où l'on donne LA SOIRÉE, œuvre d'un inconnu qui mérite de le rester. C'est prétentieux, bavard et fumeux. Cela dit, l'interprétation est remarquable (particulièrement Nadine Chevalier qui donne une performance de premier ordre) et la mise en scène regorge de trouvailles qui ne sauraient hélas sauver cette morne « soirée ». De quoi s'agit-il? Eh bien il m'a semblé...

— Mont, tu as demandé un numéro?
Servais leva la tête.
— Oui, merci.
Il prit l'appareil que lui tendait Nadant.
— Allo? Le docteur Bareuil s'il vous plaît.
— Ne quittez pas.
Servais reprit sa lecture.

...comprendre qu'un raté, pris entre sa femme et sa maîtresse, éprouvait quelque difficulté à choisir, et que cette nécessité de trancher le conduisait à reconsidérer non seulement sa vie passée, mais son identité...

— Oui, j'écoute.
— Le docteur Bareuil?
— C'est moi.
— Servais Mont à l'appareil.
— Ah oui, vous êtes un ami de Raymond Lapade?
— Oui.

— Il aimerait que vous lui rendiez visite.
— A l'hôpital?
— Oui, Monsieur.
— Il est malade?
— Oui, Monsieur.
— C'est grave?
— C'est définitif.

Servais quitta l'agence, laissant là la prose de Claude Ballard. De la fenêtre du standard, Violaine le vit monter dans sa voiture.

— Désolée, dit-elle au téléphone, mais il vient de partir. Vous avez un message?

— Inutile, dit Nadine, je le rappellerai.

Elle venait de lire les journaux apportés par Jacques.

— Il est parti, dit-elle.

Jacques hocha la tête, se versant une seconde tasse de café.

— Alors, le Vidor? demanda Nadine. Il est bon?

Jacques hésita, il essayait d'oublier le film.

— Oui, assez.

Nadine le dévisagea, le trouvant peu bavard, et même un peu maussade. Elle aurait voulu parler un peu, de n'importe quoi. Elle s'allongea dans son lit et pensa aux mains de Servais.

Le docteur Bareuil était jeune, chauve et sec.

— Delirium tremens, il a fait trois crises. La dernière fois, on l'a trouvé au café de Flore en pyjama. Il a un foie comme ça.

Il fit un geste expressif, puis haussa les épaules.

— Je suppose qu'il savait ce qu'il faisait. Je vous conduis.

Servais suivit le médecin dans un dédale de couloirs, traversant de lugubres colonnades sombres, parcourant de larges et insalubres cours avant d'atteindre une salle vétuste où l'on avait aligné un nombre considérable de lits selon le principe de la proverbiale sardine. Servais dut faire un effort pour reconnaître Lapade; son exceptionnelle maigreur, sa peau jaunâtre le rendaient parfaitement méconnaissable. Il salua Servais avec l'habituel sourire en coin.

— Salut *Hombre*... je suis en train de crever aux frais de la nation. Ça me fait plaisir, ils l'ont bien cherché. Les parasites ont des fins collectives — regarde-moi ça.

D'un geste large, il désigna la salle.

— Ce n'est pas du goût du bon docteur, il me fait un peu la gueule. Tu vas bien, camarade?

Servais hocha la tête.

— Ça va. Qu'est-ce qui t'arrive?

Lapade haussa les épaules.

— Un détail : je claque. Ça arrive aux gens les mieux. Il est approprié qu'un socialiste mette les bouts aux frais du contribuable, non? Tous les petits fonctionnaires boutonneux, toutes les mémés à économies m'ont payé ce lit, ce toubib, ces médicaments. C'est pas émouvant, ça?

— Pas tellement, dit Servais.

— Mais si, mon vieux, admire la justice sociale en marche.

Un tremblement le parcourut des pieds à la tête, il s'affaissa sur l'oreiller. Sa voix se fit plus éteinte.

— Mais ça a beau être émouvant, continua-t-il, ce n'est pas pour ça que je t'ai fait venir, dans ce trou à merde. Tu as vu le vieux?

Il désigna un vieillard blanc et immobile couché de l'autre côté de l'allée centrale.

— Ça fait trois jours qu'il est comme ça, il ne bouge pas. Je l'ai signalé à l'infirmière, elle ne veut rien savoir, elle prétend qu'il respire. N'empêche qu'il m'énerve à ne pas bouger comme ça.

Lapade allongea une main squelettique pour saisir un verre et boire une gorgée d'eau.

— C'est Dalila qui m'inquiète, dit-il.

— La chienne?

— En personne. Ça doit faire une semaine qu'elle n'a rien mangé. Tu peux t'en occuper?

— Oui.

— T'es un grand homme.

Il se tut, les yeux troubles, visiblement soulagé. Puis il sourit.

— Parle-moi de l'univers, dit-il.

— Encore?

— Oui, je sais, c'est un mauvais moment à passer.

Et il ajouta :

— On ne devrait pas survivre à ses erreurs, ça me dégoûte. Mais ça n'empêche pas que ce soient toujours les meilleurs qui partent.

Une série de contractions sporadiques agita le lit. Servais constata que Lapade riait.

— Pas mal, hein?

Servais hocha la tête.

— Tu as toujours été un rigolo.

Lapade le fixa de son œil flou.

— Ne me plains pas, hein?

— Ne dis donc pas de conneries. Ça fait des années que je paie la Sécurité sociale. Je n'ai pas envie de faire du sentiment.

Lapade émit un gloussement approbateur.

— Tu m'as payé le dernier pot, dit-il.

Il leva son verre, ajouta :

— De l'eau!

Ils rirent ensemble. Une infirmière leur jeta un regard froid en passant. Lapade lui adressa une grimace.

— C'est la concierge qui a la clef, dit-il. Tu te rappelles où j'habite?

— Oui, très bien. Ne t'inquiète pas.

— Je peux crever tranquille? demanda Lapade.

— Tu peux, dit Servais.

— C'est long, dit Lapade, et il perdit connaissance.

Servais quitta la salle, chercha le médecin.

— Il en a pour longtemps? lui demanda-t-il.

Le docteur Bareuil haussa les épaules.

La concierge avait le teint bilieux, le cheveu terne et l'œil glauque de sa profession ; vêtue d'un tablier noir piqueté de minuscules trèfles blancs, le chignon incertain, le menton triple et farineux, elle vivait dans un encombrement de meubles bretons avec un chat hautain nommé Horace. Elle n'avait pas manqué d'entendre, lorsqu'elle montait le courrier, les gémissements du chien dans l'appartement de Lapade, qu'elle savait ailleurs, puisqu'elle avait assisté à son départ en ambulance. Mais Dalila ayant à plusieurs reprises tenté d'envoyer Horace dans un monde meilleur, elle estima providentiel le calvaire du chien et laissa faire le temps. Aussi vit-elle d'un mauvais œil l'arrivée de Servais.

Comme à l'accoutumée, c'est Horace qui la prévint de l'imminence d'une visite en se levant vivement, l'air outré, et en allant dédaigneusement s'étendre derrière les rideaux de la chambre.

— Monsieur Lapade, s'il vous plaît.

Alphonsine Lechanu, dont l'oreille exercée aurait fait la joie de n'importe quel oto-rhino-laryngologiste, simula une chronique surdité aggravée d'une cécité quasi totale. Servais répéta sa question, tout en frappant plusieurs fois à la porte vitrée. Mme Lechanu sursauta avec conviction, se leva avec peine, une main appuyée contre des reins en parfait état, et entrouvrit la porte de son royaume miteux.

— Il n'est pas là... ils l'ont embarqué à l'*hosto*, dit-elle d'une voix éraillée par les Disques bleus et le vieux marc. Et elle ajouta :

— Faut dire qu'il était temps.

— Qu'on l'embarque ? s'enquit Servais.

Elle hocha la tête avec amertume.

— Je viens chercher le chien.

— Ah bon.

La nouvelle, de toute évidence, n'était pas pour l'enchanter. Elle renifla bruyamment.

— Feriez mieux de le laisser où il est.

— Mais comment donc, dit Servais, entre membres de

la S.P.A. on s'entend toujours. Ayez l'obligeance de me remettre la clef.

Servais s'attendait, en poussant la porte, à être reçu avec enthousiasme et soulagement. Il ne trouva qu'un profond silence. Une saleté inimaginable régnait dans l'appartement, les meubles recouverts de poussière, le sol jonché de vêtements épars. Une odeur doucereuse provenait de la cuisine où un robinet gouttait inexorablement. C'est dans la chambre que Servais trouva la chienne, étendue sur le lit, immobile. Elle avait le poil terne, la cage thoracique apparente sous une peau affreusement tendue. Sa respiration était presque imperceptible. Servais la retourna et tenta de la réveiller. Elle eut un mouvement de recul, releva les babines, grogna et s'étira. Puis, avec difficulté, elle fit un pas après que Servais l'eut mise sur ses pattes. Il trouva sa laisse, prit l'animal dans ses bras et le porta dans sa voiture.

Rue Falguière, Dalila explora le studio sur ses pattes tremblantes, puis tenta sans succès de sauter sur le lit. Elle n'en avait pas la force. Lorsque Servais lui présenta la viande qu'il avait achetée en chemin, elle la renifla longuement, et n'en mangea que la moitié en buvant bruyamment entre chaque bouchée. Enfin, elle s'écroula au pied du lit, et s'endormit avec un profond soupir. Servais la laissa ainsi pour retourner à l'agence où Mertolle le sermonna pour s'être absenté sans explication. Il avait tout juste le temps d'aller au rendez-vous fixé avec la nouvelle vedette du prochain film de Jean-Louis Leroux, Claude Landre.

— Tiens, dit Servais. Celle que tu voulais me faire photographier sans pellicule.

— Je ne sais pas de quoi tu parles, dit Mertolle. Dépêche-toi, elle t'attend à six heures chez elle.

— Toujours rue Lhomond?

Mertolle consulta ses notes.

— Pas du tout, rue de Tournon, au 29. Troisième étage.

— De mieux en mieux, dit Servais.

Il boutonna son imperméable, ajusta son sac de matériel sur son épaule et se dirigeait vers la porte lorsqu'il s'arrêta pour revenir sur ses pas.

— Eh... elle est d'accord ou pas?

Mertolle fronça le sourcil.

— Pour? demanda-t-il.

Servais se pencha.

— Pour faire du sexy, camarade.

Au 29 de la rue de Tournon, Servais trouva une cour récemment aménagée avec arbustes et fleurs artificielles où tournoyait un vent glacé. Il emprunta un escalier moqueté et s'arrêta devant l'unique porte du troisième palier. Elle s'ouvrit au premier coup de sonnette et Servais s'adressa à une fillette de six ans au nez retroussé et aux cheveux noirs.

— Madame Claude Landre, s'il vous plaît.

La petit fille le toisa, puis demanda d'une voix pénétrante :

— De la part?

— Agence Gaya-Becque.

Elle hocha la tête, fit un tour sur elle-même et rentra dans l'appartement en criant :

— C'est monsieur Gabeck, Maman, monsieur Gabeck.

Après un temps, Claude apparut.

— Viens, dit-elle, comme s'ils s'étaient vus trois heures auparavant.

Et elle l'emmena dans un large salon trop meublé, dont les trois fenêtres donnaient sur la coupole du Sénat. Elle n'avait guère changé, si ce n'est qu'elle se maquillait davantage, et coiffait ses cheveux d'encre en longues boucles profuses et emmêlées.

— Café?

— Oui.

Ils s'assirent sur un canapé. Claude croisa des jambes toujours longues et belles. Une jeune bonne apparut à la porte.

— Café, Maria, dit Claude.

— Oui, madame.

La porte se referma, Servais poussa un soupir.

— Alors ?

Elle haussa les épaules.

— On fait une nouvelle tentative, c'est lui qui est venu me chercher. Je venais de passer la nuit avec un minet particulièrement maladroit. J'ai dit oui. Et puis il y a la petite.

— Elle est jolie, dit Servais.

— Ferme-la, tu veux ?

Il la regarda, elle souriait sans joie.

— Et le métier ? demanda Servais, ça marche bien, non ?

Claude s'anima subitement.

— Drôlement. Depuis que je suis entrée chez Faustine, ça n'arrête pas.

Faustine Bolvard-Klaus jouissait de la réputation de meilleur imprésario de Paris, capable, grâce à l'éventail de sa clientèle, de monter une affaire sans signer un seul contrat à l'extérieur de sa maison.

— Elle m'a vue dans *les Hommages du mort,* poursuivit Claude, et c'était dans la poche. Le film a fait 600 000 entrées sur Paris. Alors elle a monté une autre affaire avec Leroux et un autre producteur ; Kupolski, tu connais ?

— Vaguement.

— Il travaille avec Géros-Films, je crois que c'est un cousin de Darrain. En tout cas, elle m'a imposé en vedette avec Lacombe. On tourne ça en mai à Madrid.

— Et c'est bon ?

Elle haussa les épaules.

— Ça pourrait l'être, mais avec Leroux...

— Ouais.

— Tu viendras me voir ?

— Si on m'envoie. Qui est l'attaché de presse ?

— Martine Delcroix, je pense.

— Elle travaille avec Gamma, non ?

— Je ne sais pas, je poserai la question.

Un temps. La nuit tombait sur la rue de Tournon. La bonne fit une entrée discrète avec le café qu'elle posa sur une table basse. Servais attendit qu'elle fût ressortie pour demander :

— Il fait quoi, ton mari?

— Gynéco. Il a un cabinet à Passy.

Servais hocha la tête, ouvrit son sac.

— On travaille?

— Allons-y. Du sexy?

Servais vissa un 110 *mm* sur un boîtier Nikon. Il leva la tête. Elle était impassible.

— Non, dit-il.

A huit heures, il déposait ses pellicules à l'agence, et à la demie s'attablait dans le petit restaurant de la rue Falguière avec Sébastien Steiner. Au moment de partir, Servais posa un carton d'invitation pour la Comédie de l'Étoile sur la table.

— Si ça vous dit...

— Merci. C'est intéressant? Je n'ai pas été au théâtre depuis au moins dix ans.

— C'est intéressant, dit Servais.

Et il monta chez lui où il fut reçu par une frétillante Dalila. Elle avait fini sa viande, déchiqueté un coussin, renversé son eau, fait tomber trois livres de la bibliothèque et uriné sur le tapis.

— Ça va mieux? demanda Servais inutilement, tandis qu'elle lui lavait consciencieusement le visage.

Essayant de mettre un peu d'ordre dans l'appartement il trouva une bobine de film exposé que Dalila avait repêchée sous le lit. Se demandant de quoi il s'agissait, il la glissa dans sa poche. Puis il descendit la chienne, l'accompagna de lampadaire en lampadaire sur une cinquantaine de mètres, et remonta pour appeler l'hôpital. Raymond Lapade n'avait pas repris connaissance.

Nadine franchit l'entrée des artistes. Dans sa loge, elle s'étendit, comme d'habitude, avec une cigarette. Depuis la veille, sa côte fêlée ne la faisait plus souffrir. Elle se sentait mieux.

Sébastien Steiner monta les dernières marches de la bouche du métro et resta un instant à étudier l'Arc de Triomphe illuminé. Cela faisait des années qu'il n'était sorti le soir. Il avait endossé un costume bleu sombre vieux de quinze ans qui ne lui allait plus. Il alluma sa pipe, traversa l'avenue de Friedland et s'installa à la terrasse d'un café près du théâtre. A un vendeur qui passait, il acheta *France-Soir* qu'il lut du coin de l'œil tout en buvant son whisky. Une jeune femme assise non loin de lui l'intrigua, elle paraissait nerveuse, tripotait son sac, fumait cigarette sur cigarette. C'était Luce Berthelot. Elle régla son addition, et quitta le café d'un pas rapide.

Nadine descendit l'escalier en peignoir et s'arrêta devant la loge du concierge.

— Si monsieur Bois vient ce soir, dites-lui, s'il vous plaît, que je voudrais le voir.

Servais laissa sa voiture avenue Hoche et gagna le théâtre à pied. En passant devant un café, il aperçut Sébastien Steiner lisant un journal, ses cheveux blancs bien peignés, quelque peu engoncé dans un costume sombre de coupe singulière. Il entra pour acheter des cigarettes, évitant d'être vu par Steiner. Puis il se rendit au théâtre, s'arrêtant au contrôle.

— Combien ? demanda-t-il.

L'employé fit une grimace.

— Cinquante.

— Cinquante ?

— Vous avez lu la critique ? demanda l'homme, haussant les épaules.

— J'ai lu, dit Servais, s'éloignant.

Il prit le couloir menant au plateau où il croisa Messala.

— Mon petit, dit Messala, j'ai vu Regnard cet après-midi, il nous prépare un papier mirobolant pour lundi dans *les Reflets de l'Art*.

— Bravo, dit Servais.

Et il le planta là pour gagner les coulisses et l'escalier des loges. Sans hésiter, il frappa à la porte de Nadine.

— Oui ?

Elle leva les yeux dans le miroir, puis reprit son maquillage.

— Bonsoir, dit-elle, tu as reçu mon message ?

Le tutoiement fit peur à Servais. Il ferma lentement la porte en y appuyant le dos.

— Non, dit-il, quel message ?

— Que je voulais te voir.

— Ah oui ?

Servais fit un pas, s'assit dans un fauteuil.

— A quel sujet ? demanda-t-il.

Elle haussa les épaules.

— Comme ça. Tu vas bien ?

— Non.

— J'ai vu les critiques.

— Moi aussi.

— On ne fera pas les trente représentations.

— Tu crois ?

— Ça m'étonnerait. Faustine Bolvard-Klaus était dans la salle hier soir, elle m'a téléphoné, elle veut me voir. Elle m'a dit que la pièce était remarquable.

Servais alluma lentement une cigarette.

— Tant mieux, dit-il.

Par le haut-parleur, le régisseur annonça qu'il restait dix minutes avant le rideau.

— Tu restes ce soir ? demanda Nadine.

— Je ne sais pas.

— Jacques vient avec des amis.

— Ah oui ?

— Tu n'es pas très bavard.

Elle se leva, quitta son peignoir, et fit glisser sa robe par-dessus sa tête. Servais se leva pour l'aider avec la fermeture éclair.

— Merci. Tu dînes avec nous ce soir?

Servais dévisagea Nadine en silence, puis il sourit.

— Non.

Le peigne s'arrêta une seconde dans ses cheveux, puis se remit en mouvement.

— Tant pis. Ça m'aurait fait plaisir. Et puis Jacques avait envie de te parler.

Servais eut soin de ne rien dire. Il fit quelques pas dans la loge, les poings dans les poches.

— J'ai hérité d'un chien, ce soir, dit-il enfin.

— Sympathique?

— Oui. Tu dînes avec nous demain soir?

— Tous les trois?

— Tous les trois, c'est petit chez moi.

— Non.

Il sourit, se dirigea vers la porte.

— Salut, dit-elle.

Au fond de la poche, la main de Servais trouva la bobine que Dalila avait repêchée sous le lit. Servais la fit sauter, l'attrapa, regagna sa voiture et se rendit à l'agence. Il y trouva Mertolle jouant aux dés avec le comptable sur la moquette du bureau de Gaya.

— Tu tombes bien, dit Mertolle, on a téléphoné pour toi.

Servais, qui se dirigeait déjà vers le labo, s'arrêta.

— Qui ça?

— Un médecin. Il veut que tu le rappelles. J'ai appelé chez toi, ça ne répondait pas.

— Je n'y étais pas, dit Servais.

— Ça explique, dit Mertolle, envoyant les dés d'un geste rituel contre le mur.

Servais appela l'Hôtel-Dieu et après une longue attente fut mis en communication avec le docteur Bareuil.

— Vous feriez bien de venir.

— Mais ses parents ?
— Il prétend ne pas en avoir.
— J'arrive.
Il raccrocha et quitta l'agence.

Faisant l'entorse habituelle aux bonnes règles du théâtre, Nadine se pencha pour regarder à travers le trou qu'un machiniste anonyme avait ménagé dans le rideau de scène. La salle paraissait à peu près vide. Au troisième rang, elle vit Jacques, accompagné par le gros Béninge et le chauve Léothard. Un peu plus loin, elle aperçut une dame élégante et un homme mûr aux cheveux gris, les parents de Solange Ménard. Il y avait aussi, au huitième rang, une femme maigre coiffée d'un chapeau à plumes, deux couples d'une trentaine d'années, et tout à fait sur le côté un vieillard solitaire dont les cheveux blancs reluisaient dans l'ombre pourpre du théâtre, Sébastien Steiner. L'ouvreuse accompagnait une jeune femme blonde qui s'installa au troisième rang, suivie des yeux par Steiner qui la reconnaissait. Il l'avait aperçue au café : Luce Berthelot. Un silence morne régnait dans la salle où les rares spectateurs feuilletaient leurs programmes, étudiaient le grand lustre poussiéreux, consultaient leurs montres et attendaient que le régisseur se décidât enfin à donner les trois coups.
— Vous avez vu Jérôme ?
Nadine se recula, c'était Messala, enfoui de nouveau sous un monceau de lainages.
— Oui, brièvement. Je crois qu'il est reparti.
Messala haussa les épaules.
— Dommage, nous allons donner la meilleure représentation ce soir.
— Pourquoi ?
— Parce qu'il ne nous reste plus qu'à mériter notre propre approbation — et ça, nous savons le faire, n'est-ce pas ?
Nadine secoua la tête.
— Sûrement pas.
Le régisseur s'étant glissé au pupitre, ils regagnèrent la

coulisse. Les premiers coups du brigadier firent résonner le plateau.

— Mort, dit le médecin, il y a dix minutes. Je regrette, mais j'ai eu du mal à vous joindre. Vous voulez le voir?

— Oui.

Ils rattrapèrent le cadavre au sous-sol où on le préparait pour son voyage à la morgue. Servais se pencha sur le visage cireux, la bouche entrouverte, les yeux clos.

— Il a dit quelque chose? demanda-t-il.

— Oui, il a dit « c'est long ». C'est tout.

— C'est tout, répéta Servais.

Il recula, levant son Nikon, sous l'œil incrédule du médecin.

Sans se soucier de la pluie qui s'était mise à tomber et que le vent lui soufflait en rafales au visage, Servais traversa la place que les tours de Notre-Dame surplombaient sombrement. Machinalement, il prit place dans sa voiture, démarra, et regagna le théâtre. Arrêté devant un feu rouge, alors qu'il prenait un mouchoir dans sa poche, il tomba de nouveau sur le rouleau de pellicule qu'il rangea, avec un haussement d'épaules, dans la boîte à gants.

— Monsieur Bois?

Servais s'arrêta. C'était le concierge du théâtre.

— Avant le rideau, mademoiselle Chevalier m'a demandé de vous dire qu'elle aimerait vous voir.

— Merci.

Il monta vers les loges, emprunta l'escalier, se glissa en coulisse. Le premier acte était bien entamé. Servais n'eut pas besoin de voir la salle pour savoir qu'elle était vide. Les répliques résonnaient curieusement, se brisaient contre des fauteuils inoccupés, s'étiolaient dans l'indifférence générale. On aurait dit une répétition sans metteur en scène. Les comédiens résistaient de leur mieux, et chacun à sa manière, Karl devenait complaisant, délibérément excessif, Solange ânonnait, privée du soutien de son partenaire, et Nadine, s'appuyant sur sa seule technique, travaillait dans le vide. Assis, comme d'habitude, près de la régie, Messala semblait une statue, une momie emmitouflée, attentif et pourtant absent, parfaitement immobile. Servais voyait son travail s'éparpiller, s'effriter et se disloquer, et ne bougea plus.

Au hasard d'une réplique, Nadine se tourna brusquement et aperçut Servais, debout dans l'ombre de la coulisse, des gouttes de pluie étincelant sur son front, un spot très vertical lui faisant des yeux de squelette. Le temps d'une seconde, elle quitta son personnage, lui octroya un curieux regard, puis se détourna, fit un pas, et lança sa réplique. Servais vit Karl se raidir, Solange tressaillir. Lentement, avec science, Nadine se mit en demeure de récupérer la pièce. Elle prit Karl en main, imposant, avec chacune de ses interventions, une authenticité de ton, une sensibilité nouvelle. Solange ne tarda pas à réagir, Karl abandonna çà et là ses maniérismes, et la tension, inexistante jusqu'alors, naquit doucement, liant les comédiens, portés désormais les uns et les autres sur une même vague. Servais s'aperçut soudain, et ce fut un choc, qu'il aimait sa pièce, qu'elle était de lui totalement, qu'elle lui ressemblait. Au rideau à la fin de l'acte, Nadine marcha droit sur Servais, le fixa calmement :

— Je t'avais bien dit que j'avais quelque chose à te dire.

Le second acte fut au premier ce que le premier avait été aux représentations précédentes. Aux derniers soubresauts de Léa, et à l'ultime et grotesque prélude interprété avec une hargne désespérée par Karl, Servais eut le front couvert de sueur, les poings serrés, les dents verrouillées. Il avait parlé par un décor, trois acteurs et un metteur en scène de neuf heures quinze à onze heures trente, et il avait parlé juste. Que des critiques, des spectateurs ne ressentent pas la même chose que lui, il sut soudain et pour de bon que cela n'avait aucune importance.

Il croisa un Messala éberlué dans l'escalier des loges.
— Ça vous a plu?
La question fut posée avec une étrange angoisse.
— C'était la pièce, dit Servais simplement.
Presque timide, Messala lui toucha le bras, avant de passer sans un mot en direction de la porte de Karl.
Servais pénétra sans frapper dans la loge de Nadine. Elle était nue, assise sur un coin de la table de maquillage, un pot de crème Leichner à la main. Ils se dévisagèrent, ne prononcèrent aucune parole. Servais baissa les yeux sur la poitrine renflée, le ventre pâle, les longues cuisses. Sans intonation, Nadine dit :
— L'auteur.
— Félicitations, dit Jacques.
Servais se tourna lentement pour serrer la main de Jacques qui venait de se lever.
— Alors, continua Nadine, tu ne manges vraiment pas avec nous?
Servais s'avança, prit Nadine aux épaules et l'embrassa rapidement sur les lèvres.
— Bonne nuit.

Luce Berthelot semblait errer dans le couloir.
— Qu'est-ce que tu fais là? demanda Servais.
— Je passais, dit-elle.
— Comme ça!
— En toute simplicité.
Il sourit.
— Eh bien tu tombes bien, j'ai quelqu'un à te présenter.
— Quelqu'un? demanda-t-elle, soupçonneuse.
— Oui.
— Une femme?
— Oui.

— Salut, imbécile.
— Non, viens.
Devant la loge du concierge, ils croisèrent Messala en compagnie de la maigre spectatrice au chapeau à plumes. Servais s'apprêtait à passer avec un signe de tête, mais Messala l'arrêta.
— Jérôme, permettez-moi de vous présenter ma femme.
— Enchanté, dit Servais, serrant une main froide et osseuse, Luce Berthelot — monsieur et madame Laurent Messala...
La femme, dont le nez busqué et le cou décharné la faisaient ressembler, avec l'aide des plumes, à quelque rachitique oiseau de proie, fixa Servais goulûment.
— Votre pièce est admirable, monsieur.

Sébastien Steiner régla le conducteur du taxi et monta lentement les deux étages jusque chez lui. Sur son échiquier, les figurines, pétrifiées dans leur assaut mathématique, attendaient qu'il leur donne de nouvelles impulsions. Il n'en avait pas envie.
Les notes baroques d'un prélude échevelé et tragique résonnaient dans sa tête. Il bourra sa pipe, près de la fenêtre, pensivement.

Dalila vint à la rencontre de Servais la queue frétillante, l'arrière-train paralysé de joie. Elle lui lécha abondamment le visage avec des gémissements aigus, puis fit le même accueil à Luce, qui la serra contre elle.
— Elle est belle, ta copine.

Dans un restaurant de la rue du Bac, Nadine mangeait en silence tandis que Jacques et ses deux amis discutaient de la pièce. De temps en temps, elle contribuait par un vague « oui » ou un vague « non » à la conversation.

— Il a lu Pinter, dit Jacques.

— Tu parles, dit Béninge.

Léothard fit un bruit qui se voulait affirmatif en avalant son potage.

— Mais c'est calé, dit Béninge, ça fonctionne.

— Pas tant que ça, dit Jacques, trop abstrait, aucun rapport avec des réalités concrètes.

Il rencontra l'œil de Nadine et baissa subitement la tête.

— Tu n'as pas tort, dit Léothard, mais soyons justes...

— Alors? demanda Solange.

Monsieur Ménard eut l'air acculé, madame vint à sa rescousse.

— Tu étais très bien, dit-elle.

Solange les étudia à tour de rôle par-dessus la table du restaurant de l'avenue Montaigne.

— Et la pièce? demanda-t-elle, enfin.

Georges Ménard se sentit tenu de se prononcer. Il se racla la gorge :

— Intéressante, dit-il d'un ton pénétré. Et il ajouta : mais confuse.

— Laisse-moi faire, dit Luce, lui prenant la bouilloire des mains.

Elle fit chauffer l'eau, trouva tasses et sucrier, versa le Nescafé. Ils burent en silence. Luce céda aux yeux implorants de Dalila et lui octroya un sucre. Servais étudiait les cheveux blonds, les yeux gris, les gestes précis de l'archiviste.

— Tu en écriras d'autres? demanda-t-elle.

Il secoua la tête.

— Je ne pense pas.

— Que s'est-il passé ce soir? Au début c'était lamentable, et soudain c'est devenu...

— Oui, dit-il, c'est devenu.

Quelqu'un frappa à la porte. C'était Sébastien Steiner. Apercevant Luce, il eut un recul.

— Excusez-moi, je...

— Non, entrez, on vient de faire du café.

Dalila se précipita, gratifia Steiner de généreux coups de langue, et dès qu'il fut assis, s'enroula sur ses genoux.

— Une nouvelle acquisition ? demanda Steiner.

Servais secoua la tête.

— Je ne sais pas ce que je vais en faire. Elle appartenait à un ami qui n'en a plus besoin.

Un temps. Luce épiait les deux hommes avec une certaine curiosité.

— J'ai vu la pièce, dit Steiner, regardant subitement Luce et la reconnaissant une fois de plus.

— Qu'en avez-vous pensé ? demanda Servais, d'un ton neutre.

Steiner hésita.

— C'est une pièce cruelle... à bon escient. Il m'a fallu une heure pour comprendre, je veux dire pour me rendre compte...

Il jeta un regard ironique à Servais.

— ...ce n'était pas évident. Vous devriez en écrire d'autres.

Luce éclata de rire.

— Pas mal, dit Servais.

Il remarqua les longues mains veinées caressant la fourrure de Dalila.

— Vous ne voulez pas la prendre ? dit-il soudain.

Steiner baissa les yeux vers l'animal.

— Vraiment ?

— Oh oui, dit Luce, prenez-la.

Steiner serra la chienne contre lui.

— J'ai mis un nouveau livre en chantier, dit-il, et il ajouta : c'est mieux, avec de la compagnie on peut travailler plus longtemps.

— Prenez-la, dit Luce.

— Je ne sais pas, dit Steiner.

Les yeux plissés, il semblait étudier un point lointain, évanescent.

— A vingt ans, j'aurais aimé voir votre pièce, elle m'aurait fait du bien. L'école économique à laquelle j'appartiens n'a jamais eu l'appui d'un seul moraliste. Elle en est morte.

— Pas tout à fait, dit Servais, qui ne pouvait détacher les yeux des longues mains.

Steiner dit alors :

— Vraiment, je pourrais la prendre?

Servais fit « oui » de la tête, il ne voulait pas parler.

Nadine écoutait la respiration de Jacques. Elle n'avait pas sommeil. Elle revivait la représentation et revenait sans cesse à la silhouette de Servais en coulisse, son imperméable luisant de pluie, vaincu par l'indifférence.

En moins d'une minute, Dalila avait fait le tour de l'appartement; sa truffe n'avait épargné aucun recoin. Satisfaite, elle s'allongea près d'un radiateur et parut s'endormir. Sébastien Steiner, qui n'avait rien perdu de l'exploration, ne la quitta pas des yeux tandis qu'il se déshabillait. Il se coucha avec un livre et, deux minutes plus tard, Dalila sautait sur le lit, s'immisçait sous le drap et s'enroulait à côté de lui avec un profond soupir.

— Si tu essaies de faire la vaisselle, je te fous à la porte.

Luce reposa le plateau.

— Bon, dit-elle, alors qu'est-ce qu'on fait?

Servais se leva, prit un Nikon sur la commode.

— Un reportage.

— Justement, où sont-elles, les photos que tu as faites de moi, sur mon lit de mort?

Servais ouvrit de grands yeux, posa l'appareil.
— Viens, dit-il.
Dans sa voiture, il ouvrit la boîte à gants pour y prendre le rouleau de pellicule qu'il tendit à Luce.

Ils traversèrent l'agence déserte, se glissèrent au laboratoire où, deux heures plus tard, Luce vit son visage surgir dans le révélateur. Penchés côte à côte sur le bac, dans la pénombre orangée, ils reconstituèrent, épreuve après épreuve, une soirée oubliée.

XIII

Le rideau tomba à la fin de la huitième et dernière représentation devant neuf spectateurs dont deux avaient payé leurs places. Les comédiens gagnèrent les loges où ils quittèrent leurs costumes, empaquetèrent leurs quelques affaires, vérifièrent qu'ils n'avaient rien oublié et s'embrassèrent dans le couloir avant de prendre, à tour de rôle, le chemin de la sortie.

Nadine se donna un ultime coup de peigne, boutonna son imperméable et gagna le couloir. Elle y croisa Messala qui lui serra la main.

— Je ne comprends pas que Jérôme ne soit pas venu, dit-il.

Elle haussa les épaules.

— Bonne nuit.

Elle s'arrêta à la loge du concierge pour lui laisser dix francs, et relevant son col sortit dans la rue. Le flash la surprit alors qu'elle franchissait le seuil, la plaquant dans un éblouissement contre la porte. Elle y resta une seconde, comme pétrifiée, puis se remit en marche, se dirigeant à pas rapides sur le trottoir où ses talons claquaient.

Quand elle eut atteint l'extrémité de la rue et qu'on n'entendit plus ses pas, la voiture de Servais démarra et remonta la rue dans la direction opposée.

DEUXIÈME PARTIE

"Stranger", said the voice in Arabic— "stranger, wherefore art thou so much afraid?... Is there that about me which should affright a man? Then surely are men changed from what they used to be!"

H. Rider Haggard, *She.*

I

Albert Knopockie avait le teint couperosé, le nez épaté et les ongles sales. Son œil droit larmoyait et il le tamponnait constamment avec un mouchoir douteux.

— Asseyez-vous, dit-il à Jacques, désignant le fauteuil en plastique vert devant son bureau.

Jacques s'installa, croisa les jambes, les décroisa. Cependant, M. Knopockie l'observait de l'œil gauche tout en étanchant l'autre.

— M. Jacques Martet, c'est bien ça? dit-il, se référant au papier que lui avait remis sa secrétaire.

— C'est bien ça.

— Parfait, dit l'homme, visiblement satisfait. Quelle formation avez-vous?

— Juridique, dit Jacques, au hasard.

— Intéressant, dit l'homme, mais sans utilité dans le cas présent. Quoi d'autre?

— C'est tout.

— Vous avez été attiré par l'annonce?

Jacques haussa les épaules.

— Bon, aucune importance. Nous effectuons une enquête nationale à la demande des organisateurs du Salon de l'Automobile. Vous aurez à faire preuve d'initiative, de doigté psychologique, de dynamisme. Êtes-vous dynamique?

— Oui, dit Jacques, et il baissa la tête.

Une demi-heure plus tard, il prenait un café place des Ternes, et consultait la liste qu'on lui avait confiée. La quasi-totalité des personnes qu'il était chargé d'interroger habitait l'avenue Paul-Vaillant-Couturier à Ivry. A travers les vitres du bistrot, Jacques voyait se hâter les piétons, le col relevé contre le vent froid, les mains dans les poches, et il lui sembla qu'ils jouissaient tous d'une liberté dont il venait d'être privé. Depuis le départ de Nadine pour Lyon où on lui avait proposé trente répliques dans une comédie au théâtre des Célestins, il avait cherché en vain une solution élégante au dénuement de leur compte bancaire. De l'héritage laissé cinq ans auparavant par sa mère, il ne restait qu'un hypothétique Meissonnier non signé et deux icônes. La pièce de Servais Mont n'avait rapporté à Nadine que la valeur de trente représentations au tarif syndical — de quoi payer deux mois de loyer. Après la faillite de la petite revue de cinéma dont Jacques avait été rédacteur en chef, il n'avait rien entrepris et rien gagné, repoussant de jour en jour et enfin d'année en année l'idée même d'un éventuel labeur, s'enfermant peu à peu dans une existence marginale peuplée de photos, de séances de cinéma et de tête-à-tête avec sa femme. Au cinéma, il avait, comme nombre de ses semblables, gagné peu à peu les premiers rangs, et enfin le premier rang, où l'on se perd dans l'image, aspiré dans le rêve et confondu avec lui. D'abord porté vers Ford, Hawks ou Walsh, il les avait progressivement abandonnés au profit de Minnelli ou de Cukor dont les réalisations somptueuses lui faisaient davantage oublier ce qu'il ne tenait pas à considérer. Durant les derniers mois, il avait trouvé difficile d'affronter les yeux de Nadine. Parmi leurs amis, il ne voyait plus que les cinéphiles, les seuls pour qui il éprouvait encore quelque sympathie. L'annonce, il ne l'avait pas trouvée lui-même, elle lui avait sauté aux yeux, encadrée à l'encre rouge par Nadine la veille de son départ, avant qu'elle ne reçoive le coup de téléphone l'appelant à Lyon. Elle l'avait cochée à sa propre intention, puis l'avait oubliée. Après trois jours d'hésitations, Jacques s'était décidé, et se trouva ainsi le jour même dans le bureau de M. Knopockie.

Le premier client occupait un appartement exigu au huitième étage d'un H.L.M. Il s'agissait d'un retraité irascible qui ne répondit aux questions de Jacques qu'avec une extrême réticence, craignant à chaque instant, semblait-il, de dévoiler quelque secret. Le deuxième, une dénommée Charlotte Baville, lui offrit café et cigarettes, l'installa sur un tabouret de cuisine, l'informa du montant de son loyer, des prénoms de ses enfants, et de la manière dont sa sœur avait succombé à une leucémie, avant d'annoncer que, n'étant possesseur d'aucun véhicule, son témoignage ne pouvait présenter le moindre intérêt. Jacques allait de porte en porte, le visage fermé, son dossier sous le bras, pataugeant dans la misère quotidienne comme Richard III dans sa mer de sang, s'enfonçant inexorablement dans le sordide physique et mental, dans la mesquinerie, la hargne, s'entendant dire par tous, sous une forme ou une autre, qu'ils n'avaient pas eu leur part du gâteau. Jacques, pour qui la politique n'avait jamais présenté grand intérêt, s'aperçut soudain qu'après plus d'un siècle de vie industrielle, les Français restaient attachés à la notion féodale d'une richesse acquise et non produite dont il importe uniquement d'assurer une juste répartition. Il comprit également que cet attachement ne devait rien à l'ignorance. A trois heures de l'après-midi, après qu'une femme anguleuse lui eut agité sous le nez l'engin ganté qui lui servait de main, et cela pour qu'il comprenne qu'elle n'avait que faire d'une voiture, Jacques quitta Ivry.

Aux feux rouges, il déchira ses dossiers en petits morceaux qu'il jeta par poignées par la fenêtre. A dix-sept heures, ayant chargé la totalité de sa collection de photos dans sa voiture, il gagna la place de la République où il se rendit à la boutique des frères Curtis. Il y trouva Jimmy Curtis, l'aîné. Trapu et chauve, rieur et sans humour, Jimmy dressa l'inventaire de la collection. Il lui fallut plus de deux heures. Enfin il remplit un chèque que Jacques emporta. Il dîna dans un restaurant du boulevard Saint-Michel, puis conduisit sa voiture dans un garage de la porte d'Orléans dont il connaissait le propriétaire. Ils discutèrent une demi-heure, procédèrent à un essai du véhicule, et Jacques empocha un deuxième chèque. Il eut alors juste le temps d'arriver en métro au Studio Action Lafayette où l'on affichait *My Sister Eileen* de Richard Quine.

Il passa une mauvaise nuit dans l'appartement de la rue de Varenne, se leva vers huit heures, prit un café au tabac du coin de la rue et à neuf heures pénétrait au Crédit Lyonnais du boulevard Saint-Germain où il porta les deux chèques au compte de Nadine. Rentré chez lui, il s'assit devant une feuille blanche qu'il couvrit de graffiti. Enfin, il inscrivit *Nadine* sur une nouvelle feuille et resta plus d'une demi-heure immobile, stylo en main.

A treize heures, il s'attablait dans un Wimpy des Grands Boulevards avec un tube de comprimés et le dernier numéro de *Positif* contenant une étude exhaustive de l'œuvre de Frank Capra. Il avala les pilules une à une avec le verre d'eau qui accompagnait son café. L'addition réglée, il fit une trentaine de mètres à pied d'un pas lent et gagna le petit cinéma d'Art et Essai où l'on donnait *Silk Stockings* de Mamoulian avec Fred Astaire et Cyd Charisse. La salle était presque vide, deux femmes âgées au balcon, dix spectateurs à l'orchestre, et l'ouvreuse. Personne aux premiers rangs. Jacques s'y affala, jambes fléchies, la tête appuyée contre le dossier de son fauteuil. Le hasard voulut qu'on projetât un documentaire particulièrement long, cet après-midi-là, consacré à l'œuvre de Holbein. Jacques ne vit même pas le générique de *Silk Stockings*.

II

Nue, la fillette dévala les marches, courut sur la moquette jusqu'au salon, prit une pose aguichante sur le seuil.

— Maman, elle veut que je me lave les dents.

Claude leva les yeux du numéro de Noël de *Vogue*.

— Elle n'a pas tout à fait tort, dit-elle.

La fillette se dandina, ventre en avant.

— J'veux pas.

Maria apparut dans l'encadrement de la porte, son tablier aspergé d'eau, échevelée.

— Christina, viens avec moi.

— Non.

Claude les observa, Maria déjà vaincue, essoufflée, pitoyable, et la petite, ses cheveux noirs tombant sur ses frêles épaules, le nez retroussé, têtue, prétentieuse, profondément antipathique. Elle pouvait déjà imaginer ce que seraient ses rapports avec les hommes : stratégie et traîtrise.

— Va te brosser les dents, dit-elle.

— Non.

Claude se leva, s'approcha. Maria prit le bras de la petite fille, voulut l'entraîner. La fillette la repoussa, lui donnant un coup de poing au sein. La bonne sursauta avec une grimace de douleur.

— Viens ici, dit Claude.

Christina fit un pas, remplaça son expression butée par un large sourire.

— Ça va, dit-elle, j'y vais.

— Il ne s'agit plus de ça, dit Claude.

— Me tape pas, hein?

Le sourire s'épanouissait, sans effacer la dureté du regard. Claude la gifla calmement, puis retourna s'asseoir tandis que la fillette hurlait, poings noués, tremblante de fureur. Le téléphone sonna.

— Claude? C'est moi. Je retourne à la clinique, des complications avec la petite Labret. Ne m'attends pas.

— Je ne t'attends pas, dit Claude.

Elle gara sa voiture, une Fiat neuve, dans la rue de Rennes, traversa le boulevard Saint-Germain et entra au Flore. Des têtes se tournèrent, elle serra des mains, distraitement, promenant les yeux sur la salle. Servais occupait une table en coin, accompagné d'une blonde vêtue d'un manteau terne et portant des lunettes. Claude se glissa derrière sa chaise, posa les mains sur les épaules de Servais et le serra contre son ventre.

— Dis-moi que c'est ta sœur.

Servais, qui racontait à Luce son emprisonnement récent avec trois autres journalistes au Tchad, leva la tête.

— C'est ma nièce, dit-il, et on couche ensemble. Claude Landre — Luce Berthelot.

Luce hocha la tête.

— Bonjour.

— Je peux? demanda Claude indiquant une chaise vide.

— Tu peux.

Elle s'installa, étudia Luce et Servais à tour de rôle.

— C'est bien ma veine, dit-elle.

Au garçon, qui passait, elle demanda un whisky.

— Quoi de neuf? demanda Servais.

Claude haussa les épaules.

— Ils ont retardé mon film. Le devis a doublé. Ils vont essayer d'accrocher une coproduction avec l'Italie. Par ailleurs, il paraît que le distributeur français veut retirer ses billes. La merde, quoi. Je suis contente de te voir.

Servais sourit.

— Moi aussi.

Ils dînèrent ensemble rue Saint-Benoît. Durant le repas, Servais parla du Tchad, et Claude des rôles qu'elle avait ratés. Luce resta silencieuse, en retrait, riant aux bons moments, s'assurant que tout le monde avait du pain, redemandant du vin à point nommé. A onze heures et demie, elle annonça qu'elle avait sommeil et rentrait se coucher. Claude fronça le sourcil.

— Encore dix minutes, après je vous le laisse.

Luce lui sourit.

— Vous vous trompez, dit-elle.

Servais plaçait des billets dans la soucoupe.

— J'ai sommeil aussi, dit-il.

Luce se tourna vers lui, sans douceur.

— Fous-moi la paix, dit-elle.

Et elle quitta le restaurant.

Claude baissa la tête.

— Je t'ai un peu cassé la baraque, non?

Servais secoua la tête.

— Je te ramène à ton époux?

— Merci, je suis motorisée.

— Alors, je te salue.

Il l'embrassa sur le bout du nez. Claude le regarda s'éloigner, alluma une cigarette, demanda un deuxième café au serveur.

— Vous le prenez avec nous? demanda une voix.

Ils occupaient la table à côté, deux jeunes cadres élégants dont la conversation avait surtout porté sur le marketing en matière de fers à repasser. Claude les dévisagea à tour de rôle, impassible, une lueur d'amertume dans ses yeux sombres.

— Vous êtes bien montés, au moins? demanda-t-elle avec froideur.

Ahuri, le plus jeune des deux baissa la tête. L'autre soutint le regard de Claude, avec un sourire qui se voulait mondain.

— Pauvre con, dit Claude.

Luce prenait un bain. Servais referma la porte avec douceur, accrocha son imperméable, et mit de l'eau à chauffer pour un café. Un léger désordre régnait dans le minuscule studio, toujours aussi propre, mais où les objets ne paraissaient plus disposés avec le même souci de symétrie. Servais s'installa à la table, versa le Nescafé. Il étudia la photo encadrée sur l'étagère : la morte au chapeau melon, et pensa qu'il y aurait moyen de mieux la tirer, pour accentuer le personnage au premier plan et donner plus de mystère au décor sinistre.

Vêtue d'un peignoir, Luce ouvrit la porte, s'arrêta sur le seuil, sans maquillage, les cheveux libres.

— Café? demanda Servais.

Elle secoua la tête, s'approcha du lit pour prendre son pyjama sous l'oreiller. Servais fit tomber ses quatre sucres dans la tasse. Luce avait quitté son peignoir, dépliait le pantalon de pyjama. La lumière jaune de la lampe de chevet faisait briller sa peau de blonde, le dos large, les cuisses rondes.

— Ce n'est pas grave, tu sais, dit Servais.

Luce lâcha le vêtement, se tourna, deux larmes courant de part et d'autre de son nez court.

— J'suis désolée.

Elle s'assit au bord du lit, les jambes ramassées, appuya son menton sur ses genoux.

— Ce n'est rien, dit Servais.

Il se leva, s'assit à ses côtés, posa la main sur son dos, la pressa contre lui.

— Je ne me faisais pas d'illusions, tu sais.

Elle le regarda, subitement froide.

— Moi, si.

— Ma concierge dirait « on ne se refait pas ».

Elle sourit, accepta la cigarette qu'il plaça entre ses lèvres.

— Je me déteste, dit-elle, et elle ajouta : qu'est-ce que tu attends pour te déshabiller? Que je me file une balle dans la tête?

Albert Knopockie roulait vite. Son épouse, Josette, lui avait annoncé au téléphone qu'elle préparait un bœuf mironton, plat dont Albert Knopockie était particulièrement friand. Mais un directeur l'avait inconsidérément retardé au bureau, et Knopockie craignait fort que le délai n'ait bouleversé les délicates prévisions culinaires de Josette. Gitane maïs au coin des lèvres, son mouchoir dans une main (pour tamponner son œil droit à la première occasion) il faisait ronfler le moteur de sa vieille Volkswagen dans les rues étroites du 15e arrondissement. La rue Dutot était parfaitement dégagée. Knopockie accéléra, tout en épongeant le trop-plein de son œil larmoyant. L'opération diminua encore davantage son champ de vision, et il ne vit pas, dans le clair-obscur du soir, le vieil homme et son chien qui traversaient. A la dernière seconde, il donna un coup de volant.

Le pare-chocs cueillit Dalila à l'arrière-train avec un bruit sourd. La laisse se tendit, s'arracha brutalement des mains de Steiner, claqua dans le vide. La chienne décrivit une courbe, heurta un mur, retomba sur le toit d'une voiture, roula sur le capot, tomba dans le ruisseau. La Volkswagen fit une embardée, érafla trois voitures en stationnement, percuta une quatrième, dérapa, et s'immobilisa en travers de la chaussée. Sébastien Steiner s'avança lentement dans la rue où les premières portes s'ouvraient, où des têtes apparaissaient aux fenêtres, où les réverbères s'allumèrent subitement déversant une lumière blanche sur la voie. Il savait ce qu'il allait trouver, connaissait par avance l'immobilité qu'aurait le corps, disloqué comme une poupée sur une étagère. Sa femme n'avait-elle pas péri à cet endroit exactement, et de la même manière? Dans un grincement de métal, la portière de la Volkswagen s'entrouvrit et se coinça.

— Aidez-moi, dit Knopockie dans un gargouillis, la bouche pleine de sang.

Il s'était heurté la tête au pare-brise. Steiner jeta un regard hébété à la voiture, se dirigeant vers le corps du chien. Il se pencha. Dalila vivait. Elle haletait fébrilement, produisait à chaque expiration de courtes plaintes, des gémissements aigus, exprimant plutôt l'étonnement que la douleur. Par ses narines coulaient deux rigoles de sang.

— Aidez-moi, dit Knopockie, dans la voiture.

Steiner s'accroupit, tenta de prendre Dalila dans ses bras. Au premier contact, elle émit un jappement aigu, et son corps tout entier se convulsa. Puis, comme pour se faire pardonner, elle donna un coup de langue dans le vide. Deux hommes essayaient d'ouvrir la portière de la Volkswagen. Un troisième courait au café appeler la police. Steiner vit un jeune garçon s'avancer, se pencher sur Dalila.

— Il est mort? demanda-t-il.

Les cris de Dalila redoublaient, perçants et rapides, rythmés, traduisant la stupeur, l'incompréhension.

— Il y a un vétérinaire au 57, dit le garçon.

Steiner serra les lèvres, se baissa, prit la chienne à bras-le-corps. Elle hurla, se débattit, puis s'immobilisa. Les gémissements continuèrent, syncopés, déchirants. L'animal pesait plus de treize kilos; Sébastien Steiner avait presque soixante-seize ans. Il parcourut les quelque cent mètres d'un pas rapide mais chancelant, butant dans les murs et les voitures stationnées. Au loin, il entendit arriver police-secours.

Au 57, il trouva une plaque indiquant que le docteur Georges Bollard avait son cabinet au quatrième étage. Il n'y avait pas d'ascenseur. Haletant, à pas mesurés, Steiner gravit les marches. Parvenu au sombre palier du quatrième, il repéra la porte vitrée où pendait un carton sale avec l'inscription : « En cas d'urgence, appeler S.O.S. Vétérinaire : 288-67-99. » Steiner actionna la sonnette, frappa à la porte sans résultat. Il ne possédait ni stylo ni papier pour noter le numéro, et de toute manière n'aurait pu libérer ses mains. Étudiant la petite pancarte, il s'attacha à fixer le numéro dans sa mémoire. Les cris de Dalila résonnaient contre les portes closes et indifférentes.

De nouveau dans la rue, la chienne pressée contre sa poitrine, il revint sur ses pas, contourna l'attroupement entourant le car de police et la Volkswagen.

— C'est lui, dit une voix.

Un policier s'écarta, se rapprocha de Steiner.

— C'est votre chien qui a causé l'accident ?

Steiner le dévisagea, le visage exsangue, respirant avec difficulté.

— Il traversait aux clous, dit une autre voix.

— La voiture faisait au moins du 80, dit une troisième.

— Alors ? demanda le policier, épiant Steiner.

Le vieillard secoua lentement la tête, tourna le dos et s'éloigna. Le mouvement troubla Dalila, elle s'agita, glissa des bras de Steiner, tomba lourdement sur le trottoir.

— Votre nom ! demanda l'agent.

Sébastien Steiner s'accroupit, caressa la chienne qui se tordait les yeux renversés.

— Il faut téléphoner, dit-il, 288-67-99, pour le vétérinaire.

Le policier hocha la tête, se tourna vers les badauds.

— Quelqu'un a le téléphone ici ?

— Oui, moi.

C'était le jeune garçon, les yeux empreints d'une froide curiosité. Le policier se tourna vers Steiner.

— C'est quoi, le numéro ?

— 288-67-99.

— D'accord, dit le garçon, et il s'éloigna sans hâte.

— Votre nom ? demanda le policier, calepin à la main.

— Steiner.

— Adresse ?

— 98, rue Dutot.

On avait tiré Knopockie du véhicule et on l'installait dans le car, avec ménagements. Il balbutiait, crachait des dents, remuait ses lèvres éclatées. Les curieux se détachèrent, puis vinrent se regrouper autour de Steiner et de sa chienne.

— Faut l'achever, dit un homme gras et chauve, faut pas le laisser comme ça.

— Non, dit Steiner.

Le jeune garçon réapparut, une enveloppe usagée à la main.

— Faut aller là, dit-il, donnant le papier à Steiner.

Le vétérinaire de garde, cette nuit-là, habitait Créteil.

— Un taxi, dit Steiner, appelez un taxi.

— D'accord, dit le jeune garçon et il repartit, serviable et indifférent.

Le car de police démarra, fit une manœuvre en marche arrière, contourna la Volkswagen, remonta la rue. Deux policiers tentaient de tirer la voiture sur le côté pour dégager la chaussée.

— Faut l'achever, dit l'homme gras et chauve à un adolescent pâle vêtu d'un bleu de travail.

Le jeune ouvrier ne répondit pas, il observait bouche bée les convulsions de la chienne et les longues mains veinées de Steiner essayant en vain de la calmer.

Le taxi arriva dix minutes plus tard. Le conducteur refusa d'abord de prendre la chienne, craignant que le sang ne tachât la banquette. Il fallut l'autorité du policier pour qu'il cédât et acceptât de transporter Dalila enroulée dans une vieille couverture prêtée par une dame du quartier. Près d'une heure après, la vieille 404 s'arrêtait devant un immeuble moderne à Créteil. Le conducteur s'était deux fois perdu, estimant semblait-il déshonorant de consulter le plan qui était pourtant posé à ses côtés.

Dans l'ascenseur, Dalila fut de nouveau agitée et Steiner eut toutes les peines à ne pas la lâcher. Le vétérinaire ouvrit la porte lui-même, un homme corpulent, barbu, et efficace. Avec l'aide de Steiner, il posa Dalila sur la table, se fit raconter l'accident tout en promenant ses mains épaisses et velues sur le corps et les membres de la chienne. Il souleva une patte arrière, la lâcha. Le membre retomba mollement.

— La colonne est touchée, dit-il.

Steiner se pencha.

— Vous voulez dire...

— Oui, il y a paralysie totale de l'arrière-train. Regardez...

Il prit une aiguille hypodermique, l'enfonça dans la cuisse de Dalila. Elle n'eut aucune réaction, continua de gémir, de haleter, gueule ouverte. Le médecin prit deux flacons sur une étagère, remplit une seringue, adapta l'aiguille.

— Je lui fais une piqûre pour soutenir le cœur.

Steiner posa la main contre le sternum de Dalila, sentit les battements irréguliers, syncopés, brutaux, du cœur.

— Qu'est-ce qu'il faut faire? demanda-t-il.

— L'opérer si vous en avez les moyens, l'endormir si vous ne les avez pas.

— Vous pourriez le faire tout de suite?

— Je ne suis pas chirurgien, je vous donnerai une adresse. Ils ne sont que deux ou trois à opérer sur les vertèbres à Paris. Tenez-lui la tête.

— Vous ne pouvez pas lui donner un calmant?

— Le cœur ne le supporterait pas. Je vais faire des injections autour des vertèbres pour essayer d'éviter les complications sanguines. C'est tout ce que je peux faire.

— Et son nez?

Le médecin étudia la truffe, nettoya le sang avec un coton.

— Ce n'est rien.

Steiner s'installa sur une chaise de manière à voir les yeux de la chienne.

— Ça faisait trois mois, dit-il, qu'on était ensemble.

Le vétérinaire jeta un regard au vieil homme, vit trembler ses lèvres.

— Elle peut s'en sortir, dit-il, sans conviction.

— Trois mois, répéta Steiner, et il se moucha.

A dix heures, il coucha une Dalila affaiblie, aux yeux ternes, sur son lit dans l'appartement de la rue Dutot. Elle gémissait encore, mais faiblement. Le cœur battait par à-coups, s'arrêtait, reprenait. Sébastien Steiner faisait les cent pas, se couchait aux côtés de la chienne, se remettait à arpenter la chambre. A minuit, il appela le vétérinaire pour lui dire que le rythme cardiaque ne cessait de baisser. Le médecin lui conseilla de faire une piqûre de camphre. Il avait remis une seringue et un flacon du médicament à Steiner. Celui-ci n'avait jamais fait une injection de sa vie. Il lui fallut quinze minutes pour assembler la seringue, la faire bouillir, la remplir. Il lui fut toutefois facile d'opérer dans la partie paralysée du corps. A sept heures du matin, la chienne haletait encore faiblement, les yeux fermés. Elle ne remuait plus, n'avait pas la moindre réaction lorsque Steiner la caressait. Il n'y avait eu aucun contact entre le maître et l'animal depuis l'accident. La chienne s'était murée dans sa souffrance, mobilisant toutes ses dernières forces pour survivre, résister, tenir. Rien et personne n'existait autour d'elle, elle livrait un combat solitaire.

Steiner gagna le cabinet du docteur Lee Wung avec trente minutes d'avance, mais il ne fut pas le premier. Dans la salle d'attente, il trouva une maigre blonde aux yeux rouges dont le chien, un minuscule pincher, s'était cassé les deux pattes avant en sautant d'un mur, un jeune Noir dont le chat venait de perdre un œil durant une bagarre nocturne, et un couple pâle et consterné dont le boxer, atteint d'épilepsie, mâchouillait sans répit une bave abondante. Lee Wung était un majestueux Vietnamien, aux yeux pénétrants, aux traits fins et orgueilleux. Il écouta Steiner en silence, lut la lettre écrite à son intention par le vétérinaire de garde, soumit Dalila à une radioscopie et se prononça enfin avec la diction hachée des gens de sa race.

— Deux vertèbres sont affaissées, vous voyez, elles compriment la moelle épinière, d'où la paralysie du train arrière. Si j'opère, je devrai découper le haut des vertèbres pour soulager la moelle. C'est une opération de trois heures et rien n'indique que le cœur supportera l'anesthésie. Enfin, rien ne me permet de vous garantir qu'une fois la moelle dégagée, elle fonctionnera de nouveau.

— Quelles sont les chances? demanda Steiner.

Lee Wung haussa les épaules.

— Cinquante-cinquante, si elle survit à l'opération. Steiner prit l'une des pattes inanimées de Dalila dans sa main.

— Combien? demanda-t-il.

— Mille francs.

Sébastien Steiner hocha la tête.

— Allez-y, dit-il.

Il passa la journée chez lui, à errer de pièce en pièce, à se faire du café, à oublier de le boire. L'ombre de Dalila était partout, sur chaque fauteuil, dans chaque coin, sous toutes les tables. A sept heures du soir, Steiner retrouva le docteur Lee Wung.

— Alors?

— Tout s'est bien passé. Elle sort de l'anesthésie.

Steiner entendit un long hurlement, puis un gémissement qui se rythma, s'installa comme pour l'éternité.

— Elle souffre?

— Bien entendu, elle a un trou comme ça dans le dos. Toujours à cause du cœur, vous ne lui donnerez aucun calmant. Du thé ou du café, si elle aime ça, et en cas de faiblesse cardiaque une injection de camphre.

Dalila apparut dans les bras d'une jeune et jolie infirmière vietnamienne, le dos et l'arrière-train bandés, les yeux écarquillés, la gueule largement ouverte. Lee Wung tendit une feuille imprimée à Steiner.

— Voici les instructions en cas d'ennuis. Vous reviendrez dans deux semaines pour qu'on change le pansement.

Steiner empocha le papier, tira son chéquier.

— Et pour dormir? demanda-t-il.

Lee Wung le dévisagea.

— Elle ne dormira pas, elle a autre chose à faire.

Conformément aux instructions du chirurgien, Steiner coucha Dalila sur le tapis du salon et, après lui avoir proposé de l'eau qu'elle refusa, la laissa pour la surveiller de loin. Pendant quinze minutes, elle ne bougea pas, se contenta de haleter doucement, sa longue langue glissant sur le côté, incontrôlée. Puis elle se cabra, les pattes avant faisant ce qu'il fallait pour la lever, manœuvre compromise par l'immobilité des pattes arrière, si bien qu'elle décrivit une large courbe, à moitié dressée, le museau tendu, avant de s'échouer avec un cri strident sur le tapis. Elle s'y reprit plusieurs fois durant la nuit, avec le même insuccès. Chaque effort était suivi d'un affaiblissement provoquant des halètements intempestifs. Au petit matin, elle dormit dix minutes.

Assise sur la moquette en pyjama, au centre d'une flaque de lumière tombant d'un unique projecteur accroché aux tringles des rideaux, Nadine Chevalier faisait une réussite. Les cartes bruissaient entre ses mains, claquaient lentement les unes sur les autres. Elle n'avait pas quitté l'appartement de la rue de Varenne depuis deux jours. Quand le téléphone sonna, elle resta une carte à la main, étonnée, puis se leva pour aller répondre.

— Nadine?

— Oui.

— C'est Solange.

Nadine fronça le sourcil.

— Solange?

— Solange Ménard.

— Comment vas-tu?

— Bien, et toi?

— Bien.

Le poste à la main, Nadine regagna la lumière, se rassit et reprit ses cartes.

— Et Jacques?

Nadine posa un valet de pique sur une reine de cœur.

— Il n'est pas là. Je crois qu'il cherche du travail.

— Fauchée?

— Un peu. Tu travailles?

— Penses-tu. J'ai été sur plusieurs coups, mais...

— Oui, dit Nadine, je connais.

— Je dois aller voir un type demain, il paraît qu'il reçoit des comédiens.

— Qui ça?

— Vincent d'Anjou, pas mal comme nom!

— Presque pas fabriqué, dit Nadine, et qu'est-ce qu'il prépare?

— Tiens-toi bien : *Faust* en comédie musicale.

— Celui de Marlowe ou celui de Goethe ?
— Aucune idée. Et toi, tu fais quoi ?
Nadine posa une carte.
— Des réussites.
Un temps.
— Tu as des nouvelles des autres ?
Nadine alluma une cigarette.
— J'ai eu un coup de fil de Messala, il est parti monter *Godot* à Hambourg.
— Je vois très bien Karl en Pozo, dit Solange en riant.
— Moi aussi.
Un temps.
— On pourrait se voir, dit Solange prudemment.
— On pourrait. Tu le vois quand, ton génie ?
— Tu viens avec moi ?
— Je n'ai plus les moyens d'être fière. Et puis « Vincent d'Anjou »... il m'intrigue.

Pour la première fois depuis la mort de Jacques, elle dormit huit heures d'affilée et mangea un croissant avec son café du matin. Avant de prendre son bain, elle passa l'aspirateur sur la moquette, mit un peu d'ordre dans l'appartement. Elle se maquilla avec soin, mais ne put effacer de son visage la marque des dernières semaines. A son retour de Lyon, elle avait trouvé l'appartement vide, constaté la disparition des dossiers de Jacques ainsi que l'absence de la voiture au garage. Concluant à une expédition de collectionneur, elle avait attendu son retour. Deux jours plus tard, arrivait un relevé de compte de la banque faisant état d'un confortable crédit. Nadine se rendit au commissariat où elle signala la disparition de son mari. On lui demanda son signalement, une photo, et un certain nombre de signatures. Quarante-huit heures après, elle identifiait le corps à la morgue. Jacques avait fait en sorte qu'on ne pût l'identifier en le trouvant, jetant papiers et documents, ne conservant dans ses poches qu'un numéro de *Pariscope* et un mouchoir. Ce n'est qu'à son retour dans l'appartement que Nadine trouva, sous le lit, les deux feuilles de papier, la première recouverte de graffiti, la seconde portant en tout et pour tout son nom, « Nadine »... Elle avait toujours refusé d'éprouver de la pitié pour Jacques, sachant que c'eût été le condamner. Elle l'éprouvait maintenant, avec horreur.

Vincent d'Anjou siégeait dans une salle glaciale au premier étage d'une école communale de la rue Vaneau. Comédiens et écoliers se bousculaient dans l'escalier. De la cour toute proche, on entendait des hurlements d'enfants et de stridents coups de sifflet. Sur le palier, une maigre jeune fille vêtue de cuir et un assistant chevelu tentaient d'endiguer le flot de comédiens tout en distribuant des fiches que les candidats étaient priés de remplir. Dans la bousculade, on se passait des stylos, on éparpillait des photos aussitôt piétinées, on se plaignait du froid, de l'organisation, et on essayait de se renseigner sur le mystérieux Vincent d'Anjou. Poussées dans un sens, tirées dans l'autre, Nadine et Solange, qui avaient bien du mal à remplir leurs fiches, s'entendirent assurer par les uns que Vincent d'Anjou avait été formé par le *Piccolo Teatro* de Milan, par les autres qu'il était le dauphin de Helena Weigel du *Berliner Ensemble*. Certains, par contre, affirmaient qu'il était l'amant d'une collaboratrice du ministre des Affaires culturelles, laquelle lui aurait fait octroyer de substantielles subventions à titre de récompense. Nadine attira bien des regards car il est rare qu'une actrice ayant connu un moment de gloire se montre dans de telles conditions sans passer par l'intermédiaire d'un agent. Elle paraissait pourtant de bonne humeur, riant avec Solange des inepties qu'on prononçait autour d'elles et de la curiosité que la foule de comédiens suscitait dans l'école.

Après trente minutes de bousculade sur l'escalier, une dizaine de candidats furent admis par les cerbères à qui on avait remis les fiches et qui les compulsaient avec indifférence.

— J'espère au moins qu'il sera à la hauteur, dit Nadine.

Solange hocha la tête. Deux heures après leur arrivée, elles pénétrèrent avec huit autres comédiens dans une salle de classe délabrée, équipée d'une estrade et d'un tableau noir. Une jeune fille qui aurait pu être la jumelle de celle de l'escalier pria les comédiens de s'installer sur les bancs. Un homme grand, mince, le front dégarni mais les oreilles recouvertes par une abondante chevelure, botté et portant des lunettes noires, arpentait l'estrade, vêtu d'un pantalon de velours rouge et d'une courte cape jaune canari. Lorsque la porte se fut refermée il se tourna, quitta l'estrade pour aller s'asseoir sur un coin de pupitre.

— Bonjour, dit-il avec une familiarité factice.

Il fixa les dix candidats à tour de rôle, puis avisant une jeune actrice, il déclara :

— J'ai froid, pas toi?

Soucieuse de se montrer aussi peu bourgeoise que lui, elle leva les yeux en rougissant :

— Ça va, tu sais.

Vincent d'Anjou hocha la tête comme si elle avait prononcé quelque fulgurante parole, et se tourna vers un barbu aux yeux pâles et cernés.

— Et toi?

Son tutoiement avait autant de chaleur et de sincérité que celui d'une prostituée rue Godot-de-Mauroy. Le barbu secoua la tête avec nonchalance.

— Voilà, dit Vincent d'Anjou, je monte *Faust*. C'est ce qu'on m'a demandé et c'est ce que je vais faire. On m'a filé des ronds et j'ai pas l'intention de cracher dessus. Seulement voilà... ça sera pas n'importe quel *Faust*. Faudra savoir danser, chanter, et tout.

Exténué par ce discours, il baissa la tête, médita une seconde, puis reprit :

— Faust vend son âme au diable, et le diable c'est quoi?

Il jeta un regard interrogateur aux dix candidats à tour de rôle. Aucun ne broncha. C'est la maigre assistante qui vint à sa rescousse.

— La société capitaliste, dit-elle.

— Exact!

Nadine se demanda si elle n'allait pas avoir droit à un bonbon. Vincent d'Anjou poursuivait :

— C'est un gros boulot, vu? On recommence tout à zéro. Ça ne m'intéresse pas de recommencer des conneries qui ont déjà été faites. Je préfère en faire de nouvelles.

Il éclata d'un rire haut perché qui ne trouva aucun écho dans l'assistance et s'arrêta abruptement.

— Les comédiens travailleront dans un état de décomposition, tu vois...

Solange enfonça son mouchoir dans sa bouche pour ne pas s'esclaffer.

— En état de quoi? demanda Nadine d'une voix froide et claire.

Vincent d'Anjou la dévisagea avec stupeur.

— Pardon?

Nadine le regarda en silence, puis hocha la tête.

— Continue, camarade, ça m'a échappé.

Il continua, un peu secoué, à esquisser des intentions si floues avec un vocabulaire si approximatif que personne après ces quinze minutes de charabia n'aurait pu dire ce qu'il avait voulu expliquer. Enfin, il pria les candidats de bien vouloir lui présenter quelque chose, n'importe quoi, pour lui permettre de mieux les connaître.

— T'as quelque chose de prêt? demanda Solange d'une voix basse à Nadine.

— Non.

Sur l'estrade, une jeune actrice récita un monologue de Godard extrait de *Pierrot le Fou.*

— Intéressant, dit Vincent d'Anjou, pas mal du tout. Alors voilà ce que tu vas faire : tu sautes en l'air, tu vois, la joie quoi, et tu dis : « *Le printemps est arrivé, et nous ne savons que faire.* »

La fille ouvrit la bouche, un peu atterrée.

— Je dis quoi?

Avec complaisance, Vincent d'Anjou répéta la phrase, ajoutant :

— Alors au début, c'est un murmure, et puis ça grossit, et à la fin ça casse la baraque, compris?

La candidate avala sa salive, jeta un regard du côté de Solange qui paraissait avoir le hoquet, et se lança courageusement.

— Merci, dit Vincent d'Anjou, quelqu'un d'autre? Nadine et Solange s'avancèrent, pressées d'en finir.

— Vous passez quoi?

— Une scène, dit Nadine.

— Oui, mais quoi?

— *La Soirée*, de Jérôme Bois.

— Bon, allez-y.

Elles avaient choisi la confrontation du premier acte entre les deux femmes, la maîtresse et l'épouse, et après un premier flottement, parvinrent à installer une certaine tension dramatique sur la petite estrade. Solange remarqua des modifications au jeu de Nadine. Le ton était moins sombre et paradoxalement le personnage s'en trouva plus tragique. Vincent d'Anjou, recroquevillé dans la pose du penseur de Rodin, suivit la scène avec toutes les apparences de l'attention la plus vive, puis, à sa conclusion, bâilla ostensiblement et secoua la tête.

— Pas croyable, dit-il, vraiment pas.

— Je vous demande pardon? dit Nadine.

Le metteur en scène se gratta la tête, les yeux pleins de commisération.

— Ça date de quand? dit-il enfin.

— D'il y a six mois.

— Non!

Vincent d'Anjou n'en revenait pas. Il retira ses lunettes, les essuya sur sa cape et les replaça sur son nez.

— Bon, on passe à « *l'impro* » : vous êtes un poisson échoué sur une rive, et vous un arbre au bord de...

— Merci de dire « vous », dit Nadine, je vous laisse, vous commencez à me fatiguer.

Vincent d'Anjou resta bras ballants.

— Faut pas être comme ça, dit-il d'une voix éteinte.

— Comme quoi ?
— C'est vrai, dit Solange, comme quoi ?
— On écoute, dit Nadine.
— Et soyez précis, dit Solange avec un gloussement.
Vincent d'Anjou battit en retraite.
— Faut pas vous vexer, dit-il, plaintif.
Nadine regarda Solange.
— T'es vexée ?
— Non — toi ?
— Pas le moins du monde.
Candides, elles toisèrent le metteur en scène.
— Au revoir, dit Nadine.
Et Solange, maternelle, ajouta :
— Je suis sûre que vous avez beaucoup de talent.

Pour se remettre, elles allèrent manger une glace à Sèvres-Babylone. Solange se montra convenablement impressionnée par le style de Nadine face à une montagne de crème chantilly.
— Heureusement que tu aimes ça.
— Le privilège des maigres, dit Nadine.
Solange avait un exemplaire du *Technicien du film* sous le bras. Elle le déplia sur le comptoir.
— J'avais l'intention de faire les bureaux de production, demain. Mais je ne sais pas si j'aurai le courage.
— Ça ne sert à rien, dit Nadine.
— Et les Buttes-Chaumont, c'est mieux ?
Nadine haussa les épaules, fit tomber des pièces de monnaie dans la soucoupe.
— Viens, tu vas voir.

Elles prirent le métro, pénétrèrent dans la grande bâtisse, firent résonner les interminables couloirs déserts du bruit de leurs pas. Un panneau disposé dans le hall d'entrée permettait de constater que plusieurs dramatiques étaient en préparation. Au bout d'une demi-heure d'ascenseurs et d'escaliers, elles parvinrent à localiser la porte d'un réalisateur. Une feuille de papier y était épinglée portant la mention « *Distribution terminée* ». Le bureau suivant affichait un papier similaire avec les mots « *Ne pas se présenter avant le 30 avril* ». Dans le troisième, elles trouvèrent un jeune garçon vêtu d'un blouson de cuir faisant une « bataille navale » avec sa secrétaire.

— C'est pour quoi? demanda cette dernière, levant la tête avec irritation.

— La distribution des *Trois Sœurs*.

— Terminée, dit la secrétaire.

— Pas du tout, dit le jeune homme, c'est beaucoup trop tôt. Revenez au mois d'août.

— Mais le tournage est prévu pour mai, dit Solange.

— Qui vous a dit ça? dit le garçon, subitement outré.

— C'est affiché en bas.

Le jeune homme leva les bras au ciel, se tourna vers la secrétaire.

— Ils remettent ça. Faudra les engueuler.

— B-12, dit la secrétaire.

— Touché.

— Alors, ce n'est pas le moment? demanda Solange.

— Essayez Bourrachon au 31 678, dit la secrétaire, je crois qu'il voit des comédiens en ce moment.

— Merci.

— Pas de quoi.

— E-15, dit le garçon, c'est au bout du couloir à gauche.

Contrastant avec l'inactivité qui régnait partout, le bureau 31 678, dévolu au réalisateur Louis Bourrachon, connaissait une fiévreuse agitation. Plusieurs femmes d'âge mûr, vêtues avec exubérance et sans goût, discutaient des mérites comparés du restaurant des studios de Saint-Maurice et de celui de Boulogne-Billancourt. Une trentaine d'hommes neutres, portant des costumes informes, leurs souliers usés soigneusement cirés, attendaient, debout ou assis, qu'on leur fît signe. Nadine jeta un regard rapide sur la pièce et se recula.

— De la frime, dit-elle.

— Des figurants ?

— Oui.

Elles quittèrent le bâtiment de l'O.R.T.F. et regagnèrent Saint-Germain-des-Prés en taxi.

— Tu dînes avec moi ? demanda Nadine.

Solange secoua la tête.

— Mes parents ont invité des gens. J'ai dit que je serais là.

— Alors à bientôt.

— Oui, dit Solange.

Elle serra la main longue et frêle de Nadine.

— Et Servais ? Tu l'as revu ?

— Non, dit Nadine.

— Je l'ai appelé plusieurs fois, mais il n'est jamais là.

— Il voyage beaucoup, dit Nadine.

Gaya alluma un cigare comme il convient; l'opération dura près de trois minutes. Servais l'observa, installé dans le siège que Gaya réservait à ses visiteurs, fauteuil avachi et mou où l'on s'enfonçait tellement qu'on avait la très nette impression d'être assis à même le plancher. Gaya, ayant réussi à tirer quelques bouffées de fumée bleutée de son cigare, consentit à se rappeler la présence de Servais.

— Alors Gamma vous a fait une proposition ?

— C'est ce que je viens de vous dire, dit Servais.

— Et vous l'avez refusée ?

— Je n'ai pas dit ça. J'ai dit que j'envisageais de la refuser.

Gaya plissa le front.

— Comprenons-nous bien. Vous la refuserez si je récompense d'une manière concrète votre fidélité à la maison, c'est ça ?

— C'est un peu ça.

Gaya secoua la tête indiquant qu'à ses yeux le monde avait pris une lamentable tournure, mais qu'il n'y pouvait rien.

Mertolle détestait qu'on ait des contacts avec Gaya à son insu. Il soupçonnait immanquablement une trahison, une dénonciation, une sournoise démarche pour le compromettre. Voyant Servais quitter le bureau directorial, il lui fit signe d'approcher.

— Des problèmes?

— Plus maintenant.

Mertolle comprit.

— Encore?

Il trouvait la rapide ascension de Servais au sein de l'agence imméritée et scandaleuse.

— Encore, répéta Servais gravement. Je suppose que tu as un petit fait divers bien crasseux à me proposer? Histoire de me permettre de garder les pieds sur terre?

Mertolle haussa les épaules.

— Tu te fais des idées.

Servais le regarda en silence.

— Tu me trouveras chez Victor, dit-il enfin.

Le hasard avait voulu que depuis son retour du Tchad il ne soit encore jamais retourné chez Victor. Il y trouva un juke-box neuf, rutilant et gigantesque, ainsi qu'une flamboyante machine expresso de ligne aérodynamique, aux chromes étincelants. De toute évidence la maison continuait à bien se porter. Servais serra l'avant-bras de Victor, subit stoïquement l'étreinte chaleureuse de la monumentale cuisinière. C'était, l'après-midi, heure creuse. Deux voyageurs de commerce buvaient leur café après un repas tardif, une clocharde hirsute faisait durer son ballon de rouge au comptoir. Servais s'attabla, commanda un sandwich au serveur patibulaire.

Des trois semaines qu'il avait passées enfermé dans un hangar à la périphérie de Fort-Lamy à attendre que les autorités françaises le fassent libérer, trois semaines d'inaction forcée, de chaleur, d'humidité, de parties de cartes interminables avec un rédacteur nerveux de *Jeune Afrique*, d'insomnies perpétuelles, de lassitude et d'ennui, il lui restait une fatigue sourde, envahissante et vague.

Tournant la tête, il aperçut une cliente solitaire installée dans un coin, vêtue d'une robe serrée découvrant la presque totalité des jambes mais boutonnée jusqu'au cou. Ses cheveux roux reluisaient dans l'ombre.

— Alors ? On ne me salue plus ? demanda Servais.

Miriam leva des yeux éteints, lui octroya un bref sourire.

— Salut.

Servais fronça le sourcil.

— Qu'est-ce qu'il y a ?

— Rien. Tu vas bien ?

— Très bien, dit Servais, se levant son sandwich à la main et s'approchant. Tu permets ?

Sans attendre une réponse, il s'assit. Miriam tripotait son verre de cerises à l'eau-de-vie, tête baissée. Un curieux silence tomba aux alentours.

— Alors, dit Servais, enjoué, qu'est-ce que tu racontes ?

Miriam secoua la tête.

— Pas grand-chose, tu sais.

Servais pensa que jamais auparavant il ne l'avait vue sans décolleté. Ses seins blancs et poudrés avaient toujours fait l'objet d'une mise en valeur calculée.

Il la regarda en silence.

— C'est grave ? dit-il enfin.

Agacée, elle leva la tête.

— Qu'est-ce que tu racontes ? Il n'y a rien, rien du tout.

Pendant un instant, son regard se fixa par-dessus l'épaule de Servais, puis baissa de nouveau. Servais se retourna brusquement, se heurta aux yeux glacés de Victor. Il n'avait plus besoin de savoir pourquoi Miriam ne montrait plus ses seins, et il pouvait admirer la nouvelle machine expresso en connaissance de cause.

Décidé à se coucher tôt, Servais informa Luce qu'il ne la verrait pas ce soir-là, et gagna la rue Falguière dès dix-neuf heures. Il fut un peu surpris de ne pas trouver Steiner au petit restaurant.

— Steiner a déjà mangé ? demanda-t-il au patron.

Celui-ci haussa les épaules.

— Ça fait dix jours qu'on ne le voit pas.

Pensif, Servais se rendit à pied jusqu'à la rue Dutot.

Sébastien Steiner lui ouvrit aussitôt, en robe de chambre, pâle et marqué. Une odeur âcre émanait de l'appartement ainsi que des relents d'éther. Des aboiements étouffés mêlés de gémissements se faisaient entendre.

— Je ne vous ai pas vu au restaurant alors j'ai...

Il s'interrompit. Dalila rampait vers la porte, l'arrière-train bandé et paralysé, les pattes arrière glissant sur le parquet où elles laissaient de petites gouttes de sang. Le frottement continuel les avait mises à vif. La chienne haletait, fournissait un effort énorme, gueule ouverte, langue pendante. Reconnaissant Servais, elle se cabra avec un cri de joie, tomba sur le flanc et, en essayant de se relever, fit un tour complet sur elle-même.

— Il faut la prendre, dit Steiner.

Servais souleva la chienne qui lui lécha énergiquement le visage.

Ils s'installèrent au salon où Dalila s'endormit sur les genoux de Servais. Steiner lui raconta l'histoire, d'une voix neutre, en peu de mots.

— Mais elle remarchera ou pas ? demanda Servais.

— On ne sait pas. Il faut attendre.

— Combien de temps ?

— Deux ou trois mois, au moins.

Servais baissa les yeux sur la chienne recroquevillée, dont les pattes arrière, indépendantes du corps, pendaient mollement avec leurs plaies ouvertes.

— Il faudrait lui faire des chaussettes, dit Steiner, pour les protéger, mais...

Il se tut, se leva pour aller prendre sa pipe sur un bureau chargé de papiers, de livres, de carnets.

— Vous travaillez en ce moment ? demanda Servais.

Steiner hocha la tête.

— Oui, ça avance.

Servais le regarda.

— Si j'avais su...

Steiner secoua la tête.

— Ne dites pas de bêtises, et puis, ça n'a rien de dramatique. Elle remarchera.

Percevant l'inquiétude dans les yeux de Servais, il sourit.

Servais posa la chienne, décrocha le téléphone.

— Luce ? J'ai besoin d'une paire de chaussettes pour chien.

— T'as besoin de *quoi ?!*

— Prends un taxi et viens au 98, rue Dutot, avec du tissu, du fil et une aiguille.

— C'est une blague ?

— Oui, dit Servais, une blague.

III

Le taxi contourna la porte de Saint-Cloud, prit la rue Michel-Ange et s'arrêta au coin de l'étroite rue Parent-de-Rosan où s'élevait un grand immeuble moderne dont la pierre vert pâle évoquait une piscine municipale. Nadine régla le conducteur, ouvrit son parapluie et courut sous l'averse jusqu'à la porte du bâtiment. Michel Bannier habitait un studio au huitième étage. Nadine trouva la porte entrouverte sur le palier, hésita, puis entra. Livres, magazines et chaussures jonchaient la moquette sombre. Sur une table basse, les restes d'un repas, deux cendriers débordant de mégots. Nadine posa son parapluie, s'avança dans la pièce. Sur le lit en désordre dormait une jeune femme nue, étreignant un oreiller que recouvrait sa longue chevelure blonde. Sa respiration creusait son ventre et gonflait ses seins menus avec régularité. Nadine l'observa un instant, puis se dirigea vers une porte qu'elle ouvrit.

Michel Bannier prenait un bain. Assis dans l'eau qui lui arrivait aux aisselles, d'épaisses lunettes d'écaille perchées sur le nez, il lisait *le Gai Savoir* de Nietzsche. Apercevant Nadine, il leva la tête.

— Tu tombes bien. Je me demandais si je n'allais pas être obligé de faire le café moi-même. On ne peut rien tirer de l'autre pomme. Tu vas bien?

— Moyen, et toi?

— Comme ça.

— Tu travailles?

— Penses-tu, je devais faire le film de Leroux, mais il est retardé.

Posant son livre, il se leva, aspergeant le carrelage.

— Tu me passes la serviette là-bas ?

Nadine lui tendit une serviette qu'il drapa autour de ses reins. Petit, trapu, ses longs cheveux trempés plaqués sur les épaules, il précéda Nadine dans la chambre.

— Ça fait un moment qu'on ne s'est pas vu... un an, deux ?

— Peut-être pas deux, dit Nadine.

Michel Bannier avait été premier assistant du film *Demain, on verra*... Et ils ne s'étaient guère revus depuis le tournage.

— Où elle est, la cuisine ? demanda Nadine.

Bannier se gratta la tête.

— C'est justement ce que je me demandais. J'y vais si peu... Attends, ça doit être là.

Il ouvrit une porte qui donnait sur un débarras.

— Tiens. Alors c'est l'autre.

C'était l'autre. Tandis qu'il remplissait la bouilloire, Nadine prépara cafetière et filtre.

— Alors, je peux faire quelque chose pour toi ? demanda-t-il, ayant branché le gaz et cherchant les allumettes en vain.

— Une panouille, dit Nadine, tu n'en aurais pas une pour moi ?

Le gaz chuintait violemment, l'odeur se propageait. Bannier trouva un briquet, l'actionna, produisant une explosion mineure.

— Merde, dit-il, agitant les mains. Pour le moment, je ne vois rien. Il y aura bien quelque chose dans le truc de Leroux mais ce n'est pas pour tout de suite.

— Ça s'appelle comment ?

— *Les Petits Pas*... pas mal foutu d'ailleurs.

— Et c'est avec qui ?

— Lacombe et la petite Claude Landre, tu te souviens ? Elle était dans notre film.

— Ah, oui, je me souviens. Et ce serait pour quand ?

— Mi-août, paraît-il.

— Si t'as l'occasion, pense à moi.

— D'accord.

Ils s'installèrent à la table basse avec le café.

— C'est dégueulasse ici, dit Bannier comme s'il constatait la chose pour la première fois.

Il goûta son café, hocha la tête.

— Pas mal du tout. Et la synchro ? Rien ?

— Rien en ce moment.

— Tu connais Valmont ?

— Non, jamais travaillé pour lui.

— Appelle-le, il cherche une Jane Fonda.

— Bon.

Michel Bannier alluma une cigarette, jeta un regard vers la fille endormie.

— Comment s'appelle-t-elle ? demanda Nadine.

Il haussa les épaules.

— J'sais pas, elle est gentille.

Yves Valmont, qui dirigeait l'une des quatre plus importantes maisons de doublage et de post-synchronisation, fit faire un essai à Nadine et l'engagea pour doubler Jane Fonda dans son dernier film.

L'homme portait un manteau fatigué, une écharpe terne, un chapeau gris sur sa tête grisonnante. Il poussa la porte des archives d'un doigt déférent et s'arrêta devant le bureau où Luce vérifiait une pile de bordereaux.

— Oui ?

L'homme toussa, tamponna sa fine moustache avec un mouchoir jaune.

— C'est *Penthouse* qui m'envoie, nous aurions besoin de photos de strip-tease.

Luce regarda l'homme, hocha la tête, et se leva pour ouvrir deux tiroirs.

— Tout ce que nous avons est là-dedans.

L'homme lui adressa un sourire édenté.

— Merci, mademoiselle.

Il posa un porte-documents en plastique vert sur l'armoire métallique et ouvrit le premier classeur.

Il était six heures et demie du soir. Du laboratoire voisin une rumeur sourde indiquait le « coup de feu » des features du soir. Gozzoli préparait ses enveloppes tamponnées à l'intention des cinquante-quatre représentants étrangers de l'agence. Violaine se faisait une beauté en se demandant si elle n'allait pas faire faux bond à l'obséquieux jeune homme qu'elle avait rencontré le matin même dans le métro et qui l'avait invitée à dîner chez « des amis ».

Luce rangea le dossier, mit son bureau en ordre, plaça cigarettes et briquet dans son sac à main.

— Désolée, mais nous fermons les archives à sept heures moins le quart.

Le vieil homme se tourna, un peu congestionné.

— Je termine, mademoiselle.

Il repoussa le tiroir, prit son porte-documents sous le bras.

— Je reviendrai, dit-il, je ne suis pas sûr d'avoir trouvé ce qu'il nous fallait.

Luce le dévisagea.

— Entendu, dit-elle, mais il faudrait quand même payer ce que vous emportez.

L'homme s'immobilisa.

— Je vous demande pardon ?

— *Penthouse* travaille souvent avec nous et je vous assure qu'ils n'envoient jamais des gens comme vous. C'est égal, vous vouliez regarder des photos, vous en avez vu. C'est parfait. Alors ayez l'amabilité de me rendre les deux que vous avez glissées dans votre serviette.

L'homme serra son porte-documents contre sa poitrine, l'œil traqué, des gouttes de sueur perlant aux tempes.

— Vous faites erreur, je vous assure...

Il se tut, baissa les yeux, ne bougea plus. Luce se rendit compte qu'il fixait sa poitrine, avec insistance. Elle se leva.

— Rendez-moi les photos et on n'en parle plus.

L'homme fit un pas vers le bureau.

— Soyez gentille, dit-il d'une voix blanche, les yeux rivés au corps de Luce.

Elle recula d'un pas, décrocha le téléphone.

— Tant pis pour vous.

Avec une surprenante agilité, il fit un bond, lui arracha le récepteur des mains.

— Je vous avais demandé d'être gentille, dit-il d'un ton plaintif.

Il avait lâché son porte-documents; son manteau s'était ouvert. Luce vit son pantalon déboutonné.

— N'ayez pas peur, dit-il.

Luce éclata de rire. L'homme serra les lèvres, s'avança encore, voulut la prendre à la taille.

— Ne vous dérangez pas pour moi, dit Servais.

L'homme se retourna, hagard.

— Non! cria Luce.

Mais le pied de Servais s'était relevé et l'homme s'écroulait, le teint gris, se tenant le bas-ventre, un filet de salive s'échappant de sa bouche ouverte et muette.

— Tu ne vois pas que c'est un malade, dit Luce, ça existe, tu sais.

Servais regardait l'homme avec répulsion. Luce se baissa, l'aida à se relever, lui tendit son chapeau.

— Partez.

L'homme resta immobile, vacillant. Luce remarqua alors avec quel intérêt Servais étudiait l'homme, vit apparaître le Nikon. Il prit plusieurs photos, rapidement, se reculant pour mieux cadrer. Puis il s'assit et sembla se désintéresser de l'affaire. L'homme se glissa par la porte, et quitta l'agence.

— Je ne comprends pas, dit Luce.

Servais ne bougea pas. Elle vit alors le porte-documents sur le plancher, le ramassa et l'ouvrit pour y prendre les deux photographies. Sur la première, on voyait une épaisse blonde tenant ses seins dans ses mains, sur la seconde la même fille posait, vêtue d'un élégant tailleur, dans la rue. Luce étudia les deux photos, puis se rapprocha de Servais. S'accroupissant près de lui, elle prit sa main et la pressa contre sa poitrine.

— Oui, dit-elle, tu m'as déjà regardée comme lui m'a regardée, et ça m'a plu.

Servais sourit.

— On se marie?

— Demain matin, qu'est-ce que tu crois?

Il hocha la tête. Luce s'appuya contre lui.

— C'est fini, Servais, tu le sais bien.

Il caressa ses cheveux.

Ils dînèrent ensemble et Servais déposa Luce rue de Verneuil. Elle l'invita à monter prendre un café et il refusa. Dans le minuscule studio, elle se déshabilla, prit un bain, et se coucha. Avant de s'endormir, elle pensa que Servais ne viendrait plus la chercher pour aller à l'agence.

— Voilà ce que c'est, d'aller trop vite, dit Sébastien Steiner, biffant le paragraphe entier.

Dalila remua les oreilles et poussa un soupir. Le livre prenait corps, déjà trois chapitres complets étaient empilés sur un coin du bureau. Toutes les nuits, avec Dalila à ses pieds, Steiner rédigeait une vingtaine de pages de son écriture effilée aux majuscules démesurées. Parvenu au vif de son sujet, il éprouvait une profonde sérénité dans son travail et la reportait sur Dalila qu'il soignait avec une méticuleuse précision. S'étant renseigné auprès du docteur Lee Wung, il administrait à la chienne une variété de vitamines susceptibles de contribuer à son rétablissement. Avec l'aide du *Guide Marabout des Chiens* il lui préparait des repas équilibrés dans sa cuisine qui, depuis quinze ans, ne servait plus qu'à la confection du café. Dalila ne souffrait plus. La plaie s'était parfaitement cicatrisée et la chienne devenait de plus en plus adroite pour marcher sur deux pattes. Visiblement humiliée par son incontinence, elle avait pris l'habitude de rôder sur le carrelage de la cuisine aux moments critiques. Elle ne pouvait plus dormir avec Steiner, mais couchait à côté de son lit, sur une couverture. Au petit matin, lorsque Steiner posait la plume, elle se montrait inévitablement et curieusement joyeuse. Steiner pensait alors qu'elle était contente de lui.

Cadrée en très gros plan, Jane Fonda parlait lentement, les mots tombant avec réticence de ses lèvres, mettant à profit la proximité de la caméra pour indiquer, par d'imperceptibles fluctuations physionomiques, l'émotion ressentie par son personnage. La boucle, qui ne comportait que trois phrases, tournait depuis une demi-heure. Inlassablement, elle repassait : la fille levait la tête, parlait, hésitait, baissait la tête. Campée devant le micro, Nadine, sans regarder la bande où défilait le texte, et s'appuyant sur le jeu même de la comédienne, répétait à chaque fois les trois phrases, et d'une manière parfaitement synchrone. Mais l'interprétation ne lui convenait pas. Au directeur du doublage, elle avait dit : « on fait un sale métier ici, alors essayons au moins de le faire bien. Elle a pris la peine de soigner son gros plan, il n'y a pas de raison qu'on n'en fasse pas autant. » Au bout de vingt minutes, on avait envoyé chercher Valmont, lequel avait approuvé Nadine au grand étonnement de ses employés.

— Ça y est, ça vient, dit Nadine, vous avez vu? Elle prend une respiration là... c'est pas grand-chose, mais tout vient de là.

Les chiffres défilèrent sur l'écran, la bande roula, l'image apparut. Nadine prononça les phrases, poings serrés, reproduisant aussi bien physiquement que vocalement le jeu de la comédienne.

— Bon pour moi, dit le technicien.

Le directeur hocha la tête.

— Vendu.

Le doublage du film était terminé.

Au début du mois de juin, Servais quitta la rue Falguière pour un appartement de trois pièces dans un immeuble moderne de la rue d'Assas. Il le meubla en quelques semaines, lorsqu'il trouvait le temps d'aller dans les magasins, et un dimanche, passa la journée à faire la navette d'un endroit à l'autre avec ses livres et autres possessions. A neuf heures du soir, il jeta les derniers vêtements et un ultime bibelot sur la banquette arrière de sa voiture, s'installa au volant pour repartir. Il ne tourna pas la clef de contact. Sébastien Steiner marchait sur le trottoir d'en face avec Dalila. Il tenait une sorte de harnais qui s'adaptait à l'arrière-train de la chienne et le soutenait. Dalila reniflait réverbères et enjoliveurs de voiture, trottinant près de Steiner, ses pattes arrière flottant à un centimètre du pavé. La nuit tombait, mais Servais décida de prendre le risque. Il leva son Nikon.

Le nouvel appartement, murs blancs, moquette beige, n'était pas sans rappeler celui de la rue de Varenne. Servais s'affala sur un canapé et tenta sans succès de s'intéresser au dernier numéro de *Zoom*. S'approchant du téléphone, il hésita, puis appela le numéro de Luce. Pas de réponse. Raccrochant, il composa le 12 et demanda à l'opératrice le numéro de Claude Landre au 29 de la rue de Tournon. Elle l'informa qu'aucun abonné de ce nom ne figurait à l'annuaire. Allumant une cigarette, il appela alors tous les numéros inscrits à cette adresse. Lorsqu'une femme répondait, il demandait :

— Claude ?

Aux hommes il disait :

— T'as intérêt à te magner, ta femme sait tout.

Au sixième appel il avait Claude Landre.

— Ton mari est là ?

— Oui. Qu'est-ce que tu veux ?

— Ta compagnie.

— Alors viens dîner.

— Bon. Qu'est-ce que je mets, une cravate ?

— Des chaussettes.

— J'en ai pas.

Servais donna son imperméable à Maria et entra au salon où un homme de taille moyenne, avec une épaisse moustache et un front démesuré, se leva d'un bond, la main tendue.

— Monsieur Mont? Marcel Favart. Claude ne va pas tarder, elle est avec la petite. Elle a dû avoir un cauchemar. Qu'est-ce que je vous offre?

— Martini, dit Servais pour ne pas le mettre dans l'embarras.

Favard actionna une sonnette, communiqua la demande à Maria.

— Claude m'a souvent parlé de vous.

Au ton, Servais comprit qu'il n'en était rien. Il sourit.

— Ah oui?

Un temps. Servais chercha en vain un sujet de conversation, alluma une cigarette, fit semblant de s'intéresser au terne Braque qui ornait le mur. Maria apporta le Martini. Marcel Favart poussa un soupir, se leva.

— Je vais aller voir ce qu'elle fait.

Resté seul, Servais envisagea de partir par la fenêtre. Entra Claude alors, d'un pas vif, sans sourire.

— Alors salaud? Tu ne pouvais pas tomber plus mal.

— Ah oui?

— Ben oui, il est là, quoi.

Elle l'embrassa rapidement sur la bouche, se jeta dans un fauteuil.

— Bonne nouvelle : mon film se tourne en août, j'ai signé le contrat ce matin.

— Bravo.

— Par ailleurs, tu as déménagé.

— Comment le sais-tu?

— Je t'ai rappelé il y a trente minutes pour te dire de ne pas venir.

— Et alors?

— Et alors je suis tombée sur le concierge qui balayait et qui m'a dit que tu avais mis les bouts.

— Pourquoi ne voulais-tu pas que je vienne?

— Mon pauvre vieux, qu'est-ce que tu vas t'emmerder...

C'était vrai. Le dîner fut long, cérémonial et ennuyeux. Marcel Favard garda le silence durant tout le repas, hochant la tête, et mangeant avec un bel appétit. Claude et Servais parlèrent cinéma, théâtre et photographie sans enthousiasme. Dix minutes après le café, Servais s'éclipsa prétextant un reportage à l'aube. En attendant que Maria lui apporte son imperméable, il échangea un dernier mot avec Claude et son mari dans l'entrée.

— Ton adresse, dit Claude, tu ne me l'as pas donnée.

Servais griffonna sur le dos d'une enveloppe.

— Bonsoir.

— Très heureux, dit Favart d'un ton lugubre.

— Salut, dit Claude.

Rentré rue d'Assas, Servais prit un bain et se coucha. Il s'endormit aussitôt. A trois heures du matin, on sonna à la porte. C'était Claude.

— Du gâteau, dit-elle en entrant. Au cinéma, ça a l'air difficile, mais c'est du gâteau. Le tout est de ne pas renverser la lampe de chevet en se levant.

Elle quitta son manteau, ses chaussures et sa robe.

— Alors, tu le trouves comment? Minable, hein?

Servais haussa les épaules.

— Il n'a pas dit un mot.

— Mais mon vieux, il ne dit *jamais* un mot. Cela dit, comme gynéco, c'est un as.

Soutien-gorge et culotte rejoignirent la robe sur la moquette. Nue, elle s'étira, jeta un regard sur l'appartement.

— C'est coquet tout plein, ici. On peut visiter?

En arrivant à l'agence, le lendemain, Servais apprit qu'un monsieur Julien Byane l'attendait.

— Qui est-ce? demanda Servais à la secrétaire de Gaya.

Elle haussa les épaules.

— Il a téléphoné à neuf heures, j'ai dit que tu serais là dans la matinée et il est arrivé une demi-heure après.

— Tu l'as mis où?

— Chez Gaya, il ne vient pas ce matin.

— Bon.

Julien Byane était petit et élégant. Agé de quelque quarante ans, il avait des cheveux gris, des yeux bleus, un profil de patricien, de longues mains fines.

Il se leva en voyant entrer Servais.

— J'espère que vous ne m'en voudrez pas d'être venu de cette manière, mais j'essaie de vous joindre depuis plus de quinze jours. On m'avait dit que vous étiez prisonnier quelque part en Afrique, je n'ai pas très bien compris.

— Au Tchad, dit Servais, asseyez-vous.

Il remarqua un carton à dessins que Julien Byane avait appuyé contre son fauteuil. L'homme croisa les jambes en veillant à ne pas froisser son pantalon.

— Je dirige une galerie de tableaux, dit-il d'une voix neutre, depuis bientôt quinze ans. Et je ne trouve plus de tableaux.

Servais fronça les sourcils.

— Il n'y a plus de peintres?

— Oh si, les peintres ne manquent pas, mais je n'ai aucune envie d'exposer ce qu'ils font. J'ai une conception de l'art, dépassée m'a-t-on dit, qui m'interdit d'exposer n'importe quoi. J'entends qu'un tableau exprime ce qu'aucun artiste, aujourd'hui, n'a envie d'exprimer. J'ai certainement tort. Je ne comprends rien à ce qu'on écrit aujourd'hui sur la peinture. Si je rends visite aux galeries de mon quartier, je ne trouve que du sous-impressionnisme pour vieilles dames, du néo-surréalisme mal exécuté ou de l'abstrait. Alors, j'avais décidé de fermer ma galerie. Je n'y tenais plus tellement. Et puis je suis tombé sur ceci, dans un magazine brésilien.

Il ouvrit le carton à dessin, en tira une coupure de journal qu'il tendit à Servais. Il s'agissait de la Chilienne morte avec son chapeau melon. Julien Byane hocha la tête.

— Si vous avez une vingtaine de photographies de cette qualité, je serais heureux de les exposer. Je ne suis pas en mesure de vous garantir un lancement publicitaire spectaculaire, et ça peut passer complètement inaperçu. Je n'essaie de convaincre personne, vous comprenez, je tente simplement de tenir à la disposition du public une vision artistique conceptuelle qui ne sente pas l'égout, l'hôpital psychiatrique ou la maison close. Une vision qui ne s'inspire pas du mépris, du mystique, du coupable. J'ai sûrement tort.

Servais posa la coupure, regarda l'homme en silence. Puis il prit le carton à dessins, l'ouvrit. Il y trouva une centaine de coupures comportant des photos signées Servais Mont.

— Aucune des autres ne me convient, dit Julien Byane, ce sont des photos de journaliste, elles n'ont rien à voir dans une galerie.

Servais hocha la tête.

— Vous vous êtes adressé à l'argus de la presse?

— Oui, c'est ça.

Servais pensa qu'à son insu un homme s'était constitué une collection de ses photos, les avait étudiées, ordonnées, choisies.

— J'aurai vingt photos, dit-il. Il me faudra au moins trois mois pour faire faire les tirages. Je choisirai le laboratoire et les formats d'agrandissement. J'exposerai seul. Il n'y aura ni texte explicatif ni cocktail.

Julien Byane se leva.

— C'est bien comme ça que je l'entendais. Le 15 septembre, ça vous va?

— Oui.

Il referma son carton, tendit une carte à Servais.

— Voici l'adresse.

— Je pense pouvoir vous montrer les contacts d'ici quinze jours.

Julien Byane secoua la tête.

— Inutile.

Il serra la main de Servais, ouvrit la porte.

— Monsieur Byane...

Il se retourna. Servais chercha ses mots, ne les trouva pas.

Julien Byane hocha la tête avec un sourire presque malicieux.

— Je sais, dit-il, vous hésitez à me remercier parce que vous savez que je ne vous rends aucun service, au contraire. Vous êtes-vous jamais demandé pourquoi les hommes préhistoriques, alors qu'ils en étaient à leurs premiers balbutiements dans tous les domaines, éprouvèrent le besoin de dessiner sur leurs murs ? Au XIXe siècle les philosophes ont déclaré forfait, le XXe siècle en aura vu la conséquence logique : la mort de l'art. On n'apprend pas à nager à un homme qui se noie. Il est trop tard. Mais je suis content de vous avoir trouvé.

Servais sourit.

— Je pourrais vous remercier quand même.

Julien Byane écarta les bras, haussa les épaules.

— Il faut se battre, dit-il, non pas pour convaincre, mais pour conserver le respect de soi.

— Non, dit Servais, vous le dites trop souvent pour que ce soit vrai. On n'assiste pas à un suicide avec indifférence. Ça vous empêche de dormir et moi aussi, c'est pour ça que vous êtes là.

— Oui, dit Julien Byane d'une voix terne. Je ne peux pas laisser tomber.

IV

Andrei Kupolski, grand, voûté, l'œil terne et la moustache triste, n'était pas le plus aimé des producteurs. Velléitaire, mou et indolent, il lui fallait plus de dix minutes, menu en main, pour choisir un repas et quinze le matin pour sélectionner une cravate. A cinquante ans, ses cheveux filasse viraient au gris et son long visage se plissait, lui donnant l'aspect lugubre d'un saint-hubert. Sur les plateaux de cinéma il errait l'œil vague, en proie à d'éternelles difficultés financières, souffrant dans sa chair tout incident susceptible de retarder le tournage, ne serait-ce que d'une minute. Un chef-opérateur l'avait un jour qualifié de « pansement humide », description on ne peut plus réussie de l'individu. Mais sa morosité, son allure lymphatique masquaient une obstination, une ténacité, une détermination à toute épreuve. Qu'un cyclone détruise les décors, qu'une leucémie emporte une comédienne, que les distributeurs fassent faillite, Kupolski terminait son film, et la plupart du temps, il s'avérait rentable.

Michel Bannier avait épinglé le plan de travail au mur du bureau de production. Il en était à son huitième. Kupolski les avait refusés les uns après les autres, assurant l'assistant qu'on pouvait faire mieux, plus vite et à moindres frais. Il voulait qu'on groupe les acteurs pour limiter le nombre de cachets, les décors pour gagner du temps, et se refusait à admettre que c'était là deux principes inconciliables.

— Huitième édition, dit Bannier, impassible.

Kupolski hocha la tête, retira ses lunettes pour mieux regarder. Le metteur en scène, Jean-Louis Leroux, faisait les cent pas près de la fenêtre, se demandant comment il allait faire pour tourner en trois jours une scène qui en nécessitait huit. A vingt-neuf ans et avec seulement deux films à son actif, il n'avait pas encore compris qu'en pré-production le souci majeur d'un producteur n'est pas d'établir un plan de travail réaliste, mais d'en dresser un qui emporte l'adhésion des distributeurs, quitte à se trouver par la suite en dépassement.

— Ça vient, dit Kupolski après un long silence.

Bannier poussa un soupir inaudible, Leroux cessa son va-et-vient.

— ... mais ce n'est pas encore ça, ajouta Kupolski.

— Il ne reste plus grand-chose à resserrer, dit Bannier.

— Mais si, dit le producteur, il y a toujours moyen, croyez-moi.

Bannier et Leroux échangèrent un regard désespéré. Grand, maigre, assez séduisant, Leroux bourrait nerveusement une pipe d'argile. Comme Bannier, il ne savait que trop bien quelle modification le producteur allait proposer.

— Voilà, dit Kupolski, vous avez cinq nuits véritables... C'est trop. Je vous en laisse deux, mettez les autres en « *américaines* ».

— Non, dit Leroux.

Le principe de la « *nuit américaine* » qui consiste à tourner de jour en trichant sur le diaphragme et en inondant les points d'attention de très forte lumière, répugnait à Leroux comme à la plupart des metteurs en scène.

— Pourquoi non?

— Parce que nous tournons au mois d'août, à Madrid. Je n'ai pas besoin de vous rappeler qu'il fera chaud. La plupart des scènes de nuit sont aussi des scènes d'interprétation, et aucun comédien ne pourra jouer avec la lumière qu'on sera obligé de lui balancer sur la figure.

— Je paie les comédiens très cher, dit Kupolski froidement.

Bannier retira ses lunettes pour les essuyer, ses petits yeux de myope clignant à la lumière.

— On peut en faire sauter deux, dit-il, conciliant.

— Ah! fit Kupolski, qu'est-ce que je vous disais! Lesquelles?

Bannier prit une règle pour désigner les scènes.

— Le vingt-six et le cinquante-deux. Il n'y a pas énormément de dialogue et il n'y aura pas trop de gros plans.

— Impossible, dit Leroux d'un ton définitif.

Kupolski regarda l'assistant et le metteur en scène à tour de rôle.

— Bannier a raison, dit-il.

Leroux se retourna brusquement.

— Oui, mais ce n'est pas Bannier qui fait ce film, c'est Leroux. Je vous dis que c'est impossible, en tout cas pour le vingt-six.

Kupolski tomba dans le piège.

— Mais le cinquante-deux est possible?

Leroux haussa les épaules.

— A la rigueur.

Méditatif, Kupolski se tourna pour étudier le plan de travail. Bannier et Leroux évitaient de se regarder.

— Bon, dit Kupolski, je vous propose la chose suivante : vous faites passer le vingt-six *et* le cinquante-deux en nuits « *américaines* » et je signe le plan. On n'en parle plus.

Leroux mima l'indécision la plus douloureuse, tourna le dos pour faire un clin d'œil à Bannier, et finit par hocher la tête.

Une fois le producteur sorti du bureau, Bannier et Leroux dansèrent une manière de gigue, se tapèrent dans le dos et décidèrent de fêter leur victoire le soir même chez Lasserre. Ils avaient eu l'espoir de conserver une nuit véritable, ils en avaient sauvé trois.

— Toi, tu as fait de la politique, dit Leroux.

— La meilleure école, dit Bannier, cellule Jules Vallès à Asnières.

Ils s'attablèrent et parlèrent distribution, établissant des listes de comédiens pour chacun des rôles secondaires.

— Et pour Elizabeth? demanda Bannier.

Leroux plissa le front.

— Ben il y a Martine Simonnet, Claire Lagrange...

— Claire a fait un « trip » de trop, dit Bannier, elle est à Sainte-Anne.

— Sans blague? Et Martine?
Bannier fit la moue.
— Un peu terne, non?
— Peut-être, il y a la petite Remy aussi.
— Catherine? Oui, c'est possible.
Bannier tapa soudain sur le bureau.
— Évidemment, l'idéal serait... non, elle ne voudra jamais.
— Qui ça?
— Non, je dis des conneries.
— Ben dis toujours.
— Nadine Chevalier, on ne trouvera pas mieux. Mais ce n'est même pas la peine d'y penser.
Intrigué, Leroux le dévisagea.
— Chevalier? Oui, c'est bien ce qu'elle fait. Mais pourquoi elle ne voudrait pas?
— Trop petit, le rôle, elle marche bien maintenant tu sais.
— Ça fait au moins un an qu'elle n'a rien fait.
— Au cinéma, elle refuse tout. Mais au théâtre... tu ne l'as pas vue, récemment, à la Comédie de l'Étoile?
Leroux, qui n'allait jamais au théâtre, secoua la tête.
— Non.
— Elle était formidable. Bon, voyons, et Francine Laborde? Elle est adroite.
— Non, attends, Chevalier c'est une bonne idée, appelle-la.
— Tu crois?
— On ne sait jamais.
Avec une apparente réticence, Bannier composa le numéro de Nadine. Elle répondit après trois sonneries.
— Nadine? C'est Bannier, tu vas bien?
— Pas trop mal, et toi?
— Bien. Écoute, je suis sur le film de Leroux, *les Petits Pas,* et on a des problèmes avec un rôle important mais épisodique, tu vois, et Leroux s'est demandé si éventuellement tu ne voudrais pas nous le faire, un peu à titre amical, tu vois?
— Il est à côté de toi, c'est ça?

— Oui, c'est ça.
— Je vois. Eh! bien, il faudrait peut-être que je lise le scénario, non?
— Oui bien sûr, je te le fais déposer dans la journée. Tu verras, c'est un rôle intéressant.
— Mais petit?
— Pas très grand, mais intéressant.
— Et ça se tourne quand?
— Août-septembre, à Madrid.
— Bon. Envoie toujours.
— D'accord.
— Et Michel?
— Oui?
— Tu sais que t'es le mec le plus retors du métier?
— Oui, bien sûr.
— Je t'embrasse.
— Au revoir, Nadine, merci.

Le docteur Lee Wung se pencha sur Dalila, examinant la cicatrice, déjà presque invisible, tâtant les vertèbres, puis sondant la cage thoracique. Enfin, il se recula.
— Mettez-la sur le sol.
Steiner souleva la chienne, la posa, plaçant les pattes arrière en position. Au contact avec le carrelage, elles se raidirent, puis fléchirent lentement.
— Vous avez vu? demanda Steiner.
Lee Wung secoua la tête.
— C'est un réflexe localisé, ça ne veut rien dire. Les pattes ne bougent jamais lorsque vous la promenez avec le harnais?
— Non.
— Elle ne remue jamais la queue en vous apercevant?
— Non.
Lee Wung consulta sa fiche.
— Il y a plus de quatre mois que je l'ai opérée.
Il leva la tête, fixa Steiner gravement.
— Je crois qu'il est inutile d'aller plus loin.

En équilibre sur ses pattes avant, Dalila courait autour de la salle de consultation. Dans les virages, le poids mort de l'arrière-train la déportait, et elle faisait des tête-à-queue sur le carrelage blanc. Steiner la suivait des yeux, calme et impassible, mais Lee Wung le vit avaler sa salive deux fois de suite.

— Comment fait-on alors? demanda-t-il.

— Je vais lui administrer un sédatif, pour qu'elle ne sente rien.

Il prépara la seringue. Dalila leva les yeux vers Steiner, émit un gémissement interrogateur.

— Oui, dit Steiner, on s'en va.

Dalila n'aimait pas rester trop longtemps chez le vétérinaire.

— Remettez-la sur la table, s'il vous plaît.

Steiner appela Dalila. Elle s'immobilisa, regarda Steiner, s'approcha, réticente. Steiner la souleva, la coucha sur la table. Pour la première fois, il constata combien les pattes arrière s'étaient atrophiées. L'aiguille glissa dans la peau insensible.

— Retournez dans la salle d'attente, parlez-lui, qu'elle se sente en confiance. Dans une demi-heure, elle dormira.

Dalila dans les bras, Steiner s'installa de nouveau sur une chaise pour attendre. Une dame âgée avec un épagneul breton couvert d'eczéma purulent confiait à une jeune fille accompagnée d'un puissant dogue allemand que « Wimpy » était « merveilleux avec les enfants »... Toutes deux tournèrent la tête pour observer le vieil homme et son cocker paralysé. Elles pouvaient le détailler à loisir, il n'avait d'yeux que pour sa chienne, lui parlait à voix basse, lui caressait l'encolure, lissait ses longues oreilles. Et Dalila lui léchait le nez et les oreilles avec une lente et profonde tendresse. Bientôt, ses yeux clignèrent, la tête s'affaissa sur l'épaule de Steiner. Celui-ci ne bougea plus, resta tête droite, le visage fermé, les yeux légèrement brillants. Vingt minutes après, Lee Wung ouvrit la porte.

— Elle dort?

Steiner fit oui de la tête, se leva, regagna, la chienne

dans les bras la salle de consultation. Lorsqu'il la posa sur la table, elle dressa la tête, ouvrit de grands yeux étonnés et se rendormit. Lee Wung prit une patte avant, dégagea une veine au moyen d'un petit rasoir mécanique, serra un garrot pour la faire saillir. Steiner caressait la chienne d'un geste automatique. Un téléphone se mit à sonner derrière une porte, on entendit des pas, une voix féminine qui répondait. Lee Wung prit une seringue toute préparée sur un plateau d'émail blanc, fit jaillir une goutte de liquide de l'aiguille qu'il approcha de la veine.

— Attendez, dit Steiner. Vous êtes certain qu'elle n'a plus aucune chance de se rétablir ?

Lee Wung soupira.

— Je ne peux pas dire ça, je n'en sais rien. Les chances sont minimes à présent, presque inexistantes, mais je ne peux pas dire qu'il n'y en ait plus.

Sébastien Steiner hocha la tête, dit soudain :

— Non.

Lee Wung, impassible, attendait, la seringue à la main. Dalila, faisant un rêve sans doute, émit un petit aboiement sourd suivi d'un long soupir.

Steiner ouvrit la porte, porta la chienne endormie dans le bureau où il la coucha sur sa couverture. Il s'installa à sa table, alluma une pipe, et se remit au travail. Six cents pages attendaient, dans un classeur, les ultimes corrections. Pendant une heure le vieux Parker courut sur le papier. Puis Dalila s'étira, ouvrit les yeux, secoua ses longues oreilles et jeta un regard perplexe autour d'elle. Se soulevant, puis assurant son équilibre sur les pattes avant, elle fit le tour de la pièce reniflant chaque meuble avant de se diriger vers son assiette où elle trouva un gâteau sec. Steiner la suivit des yeux, eut un sourire satisfait en la voyant manger, et continua à rédiger.

Vers la fin du mois de juillet, Servais poussa la porte du bureau de production et s'adressa à une secrétaire minuscule aux lèvres écarlates.

— Martine Delcroix, s'il vous plaît.

La secrétaire déplaça deux dossiers, ferma un tiroir, décrocha le téléphone pour demander Carlo Ferzetti à Rome, alluma une Kent et consentit enfin à répondre.

— Vous avez rendez-vous?

— J'ai rendez-vous.

Petite et ronde, bouclée comme une poupée, cachant ses quarante ans sous une épaisse couche de fond de teint, Martine Delcroix menait trois conversations téléphoniques de front. Elle fit signe à Servais de s'asseoir, mit fin au premier, deuxième et enfin au troisième appel.

— Tu vas bien, coco?

Servais, qui n'avait vu l'attachée de presse que deux fois dans sa vie, hocha la tête.

— Ça va.

— Bon, alors écoute-moi, tu sais que je travaille avec Gamma d'habitude?

— Oui.

— Mais Claude veut absolument qu'on fasse quelque chose avec toi. Je ne sais pas pourquoi et ça ne me regarde pas. Elle a un contrat de vedette sur ce film et ça lui donne entre autres le droit de m'emmerder. Alors je te propose dix jours à condition que tu respectes l'exclusivité de Gamma sur les quotidiens français. Ça marche?

Servais secoua la tête.

— Je n'ai rien demandé à Claude et vous n'avez pas de services à me rendre. Par ailleurs, vous étiez plus polie au téléphone ce mâtin. Vos dix jours, vous savez où vous pouvez les mettre. Bonsoir.

Il se dirigea vers la porte. Ahurie, Martine Delcroix bondit de derrière son bureau.

— Attends, imbécile! Enfin, tu me connais non?

Servais s'arrêta, la regarda.

— Mal, dit-il.

— Oui, ben assieds-toi qu'on en discute un peu, tu veux?

Ils regagnèrent leurs places.

— Bon, dit Martine, tu ne vas quand même pas essayer de m'obliger à filer le film à Gaya?

Servais secoua la tête.

— Je ne vais rien faire du tout, si ce n'est vous demander de me parler autrement. Où est le plan de travail?

— Derrière toi.

Une photocopie du plan de travail était épinglée au mur. Servais se leva, l'étudia, notant le temps de tournage prévu pour chaque décor, les jours où Claude serait sur le plateau. Au hasard, il jeta un regard sur la liste des personnages et des comédiens, aperçut soudain le nom de Nadine Chevalier. Elle avait trois semaines de tournage, du 24 août à la mi-septembre.

— Bon, dit Servais. Je viendrai vers le 30 août et je partirai le 8 septembre.

Martine Delcroix fit une grimace.

— Mais, bien sûr, comme ça tu te farciras les scènes de cul.

— Il y en a?

— Comme si tu ne le savais pas. Bon, c'est d'accord, je m'arrangerai avec Gamma.

— Bien aimable, dit Servais, vous me ferez réserver une chambre?

— Si j'y pense.

— Je demanderai à Claude de vous y faire penser, dit Servais.

Il garait sa voiture près de l'agence, lorsqu'il aperçut Karl-Heinz Zimmer debout sous un porche discutant avec une prostituée brune en mini-jupe.

S'approchant, il lui tapa sur l'épaule. Karl se montra ravi.

— Jérôme, je vous ai appelé plusieurs fois mais vous n'étiez jamais là. Je ne vous présente pas cette personne, elle n'en vaut pas la peine.

Vêtu avec son élégance coutumière, une longue canne noire à la main, il fit quelques pas avec Servais sur le trottoir.

— Que devenez-vous?

— Ça va, dit Servais, et vous?

— Je reviens de Hambourg, dit Karl, et je pense repartir bientôt pour Londres. Je suis un peu fatigué de Paris.

Ils passaient devant le café de Victor.

— On prend quelque chose?

Karl hocha la tête.

— Oui, d'accord.

Ils s'installèrent dans la salle. Servais ne serrait plus l'avant-bras de Victor. Miriam occupait sa place désormais habituelle, en coin et dans l'ombre. Elle évita les yeux de Servais.

— Je vous ai fait perdre beaucoup d'argent, dit Servais après que le blême serveur eut prit leur commande.

Karl secoua la tête.

— Ne dites pas de bêtises, mon père paiera un peu moins d'impôts cette année, c'est tout.

Servais fut étonné d'éprouver un certain soulagement. Karl alluma un mince cigare avec soin.

— Je suis retourné plusieurs fois au Flore sans voir notre ami Lapade.

— Il est mort, dit Servais.

Karl se moucha bıuyamment.

— Je m'en doutais un peu.

Ils tournèrent leurs cafés, constatant simultanément qu'ils n'avaient rien à se dire. Servais jeta un regard vers la table où Miriam, immobile, fumait une cigarette devant un verre de cerises, ses cheveux roux luisant légèrement dans la pénombre. Faute de mieux, il raconta son histoire à Karl, qui y prit un certain intérêt.

— Victor, c'est l'homme au bar?

— Oui, c'est ça.

Karl étudia Miriam et Victor à tour de rôle, hocha la tête.

Karl n'étant pas motorisé, Servais le déposa place de l'Opéra où il avait, dit-il, rendez-vous avec un travesti polonais amateur de Verdi, et se rendit rue Dutot. Il y trouva Sébastien Steiner d'excellente humeur et une Dalila si vivace sur ses deux pattes que le premier choc passé on en arrivait à oublier son infirmité.

Elle accueillit Servais avec des gémissements de joie sous l'œil paternel de Steiner.

— Vous dînez avec nous ?

— Au restaurant ?

— Non, ici.

Servais le dévisagea.

— Vous faites la cuisine maintenant ?

— J'ai été un petit peu obligé de l'apprendre. Et puis nous avons quelque chose à fêter.

Il désigna l'épais manuscrit sur son bureau.

— Terminé ?

— Pas tout à fait, mais presque. Encore quinze jours de travail.

— Et vous en êtes content ?

Steiner prit une pipe dans sa poche, la glissa entre ses dents.

— J'ai dit ce que j'avais à dire. Le reste...

— Oui, dit Servais.

A quatre heures du matin, le dernier client, un ex-travailleur des Halles devenu clochard, quitta le café et Victor, qui rinçait des verres sous le robinet du comptoir, se décida à fermer pour une heure. Miriam, rentrée une demi-heure auparavant, occupait sa place habituelle, immobile dans l'ombre. Son attitude inquiétait et exaspérait Victor, jamais il n'avait supposé que le choc prendrait aussi longtemps à guérir. Cette zombie rousse au fond de son établissement avait, comme le fantôme de Banquo, un caractère obsédant.

— Tu prends quelque chose ? dit-il pour briser le silence.

Le fantôme secoua lentement la tête. Haussant les épaules,

Victor rangea le dernier verre, vida le bac d'eau courante. Le bruit de la porte vitrée lui fit lever la tête. Un client venait d'entrer. Blond, vêtu d'un élégant costume sombre, de petites lunettes cerclées d'or masquant des yeux très bleus, une longue et fine canne noire à la main, il se tenait devant la porte, étudiant Victor d'un air détaché. Sur le point de le saluèr, Victor se retint, quelque sixième sens le prévenant qu'il ne s'agissait pas d'un client ordinaire. L'homme hocha lentement la tête, s'avançant de quelques pas, son visage poudré dépourvu de toute expression. Il se dirigea vers la salle, s'arrêta devant la table de Miriam.

— Du point de vue philosophique et exception faite pour Thomas d'Aquin, il faut admettre que le Moyen Age fut une catastrophe, dit-il d'une voix neutre où chantait un léger accent d'outre-Rhin. Mais, poursuivit-il, nous lui devons une conception très particulière de l'honneur, et de celui de la femme notamment.

Karl-Heinz Zimmer s'inclina avec déférence devant Miriam qui le dévisageait bouche bée.

— Malheureusement, je n'ai ni cheval, ni épée, ni horizon distant où apparaître. Il vous faudra à cet égard faire un effort d'imagination.

Victor vit alors l'homme se tourner vers lui, s'approcher avec lenteur. Il plongea la main dans un tiroir où il gardait un couteau. Pour la première fois depuis sa lointaine adolescence, il avait peur.

Servais trouva l'agence en émoi le lendemain matin. Un incident de taille avait eu lieu chez Victor durant la nuit. Alertés par un coup de téléphone anonyme, les policiers y avaient trouvé à cinq heures du matin un véritable champ de bataille. Aucun des miroirs décorant les murs du café n'était intact. La machine expresso traînait au centre de la salle sur le plancher jonché de bouteilles brisées. Des tessons meurtriers étaient éparpillés un peu partout. On avait trouvé un couteau taché de sang et des lambeaux de vêtements. Tables et chaises renversées, cassées, s'empilaient dans tous les coins. La police repéra des traînées sanglantes sur les murs, le sol, les meubles. Victor gisait sous le comptoir dans un état indescriptible, les quatre membres brisés à plusieurs endroits, le bassin fracassé, la cage thoracique défoncée, une oreille sectionnée, le nez et la mâchoire cassés, et l'œil droit crevé. Et il vivait. Son adversaire semblait avoir veillé à ne lui administrer aucun coup fatal. Il était disloqué, défiguré, amoindri à jamais et il vivait. La police recherchait Miriam, dont certains indices, un sac à main notamment, établissaient la présence au moment du combat, mais elle avait disparu.

Mertolle ne fut pas le moins surpris de voir Servais, apprenant la nouvelle, éclater de rire.

V

Avec le louable souci d'accomplir enfin un devoir littéraire qu'elle repoussait depuis des années, Nadine avait emporté *Ulysse* de Joyce dans l'avion. Mais à peine avait-elle survolé Poitiers qu'elle reposait le livre, estimant une fois pour toutes qu'il était illisible. Son voisin, un Américain âgé aux traits burinés qui l'avait vue avec consternation entamer l'énorme volume, lui proposa un numéro de *Newsweek* qu'elle refusa avec un sourire. A l'idée de se retrouver bientôt sur un plateau, elle éprouvait un réel soulagement. Faustine Bolvard-Klaus avait accepté de discuter son contrat, et après deux entrevues orageuses avait arraché des conditions presque acceptables à l'amorphe Kupolski. « J'ai fait pleurer la pierre », dit-elle à Nadine en lui remettant les documents à signer.

Nadine prit le scénario dans son sac de voyage, feuilleta ses scènes. Bannier avait dit « qu'il y avait de quoi faire » et il n'avait pas menti. Le rôle, quoique secondaire, était bien dessiné, et le personnage affectait d'une manière déterminante le déroulement de l'action. Elle ne se faisait guère d'illusions quant au profit qu'elle pourrait en tirer pour sa carrière, ayant trop souvent été inondée de critiques louangeuses sans que pour autant un seul metteur en scène ait fait appel à elle durant les six mois suivants. Elle ne correspondait pas au type féminin en vogue et elle le savait. Cela ne la gênait que dans la mesure où ça l'empêchait de travailler. Jamais elle n'avait envisagé d'autre profession que celle d'actrice, profession qu'elle exerçait depuis bientôt dix ans. Cataloguée *jeune première romantique* lors d'un bref passage au Conservatoire, elle avait tenu une variété de rôles, mais aucun ne lui avait coûté autant d'efforts, de concentration, de recherche introspective que Léa dans *la Soirée* de Jérôme Bois. « Aucun rapport avec des réalités concrètes », avait dit Jacques, quelques mois avant de se tuer en vertu des principes mêmes de la pièce. Nadine fronça les sourcils, elle ne voulait pas penser à Jacques.

Au-dessus de Bordeaux, l'avion creva les nuages et le vol se poursuivit dans un ciel éclatant jusqu'à Biarritz et enfin Madrid. Nadine se hâta de retrouver sa valise dans le sordide aéroport évocateur de la gare Saint-Lazare, sortit dans la rue chaude où flottait une odeur de goudron, s'installa dans un taxi. L'équipe du film était logée à l'extérieur de la ville, dans le faubourg cossu de la Puerta de Hierro. Il fallut, pour l'atteindre, traverser la capitale de part en part, patienter aux feux rouges d'innombrables artères larges et sinistres dont la *Généralissimo* bordée de ministères et autres lugubres bâtiments administratifs, rectiligne, vaste, écrasée sous le soleil. Le taxi quitta la ville, emprunta une autoroute sur une centaine de mètres, s'en écarta pour traverser le village de Peña Grande composé de funèbres bâtisses modernes côtoyant de vastes et poussiéreux chantiers où jouaient en silhouette contre un ciel rougeoyant une multitude d'enfants hurlants. Quoique de construction récente, les immeubles paraissaient déjà incrustés de saleté, comme si quelque désespoir enfoui gagnait la pierre, telle une moisissure. La voiture contourna la brouette d'un marchand de pastèques et descendit une route en lacets, à la chaussée déformée et trouée, pour atteindre enfin l'Arroyo del Paudo, avenue bordée d'arbres, calme et ensoleillée. Situé en retrait, l'hôtel Monte-Real présentait à la rue une façade courbe avec une allée circulaire permettant l'accès des voitures.

Par contraste avec l'extérieur, il régnait un froid polaire dans le hall d'entrée où le réceptionniste, au français obséquieux et approximatif, se déclara comblé par la présence de Nadine Chevalier dans l'établissement et s'empressa de la faire conduire à sa chambre, confortable et spacieuse.

Nadine prit une douche, se changea, et descendit explorer l'hôtel, repérant piscine, bar, salon de coiffure et restaurant. Au bar, elle commanda un café et s'assit pour attendre le retour de l'équipe après le tournage. Ils arrivèrent une heure plus tard, poussiéreux et bronzés. Bannier embrassa Nadine sur les deux joues avec une tendresse presque sincère, Leroux lui offrit un verre, l'ingénieur du son, Marc Vals, une vieille connaissance, s'obstina à lui rappeler les films qu'ils avaient faits ensemble en énumérant les membres de chaque équipe. Plus tard, alors que Nadine quittait le restaurant où elle avait dîné avec Bannier, elle croisa Claude Landre dans un couloir. Elle fut frappée de voir combien elle avait embelli depuis *Demain, on verra*. Hâlée, ses boucles lâches et sombres entourant le beau visage rieur, elle marcha droit vers Nadine, l'embrassa.

— Ça fait longtemps, hein?

— Très longtemps, dit Nadine.

On avait glissé la feuille de service sous sa porte. Elle l'étudia en se déshabillant, constata qu'elle était du premier plan, qu'elle irait au tournage dans la voiture numéro 2, qu'elle partagerait avec le directeur de la photographie, Henri Chatelard. Elle s'endormit rapidement.

La lourde et vieille Seat dont le moteur paraissait sur le point de déclarer forfait, monta péniblement la route de Burgos conduite par un chauffeur petit et enjoué qui ne semblait pas avoir plus de onze ans. Il était sept heures du matin.

— Il n'est pas si mal, dit Chatelard désignant le conducteur juvénile. C'est le gros Carlos qu'il faut éviter, un chauve qui fume le cigare. Il faut deux jours pour se remettre après un trajet avec lui. Grand, avec des yeux perçants et des cheveux fournis et blancs, Chatelard en était à son soixantième film. Il étudia le visage de Nadine en silence, puis remarqua soudain :

— Soyez gentille, essayez de ne pas bronzer.

Nadine hocha la tête, elle connaissait les problèmes de maquillage et d'éclairage. La voiture quitta la route de Burgos, emprunta un chemin de terre sur un kilomètre pour rejoindre la Carretera di Colmenar Viejo, village désert aux murs couverts d'affiches de corrida, lacérées et collées les unes sur les autres. Ils passèrent l'arène, s'enfoncèrent dans la campagne au pied de la Sierra de Guadarrama dont les sommets, même au mois d'août, étaient calottés de blanc. Le décor, une rangée de cabanes blanchies par le soleil au bord d'un chemin sableux, s'appuyait contre le flanc d'une colline aride où l'herbe jaunie poussait en plaques éparses. On avait érigé une tente pour les repas près des caravanes des vedettes et une autre, plus grande, pour le maquillage. Groupés autour d'une table où volaient les « *buenas* », « *com'esta?* » mélangés aux « salut », l'équipe prenait le petit déjeuner.

Un gobelet de très mauvais café à la main, Nadine gagna la roulotte où on l'habilla, puis passa entre les mains d'une maquilleuse à qui il fallut tout montrer. Enfin, elle se rendit sur le décor où les machinistes calaient un rail de travelling, tandis que les électriciens poussaient les énormes arcs soulevant des nuages de sable. Leroux apparut avec Bannier, lui expliqua le premier plan. Elle n'avait qu'à descendre d'une voiture, longer la courte rue, entrer dans une maison. Deux minutes avant la prise, une antique Bentley apparut à l'horizon soulevant deux bancs de poussière, le soleil se reflétant dans les chromes du radiateur. La majestueuse voiture s'arrêta près de la cantine et un homme maigre et voûté, vêtu de noir, avec un étrange chapeau colonial sur la tête en descendit. Le nez busqué, de longs cheveux sombres et gras sur les épaules, des lunettes sombres *Ray-ban* sur le nez et trois appareils reflex Minolta en bandoulière, Hugo Weissman, photographe de plateau, se rapprocha d'un pas lourd, avisa une échelle placée près d'un arc et s'y jucha. Ainsi perché, il avait tout d'un mélancolique vautour. Insensible au soleil et à la chaleur, il ne se mettait jamais à l'ombre, restant de longs moments dans la fournaise de midi, méditatif et morose, sa tenue noire couverte de poussière. Il utilisait une cellule si ancienne qu'on ne pouvait s'y fier, mais cela ne l'empêchait pas de la consulter de temps en temps et de secouer la tête tristement en constatant le résultat. Par ailleurs, Hugo Weissman était l'un des meilleurs et des plus recherchés des photographes de plateau.

A deux heures de l'après-midi, on arrêta pour déjeuner. Le repas, servi sous une toile odorante d'aspect militaire par deux garçons ruisselants de sueur, se composait d'un bouillant pot-au-feu tel qu'on en mange généralement au cœur de l'hiver. Nadine fut surprise de constater que dans la chaleur et la poussière, le plat hivernal n'était pas déplaisant. Invitée à la table du metteur en scène par Bannier, elle avait secoué la tête. Elle n'appréciait pas trop ce privilège inhérent à la hiérarchie cinématographique. Elle se retrouva à côté du sombre Weissman et en face du chef machiniste, un homme étonnamment beau dont elle avait remarqué l'extraordinaire capacité de travail. Disposant d'une équipe solide, il assurait à lui seul la moitié des tâches, et n'en déléguait le restant qu'avec réticence.

— C'est bon? lui demanda Nadine, désignant le plat.

Il hocha la tête avec un large sourire.

— *Divino*, affirma-t-il.

— Vous êtes Nadine Chevalier? demanda une voix basse.

Nadine se tourna.

— Oui.

Weissman secoua la tête, tendit la main :

— Hugo Weissman, personne ne présente personne ici. Et il ajouta sombrement : enchanté.

Au troisième jour de tournage eut lieu un incident qui laissa Nadine perplexe. Postée à côté de la caméra, elle donnait la réplique à Claude pour un plan où cette dernière n'avait qu'un mot à dire alors que Nadine avait cinq lignes. Après une première répétition, Claude secoua la tête, et disant à Leroux :

— Viens voir, une minute.

Elle quitta le décor, suivie par le metteur en scène.

— Qu'est-ce qu'il y a? demanda Leroux quand ils furent seuls.

— Il y a que je ne comprends rien à ton plan. C'est elle qui parle, c'est elle qui a un sentiment à faire passer, et tu balances tout sur moi. Pourquoi ?

Éberlué, Leroux la dévisagea.

— Tu veux que je tourne le plan en contre-champ sur elle ?

— Ça me paraît plus logique, non ?

Leroux hocha lentement la tête. Abandonné sur-le-champ, Nadine devait retrouver le plan deux heures plus tard, une fois les lumières renversées et la caméra dirigée sur elle. Pensive, elle regarda Claude et puis Leroux à tour de rôle.

Le soir même, sortant de la piscine, Nadine s'approcha de Claude, allongée sur le gazon, son soutien-gorge de maillot dégrafé. Elle s'assit à côté d'elle, lui offrit une cigarette.

— Merci, dit Claude.

— C'est moi, dit Nadine, imperturbable.

Claude leva les yeux, sourit.

— Leroux est gentil, mais il ne faut pas toujours le laisser faire. Tu me fermes mon truc ?

Nadine attacha le soutien-gorge et Claude se retourna.

— Qu'est-ce qui s'est passé ? demanda-t-elle d'une voix neutre.

Nadine haussa les épaules.

— Rien de particulier. J'ai pris un faux départ, c'est tout.

— Et la pièce de Messala ? On m'a dit que tu étais formidable.

Nadine baissa les yeux.

— On a tenu huit jours.

Claude secoua la tête.

— Le rôle était beau ?

— Mieux que ça, dit Nadine.

Un temps. Nadine fixait l'extrémité de sa cigarette. Elle frissonna, la chaleur tombait. Bannier, qui venait de passer une heure à rédiger la feuille de service pour le lendemain, faisait le tour de la piscine, encore couvert de poussière, les yeux cernés. Il s'arrêta devant Claude.

— Il y a un type au bar qui te cherche.
— Qui ça?
— J'sais pas, il vient de Paris. Je crois que c'est un photographe.
— Servais? demanda Claude, Servais Mont?
— Oui, ça doit être ça.
— Chouette! dit Claude, se levant d'un bond et courant vers l'hôtel, laissant sa serviette sur le gazon.
Bannier regarda Nadine, haussa les épaules, et s'éloigna. Nadine resta immobile au bord de la piscine, fumant une cigarette après l'autre, tandis que le soir tombait.

A huit heures et demie, les clients qui prenaient l'apéritif sur la terrasse virent Nadine sortir de l'ombre au-delà de la piscine, en maillot de bain, entrer d'un pas lent dans l'hôtel, impassible. Dans sa chambre, elle se changea, consulta la feuille de service et, étendue sur son lit, étudia les scènes du lendemain.

Il n'y avait guère que les membres de l'équipe au restaurant lorsque Nadine y descendit à neuf heures et demie. Quatre jeunes comédiens bruyants se racontaient des histoires en buvant de la sangria, Leroux dînait avec Claude Lacombe, arrivé de Paris après trois jours sans tourner; Bannier était attablé avec Weissmann et Chatelard, Marc Vals narrait à une jeune actrice ses aventures à la Martinique pendant la guerre, et enfin Claude partageait un gigot de mouton avec Servais, dans un coin de la salle. Le maître d'hôtel, grand et brun, qui ressemblait à Christopher Lee en Dracula mais sans les canines hypertrophiées, salua Nadine avec une obséquieuse déférence et lui proposa une petite table de coin. Mais Bannier quitta son groupe, s'approcha.
— Tu viens avec nous? Je me demandais ce que tu devenais.

Weissman, qui avait troqué ses vêtements noirs et poussiéreux contre des habits noirs et propres, et sans son couvre-chef colonial, se leva tandis que Nadine s'asseyait. Chatelard lui adressa un sourire chaleureux. Ils parlèrent de la journée de tournage, de l'accessoiriste dont l'aspect simiesque lui avait valu la sympathie de l'équipe jusqu'au jour où l'on s'était aperçu que l'homme se trouvait irrésistible et avait peuplé les faubourgs de Madrid d'enfants illégitimes; du directeur de production, un Corse obstiné dont les économies « de bouts de chandelles » faisaient rire tout le monde; de Lacombe, vedette du film et comédien exécrable; de Consuelo, la « *script* », enceinte de six mois, active et joviale, dont l'œil exercé prévenait infailliblement les fautes de « *raccord* »; de Claude, dont on se demanda si elle céderait enfin aux « avances » de Chatelard, lequel se défendait bien d'en faire. Durant le repas, Nadine ne tourna que rarement les yeux vers la table de Servais et de Claude, mais alors qu'elle finissait son café, elle constata soudain qu'ils étaient partis. Deux serveurs débarrassaient la table.

— Comment vas-tu ? dit Servais.

Nadine se tourna, leva la tête avec un sourire.

— Tiens ! T'es à Madrid ?

— On m'a convié. Tu tournes demain ?

Nadine hocha la tête.

— Alors on se verra là-bas, dit Servais d'une voix neutre.

Nadine le présenta aux autres. Il connaissait Weissman, l'avait rencontré sur de nombreux plateaux.

— Tu arrives toujours à la dernière minute dans ta limousine ?

— Toujours, dit Weissman avec satisfaction.

— Alors c'est toi qui te lèves le plus tard. Je n'ai pas encore eu le temps de louer une voiture. Tu m'emmènes ?

— D'accord.

— Demain, on est en « américaine » dit Chatelard.

Les deux photographes firent la grimace. Servais regarda Nadine.

— Tu n'auras pas froid, dit-il. Bonne nuit.

— Bonne nuit, dit Nadine.

Elle avait l'impression que la peau de son visage enflait, se tendait, éclatait en cloques. Chatelard y avait concentré trois arcs et deux « mini-brutes » pour assurer un faux contraste « nocturne » avec la colline saturée de soleil.

— C'est supportable? demanda-t-il.

Nadine écarta les bras.

— Si c'est court oui, mais si c'est long...

Laclos hocha la tête, fit dévier un arc pour qu'elle ne prenne pas toute la force du rayon bleu dans les yeux.

— Et comme ça?

— Un peu mieux. Tu crois que le maquillage va tenir?

Laclos s'approcha pour l'étudier.

— Ça devrait aller. Donne-moi deux secondes et je te libère.

Il procéda à de rapides vérifications avec sa cellule, puis coupa la lumière. Nadine poussa un soupir, et s'assit sur un muret blanc. Les machinistes s'affairaient autour d'elle, déroulaient des câbles, creusaient des trous pour assurer l'équilibre des arcs. Certains mangeaient des omelettes en sandwich et l'odeur fétide de l'huile d'olive cuite se propageait. Nadine gardait les yeux sur l'horizon, tout en fumant une Habanos. Elle avait terminé ses cigarettes françaises dans la nuit. La longue et noire Bentley apparut enfin, dans un nuage de poussière, roulant à vive allure. Weissman et Servais en descendirent, discutant avec passion des mérites comparés du Nikon et du Leicaflex. Sans un regard pour Nadine, ils allèrent se renseigner sur le premier plan auprès de Marc Vals, assis derrière son Nagra sous une ombrelle orange qu'il avait apportée de Paris.

Au milieu de la matinée, Claude arriva, maquillée et prête à tourner, d'excellente humeur. Elle courut vers Servais, l'embrassa avant d'aller serrer la main de Leroux. Chatelard et Bannier échangèrent un regard. Après le déjeuner et avant la reprise, Nadine vit Claude et Servais sur le flanc de la colline. Servais la photographiait.

Dans l'après-midi, on tourna la première de ce que Martine Delcroix avait appelé « les scènes de cul ». Nue, criblée de balles et ensanglantée, Nadine devait mourir dans les bras de Claude au milieu d'une région désertique. On avait choisi un emplacement à une centaine de mètres du décor et plusieurs camions emmenaient le matériel sur place.

— Tous ceux qui ne sont pas indispensables restent ici, déclara Bannier, y compris les photographes.

— Désolé, dit Weissman, mais Kupolski tient particulièrement à avoir cette scène en photo.

Bannier haussa les épaules.

— C'est pas Kupolski qu'on va mettre à poil. Demande à Nadine.

— Bon, dit Weissman, sans enthousiasme, et il se dirigea vers la caravane où l'on maquillait Nadine.

— Tu veux que je lui demande? proposa Servais.

Soulagé, Weissman hocha la tête.

— Ça m'arrangerait.

Le maquilleur spécialisé dans les effets spéciaux dessinait avec soin une rigole de sang autour du sein de Nadine quand Servais frappa à la porte de la roulotte.

— Oui? dit Nadine.

— C'est Servais.

Nadine hocha la tête.

— Oui, entre.

Servais s'assit dans un fauteuil, les yeux cachés derrière d'épaisses lunettes de soleil.

— Je suis délégué par mon ami Weissman pour te demander si tu acceptes d'être photographiée dans cette scène affolante.

Nadine écarta une cuisse pour permettre au maquilleur de verser l'hémoglobine, puis dévisagea Servais, impassible.

— Je m'en fous, dit-elle.

Servais hocha la tête.

— Il sera heureux de l'apprendre.

Il se leva, s'arrêta.

— Il faut mettre du noir aux points d'impact, sinon on n'y croit pas.

Prenant un bâton sombre dans la trousse du maquilleur, il se pencha sur Nadine, ajoutant une touche çà et là.

— Voilà.

— Merci, dit Nadine cherchant à distinguer ses yeux derrière les verres sombres.

Il la regarda.

— Bien dormi?

Elle hésita.

— Non.

Ils se dévisagèrent.

— A tout à l'heure, dit Servais.

Rapide quand il le fallait, Henri Chatelard savait aussi prendre son temps s'il tenait à réussir un effet particulier. Cellule en main, sourcils froncés, jetant des regards perçants au ciel, il tournait sur lui-même, se grattait la tête, insatisfait, cherchant à améliorer. Cependant, Claude discutait avec Bannier, Leroux étudiait le scénario, Vals traînait son perchman espagnol dans la boue pour avoir quatre fois mis le micro dans le champ depuis le début de la journée, et Nadine, à l'écart, nue, ruisselante de sang factice, méditait. Le déclic du Nikon de Servais, à quelques mètres, la fit sursauter.

— Viens par là, dit-il.

Il tendit la main, l'aida à se relever, la conduisit plus loin derrière un amas de rochers. Déjà bas, le soleil projetait des ombres longues et fines sur la plaine sableuse.

— Tu te mets là, face au soleil.

Elle s'exécuta. Servais leva un appareil, puis un autre, hésitant entre plusieurs objectifs. Puis il s'accroupit. La luminosité rouge faisait briller le sang sur le corps de Nadine. Il prit la photo, se leva et s'approcha.

— Nadine! cria Bannier au loin.

Elle se tourna, posa une seconde la main sur l'épaule de Servais.

— Il faut que j'y aille.

A quelques mètres de la caméra, Servais trouva Hugo Weissman à quatre pattes, Minolta à l'œil, visant quelque chose dans le sable. Il se pencha près du photographe, aperçut le scorpion. D'un rose délicat, l'insecte se propulsait lentement sur le sol, le dard dressé.

Le soir même, alors que Claude prenait une douche, le téléphone sonna. Drapée dans une serviette, elle courut sur la moquette.

— Bonsoir, dit une voix basse et morose, Hugo Weissman à l'appareil.

— Bonsoir, dit Claude, interdite.

Depuis le début du tournage, elle n'avait pas échangé trois mots avec le distant et lugubre photographe de plateau.

— Connaissez-vous Tolède? dit la voix lente sans inflexion particulière.

— Non, dit Claude.

— Nous pourrions y dîner. On m'a dit que les remparts, le soir, valent le coup.

Claude eut envie de rire.

— Je ne sais pas, dit-elle.

Il y eut un long temps. Puis Weissman dit abruptement :

— N'en parlons plus.

Et raccrocha. Consternée, Claude retourna sous sa douche. Puis elle s'habilla et demanda la chambre de Weissman au standard.

— Hugo Weissman, j'écoute.

— Je veux bien, dit Claude, mais à condition que vous ne mettiez pas votre chapeau.

— Il est pourtant de belle qualité, dit Weissman, il n'importe, je le mets rarement le soir. Disons vingt heures trente au bar?

— Disons ça.

Weissman raccrocha et demanda la chambre de Servais.
— Oui?
— C'est fait, dit Hugo Weissman.
Servais resta un instant immobile, contemplant par la fenêtre le soir qui tombait sur la piscine trop bleue.

Étendue sur son lit, Nadine étudiait, comme à l'accoutumée, ses scènes. Tout en lisant, elle décrocha le téléphone qui sonnait.
— Nadine? Servais.
— Bonsoir.
— Un steak de 500 grammes superbement cuit, ça te dirait?
Nadine posa son scénario, laissa sa tête tomber sur l'oreiller.
— Oui, assez. Ça se trouve?
— Dans le vieux Madrid, à la *Casa Paco*.
— Tu as une voiture?
— Je demanderai à l'hôtel.
— Okay.
— Neuf heures au bar?

A la même heure, à Paris, sonnait le téléphone de Luce Berthelot. Elle rentrait à l'instant de l'agence. C'était Sébastien Steiner.
— J'espère que je ne vous dérange pas.
— Pas du tout, comment va Dalila?
— Bien.
Un temps.
— J'aurais un service à vous demander et je ne sais trop comment m'y prendre.
— En m'invitant à prendre le café, dit Luce promptement.

Le concierge de l'hôtel regrettait, mais toutes les voitures étaient sorties. Par contre, le car était libre et pourrait être mis à la disposition de M. Mont.

— Le *car*? demanda Servais.

Avec une certaine fierté, l'employé conduisit Servais à l'arrière de l'hôtel où stationnait un car bleu pâle, avec le nom de l'hôtel peint sur les côtés en lettres dorées, et aux vitres fumées.

— Mais je ne vais quand même pas aller au restaurant là-dedans, dit Servais.

— Pourquoi pas? demanda le concierge, perplexe et un peu blessé.

— Mais enfin nous serons *deux*!

— Je ne comprends pas, dit l'employé, ce véhicule peut transporter trente personnes...

Avec un sourire, Servais capitula. Trente minutes plus tard, il s'effaçait pour permettre à Nadine de prendre place dans le car.

— Qu'est-ce que c'est que ça!

— L'hôtel n'avait plus de voitures, dit Servais impassible.

Ils s'installèrent sur une banquette arrière, tandis qu'un chauffeur distingué, portant un costume aux mêmes couleurs que le véhicule, veste bleu pâle et cravate dorée, faisait démarrer le moteur diesel.

Le car fit le tour de l'hôtel, passant près de la terrasse où Leroux, Bannier et Chatelard prenaient l'apéritif. Bouches bées, ils regardèrent passer Nadine et Servais au fond du véhicule vide. Nadine se mit à rire, suivie bientôt par Servais. Sans comprendre, mais ravi de leur apparente bonne humeur, le chauffeur s'esclaffa à son tour. Le car contourna la Puerta de Hierro, et se dirigea vers Madrid.

Tandis que Luce prenait Dalila sur ses genoux en essayant de ne pas voir l'atroce maigreur des pattes arrière, Sébastien Steiner disposait tasses, sucrier et cafetière sur la table basse.

— Allez-y, dit Luce, je suis assise.

Steiner poussa le sucrier dans sa direction.

— Voilà, j'ai cru comprendre que vous aviez dactylographié la pièce de Servais.

— Oui, dit Luce.

— Eh bien, je me suis demandé si vous pourriez me rendre le même service.

Steiner alluma sa pipe avant de poursuivre.

— Je me suis renseigné auprès de différents bureaux spécialisés et c'est malheureusement tout à fait au-dessus de mes moyens, surtout après l'opération de Dalila. Il va sans dire que je tiens à vous payer.

— Oui, dit Luce. Pour quand le voulez-vous?

— Je ne sais pas, quand vous pourrez.

Steiner se leva pour aller prendre le lourd manuscrit sur sa table. Luce feuilleta les sept cents pages lentement.

— C'est un énorme travail.

Steiner haussa les épaules.

— Je sais. Si vous ne pouvez pas, je comprendrai très bien.

— Je ne parlais pas du mien, mais du vôtre.

— Ah oui, dit Steiner, d'une voix neutre.

La main qui tenait sa pipe tremblait légèrement.

Luce le dévisagea un instant en silence.

— Vous l'aurez dans quinze jours environ.

— Vraiment? Mais d'abord dites-moi combien...

— Ça sera cher, dit Luce, et payable immédiatement.

— Mais...

— Une place de cinéma.

Steiner fronça les sourcils.

— Vous voulez aller au cinéma?

— J'y tiens.

Perplexe, Steiner prit son portefeuille dans sa poche.

— Eh bien...

— Avec vous.

Steiner regarda Luce comme si elle l'avait convié à une messe noire. Elle consulta sa montre et se leva, déposant Dalila sur le canapé.

— Vous avez vu *Rio Bravo*?

Située au coin d'une petite place sinistre au cœur du vieux Madrid et non loin de la célèbre Plaza Mayor, la *Casa Paco*, réputée pour la taille et la qualité de ses steaks, ne paie pas de mine. Servais avait pris la précaution de réserver une table, mais il leur fallut néanmoins patienter vingt minutes dans la bruyante salle du rez-de-chaussée où une clientèle hétéroclite consommait « *tapas* » et « *tio pepe* » dans un vacarme joyeux. Parvenus à l'étage où on leur octroya une petite table près de la fenêtre, ils constatèrent que le bruit semblait de mise à tous les niveaux de la Casa Paco. Une famille comprenant quatre adultes et trois enfants, tous congestionnés et hystériques, consommait d'énormes morceaux de viande en hurlant pour essayer de se faire comprendre. Abasourdis, Nadine et Servais finirent par se faire servir de gigantesques et succulents steaks valant amplement les désagréments supportés auparavant. Ils ne firent aucun effort pour converser, échangèrent des hochements de tête satisfaits et des sourires d'impuissance.

Hugo Weissman parlait depuis bientôt une heure et il parlait bien. Incrédule, Claude le regardait en silence, écoutait, riait souvent, et découvrait sous une apparence taciturne et sombre un esprit caustique et cultivé dont elle n'aurait jamais soupçonné l'existence. Installés à la terrasse d'un restaurant permettant une vue quasi aérienne de la superbe ville de Tolède dans la lumière du soir, ils avaient fait un repas excellent, et faisaient durer leur café dans une fraîche pénombre. Claude s'était attendue à devoir repousser des avances maladroites, il n'y en eut pas. A la fin du repas, elle commença à les attendre avec intérêt. Sur le chemin du retour, elle comprit qu'il n'y en aurait pas. Pilotant la longue et puissante Bentley dans la nuit, Hugo Weissman l'entretint d'une théorie célèbre selon laquelle la terre serait creuse et habitée dans ses entrailles par d'ésotériques peuplades de l'ombre, fit une digression sur le progrès d'une nouvelle sorte de mysticisme qui atteignait les jeunes, dont son fils âgé de quatorze ans, pour survoler enfin avec une admirable concision le rôle du concept de Dieu dans la littérature initiatique en général. Consciente qu'elle ramenait la conversation à un niveau très quotidien, Claude s'enquit de son épouse et apprit que Sarah Weissman était partie rendre visite à une cousine au Canada dix ans auparavant et n'était pas encore de retour.

— Elle a raison, dit Weissman, ce n'est pas la peine de traverser l'Atlantique pour quinze jours. Il faut prendre le temps de visiter le patelin.

Il avait parlé avec tant de naturel que Claude hésita à rire.

A deux heures du matin, la Plaza Mayor connaissait encore une certaine affluence, des couples déambulaient autour de la monumentale statue équestre, tandis que de solitaires Madrilènes se hâtaient de rejoindre leur voiture garée dans le vaste parking tout récemment creusé sous la vieille place. Nadine et Servais marchaient lentement sur les pavés inégaux, goûtant le silence relatif et la fraîcheur du soir.

— Je ne me souviens plus où on a donné rendez-vous au chauffeur, dit Servais.

Nadine s'arrêta, cherchant un repère :

— Là-bas, derrière l'escalier.

— Ah oui.

Il alluma une cigarette.

— T'en veux une?

— Non. Jacques est mort.

Il se tourna, elle le fixait, les yeux un peu écarquillés.

— Il s'est tué.

Servais ne dit rien, il la regarda.

— Je n'ai pas besoin de te dire pourquoi, ajouta-t-elle, d'une voix dure.

— Je ne le connaissais pas, dit Servais.

Nadine secoua la tête avec un sourire amer.

— Oh si.

Et soudain, comme une marionnette dont on aurait lâché les fils, elle s'écroula sur le pavé, recroquevillée sur elle-même. Servais se pencha, vit les larmes couler silencieusement de ses yeux fixes. Accroupi à ses côtés, il resta immobile, sachant qu'il ne pouvait pas l'aider. Trente secondes après, elle se remua, plongea la main dans la poche de Servais pour prendre son mouchoir, se releva.

— C'est fini, dit-elle.

Ça ne l'était pas. C'est presque une somnambule que Servais ramena au car. En chemin, elle garda les yeux sur la route, se tenant droite comme si elle refusait le soutien du dossier de la banquette.

Servais la conduisit jusqu'à la porte de sa chambre. Elle glissa mollement les bras autour de son cou, appuya brièvement son front contre sa poitrine, puis le laissa. Il descendit au bar, demanda un jus de fruits, et s'installa à la terrasse où il resta immobile tard dans la nuit.

VI

— Café ? demanda Hugo Weissman.

Claude se tourna avec un soupir, écarta un oreiller, se dressa en se frottant les yeux. Assis, nu, à ses côtés, une longue cigarette américaine entre les lèvres, Weissman avait décroché le téléphone.

— Des litres, dit-elle, avant de refermer les yeux.

Weissman communiqua la commande à la réception, raccrocha l'appareil.

— Chatelard a appelé tout à l'heure, il nous invite chez un parvenu de ses amis, dans une grande villa en dehors de la ville.

Claude fronça les sourcils.

— On ne tourne pas aujourd'hui ?

— C'est dimanche, dit Weissman patiemment.

— Quelle horreur, dit Claude.

Une petite bonne rousse entra après avoir frappé, déposa un plateau sur la table de chevet.

— *Buenos Dias.*

— Mes hommages, dit Weissman.

Il se tourna vers Claude.

— Alors ? On y va ?

— Chez le parvenu ?

— Oui.

Claude sursauta brusquement, renversant du café sur les draps.

— Et Servais ? Je l'avais oublié !

— Il vient, dit Weissman calmement, avec Nadine.

Claude devint pensive, buvant son café par petites gorgées.

Le dimanche, il régnait une ambiance toute différente autour de la piscine. Les dames mûres trop bronzées et les hommes âgés sirotant leurs Martini à l'ombre des parasols avaient cédé la place aux couples harassés essayant de contrôler leur bruyante progéniture, laquelle courait en tous sens, braillante et gesticulante, faisant mousser l'eau du petit bassin et réclamant divers rafraîchissements d'une voix perçante. Se frayant un chemin parmi les enfants, Nadine tomba sur Andrei Kupolski, assis devant un verre de lait, le teint blafard et la moustache morose.

— Je suis arrivé hier soir, dit-il. Nous avons passé la soirée à visionner les *rushes*.

— Et vous êtes content?

Kupolski leva des yeux étonnés. De toute évidence le mot lui paraissait exagérément expressif.

— Disons satisfait. Je vous offre quelque chose?

Avec soulagement, Nadine aperçut Servais à la terrasse.

— Une autre fois, on m'attend.

Elle rejoignit Servais qui se leva.

— Tu vas bien?

— Bien, dit Servais, à condition de ne pas rester ici trop longtemps.

— Snob, dit Nadine.

Servais haussa les épaules.

— Peut-être. Weissman démarre à onze heures, il nous emmène dans sa limousine.

— On ne prend pas le car aujourd'hui?

Il sourit, secoua la tête.

— Ordure, dit une voix féminine.

Servais leva la tête. Un paréo autour des reins, la poitrine proéminente dans un soutien-gorge trop petit, Claude se pencha pour embrasser Servais sur la joue. Elle était accompagnée par Bannier.

— Tu viens? demanda Nadine.

Bannier secoua la tête.

— On fait des repérages du côté de Guadalajara pour la poursuite. Le cascadeur arrive ce matin.

Construite tout récemment dans un style pseudo-rustique, la villa dominait une colline verdoyante dont le gazon, arrosé mécaniquement du matin au soir, représentait une victoire appréciable sur l'aride et sableux terrain environnant. La piscine, longue de cinquante mètres et remplie d'eau mauve, était bordée de luxueuses cabines et d'un bar protégé du soleil par un petit toit de tuiles rouges. L'hôte, un homme massif et bronzé, le visage strié d'une longue cicatrice, reçut Chatelard, Weissman, Servais, Nadine et Claude avec gentillesse et naturel avant de les présenter à sa famille et aux autres invités. Il parlait avec un fort accent belge, ainsi que son épouse, une maigre blonde aux traits délavés, écrasée, semblait-il, par les richesses que lui prodiguait son mari. Leur fille, allongée sur un matelas, couverte de cicatrices et de traces de brûlures, émit quelques sons inarticulés en leur serrant la main. De toute évidence, la famille avait subi un accident de voiture dont la fille était sortie diminuée à tout jamais. Parmi les amis, un Américain jovial chargé de préparer les cocktails et expert en la matière, un restaurateur italien et un jeune couple espagnol avec un nourrisson de trois mois auquel l'épouse donnait le biberon.

Tandis que Chatelard racontait les incidents de tournage susceptibles d'amuser les convives, que Weissman faisait connaissance avec l'eau mauve de la piscine en compagnie de Claude, Servais et Nadine s'allongèrent au soleil un peu à l'écart et allumèrent des cigarettes.

— Tu repars quand? demanda Nadine.

— Je ne sais pas. Dès que ma mission sera terminée.

— Tu emploies de ces mots...

— Oui, dit Servais.

Ils fumèrent en silence. L'Américain, dont ils apprirent plus tard qu'il s'appelait Vic Cranston III et qu'il finissait de dilapider la fortune acquise par son grand-père dans la fabrication des potages déshydratés, leur porta deux cocktails de couleur exotique avec tant de chaleur qu'ils n'eurent pas le cœur de les refuser.

Après que Claude, qui n'aimait pas décevoir les gens, eut perdu son soutien-gorge dans la piscine, et que le jeune Espagnol le lui eut repêché parmi les applaudissements généraux, on monta à la villa où le déjeuner attendait. Commencé à une heure, il durait encore à quatre. Judicieusement panachés parmi les autres convives, Servais, Nadine, Claude, Weissman et Chatelard ne purent communiquer entre eux, et durent subir stoïquement le flot de questions qu'on leur adressait ainsi que d'interminables confidences. Le repas, cependant, fut excellent. Enfin, tous gagnèrent un patio aménagé sur le flanc de la maison, pour prendre la café. Manœuvrant astucieusement, Servais réussit à s'asseoir près de Nadine.

— J'ai mangé trop de glace, dit Nadine qui en avait repris six fois.

— Et à part ça?

— Eh bien j'ai appris que la pizza se vend mal à Madrid mais que la lasagne fait merveille.

— Intéressant, dit Servais, moi, je n'ignore plus rien de l'art de doser un *screwdriver*.

— Par contre, dit Nadine, je ne sais toujours pas où sont les toilettes.

Servais posa sa tasse.

— On explore?

— Allons-y.

Au rez-de-chaussée, après avoir parcouru un immense salon meublé en Louis XVI tout neuf, et un bureau ultramoderne, ils battirent en retraite devant la porte des cuisines et montèrent à l'étage. Ils y trouvèrent trois salles de bains. Nadine resta un moment à s'étudier dans une glace, et se trouva trop maigre comme d'habitude. Gagnant le couloir, elle se demanda où Servais était passé. Elle erra quelques secondes pieds nus sur la moquette, finit par pousser une porte qui donnait sur une vaste chambre à coucher. Assis dans un fauteuil de velours grenat, Servais fumait une cigarette.

Elle fit quelques pas dans la chambre, s'assit à l'extrémité du lit. Ils se regardèrent.

— Ils vont se demander où on est passé, dit Nadine.

Servais se leva, éteignit sa cigarette, traversa la pièce pour fermer la porte. Le soleil faisait une tache éclatante sur le tapis au pied de la fenêtre, le restant de la chambre était dans l'ombre. Nadine se leva, prit Servais à la taille, se pressa contre lui. Ils s'embrassèrent du bout des lèvres. Tous deux se revirent une seconde dans le studio de la rue Falguière, puis le moment passa, dissipé par le cri d'un enfant au loin.

Servais la déshabilla sans la lâcher et ils s'allongèrent sur le lit. Elle se serrait contre lui de tout son long, haletait doucement. Quand il voulut se soulever, elle l'en empêcha, se dressant au-dessus de lui. Ils se caressèrent pendant de longues minutes, et puis elle se coula sur lui. Il vit le corps tout entier tressaillir et se mettre en mouvement. Les muscles se tendaient sous la peau mate, les seins oscillaient lentement, le ventre se creusait. Elle s'arrêta soudain pour demander d'une voix éteinte :

— Pourquoi t'es venu à Madrid?

Il la dévisagea, étudia les yeux écarquillés, le visage luisant de sueur. Elle reprit son mouvement, le dos cambré, ses mains courant sur la poitrine et le long des jambes de Servais. Il se releva, la prit à bras-le-corps, et ils roulèrent sur le lit. La plaquant sur le dos, lui ouvrant les bras, il téta ses seins et la sentit se raidir, et s'ouvrir, et s'écarter tant qu'elle pouvait, l'aspirant en elle avec un long et lointain murmure.

Le bruit d'un plongeon indiqua que les convives avaient regagné la piscine. Plus loin, on pouvait entendre le battement rythmé d'une partie de ping-pong. Servais et Nadine hésitaient à se laisser. Ils écoutaient les bruits du dehors.

— Écoute, dit Nadine.

Servais écouta. Un étrange clapotis se faisait entendre, un bruit liquide, de succion, régulier et très présent.

Ils se relevèrent jetant des regards dans tous les coins de la pièce.

— Regarde, dit Servais.

Nadine se pencha. De l'autre côté du lit, couché dans son couffin, l'œil bleu et grave, un bébé suçait son pouce.

— Ils ont dû le mettre là avant le déjeuner, dit Nadine se précipitant sur son maillot de bain. Dépêche-toi, ils vont revenir.

Servais se dépêcha. Dans l'escalier, Nadine se tourna brusquement vers Servais, ses mains glissant sur ses épaules et autour de son dos. Servais défit son soutien-gorge pour prendre ses seins dans ses mains. Ils s'embrassèrent.

— Viens, dit Nadine, on va se baigner.

Qu'ils jouent au ping-pong, aux cartes, se baignent ou boivent des jus de fruits au bar, durant le restant de la journée Nadine et Servais ne cessèrent de graviter l'un vers l'autre, ne s'octroyant que de brefs regards mais trouvant tous les prétextes pour se frôler ou se toucher. A huit heures du soir ils étaient de retour à l'hôtel. Deux heures plus tard, Nadine remua dans les bras de Servais.

— J'ai faim.

Ils commandèrent un repas par téléphone qu'on leur monta après trente minutes d'attente. Assis nus sur le lit, ils consommèrent des cocktails de crevettes à la mayonnaise et du poulet froid, suivis de l'inévitable glace, en l'occurrence un mélange fraise-chocolat-banane surmonté d'une montagne de chantilly. Et ils firent l'amour, s'étonnant un peu de leur insatiabilité, retrouvant sous une nouvelle forme la fébrilité et même la gaucherie de leurs premiers rapports.

— Tant pis si tu en crèves, dit Nadine, au milieu de la nuit, le réveillant de caresses.

Le téléphone sonna à six heures. La standardiste prévenait

Nadine à sa demande que la voiture de production serait là dans une demi-heure. Nadine courut à la salle de bains sans réveiller Servais. A son retour, il avait les yeux ouverts.

— Frais et dispos? demanda-t-elle avec un sourire.

Servais hocha la tête.

— Et comment. Tu ne bois pas de café le matin?

— Si, ça arrive.

Elle s'habilla à la hâte sous l'œil attentif de Servais.

— *Dress-tease*, dit-elle.

— Viens ici, dit Servais.

Elle secoua la tête.

— Pas question.

Puis elle plongea sur le lit, lui prit la tête entre les mains, lui mordit les lèvres et se releva avant que les bras de Servais ne puissent la saisir.

— Tu viens avec Weissman?

— Oui, sûrement.

— Viens avec moi.

— Maintenant? Impossible.

Elle lui jeta un regard sévère.

— N'en profite pas pour sauter Claude derrière mon dos.

Pour un peu, Servais lui aurait demandé qui était Claude.

— J'essaierai.

On amena le café. Nadine lui porta une tasse au lit. Servais glissa les bras autour de ses jambes, releva sa jupe, embrassa ses cuisses. Elle s'immobilisa.

— Servais...

Il releva la tête.

— Fais attention.

— A quoi?

Elle secoua lentement la tête.

— Je ne sais pas... fais attention.

Le téléphone sonna, la voiture de production était là.

— A tout à l'heure, dit Nadine.

Et elle quitta la chambre sans se retourner.

A peine sortie des mains du maquilleur, Nadine se posta sur une hauteur d'où elle verrait arriver la voiture de Weissman. N'étant pas du premier plan, elle pouvait à loisir scruter l'horizon et fonder de faux espoirs sur le moindre soulèvement de poussière.

— Des Indiens? demanda Bannier en passant.

Nadine secoua la tête.

— Pas encore, mais on ne sait jamais.

La script vint rectifier l'arrangement de son costume afin qu'il raccorde avec un plan tourné huit jours auparavant. Chatelard vérifia son maquillage en maugréant.

— Je vous avais bien dit d'éviter le soleil.

Et la Bentley ne venait pas. Leroux lui expliqua la motivation d'un « *tunnel* » qu'elle aurait à jouer dans l'après-midi, un machiniste jovial lui proposa une « *tortilla* » odorante qu'elle refusa. Le premier plan était prêt. Lacombe répéta son mouvement pour l'opérateur, puis une deuxième fois pour le cadreur, et Bannier hurla : « Silencio! » de sa voix terne du matin.

— Moteur, dit Leroux, action.

La limousine noire apparut alors, étincelante au soleil, brassant le sable sur son passage. Elle s'arrêta près du décor. Il n'y avait que Hugo Weissman à l'intérieur. Ses Minoltas autour du cou, il se précipita vers l'échelle la plus proche, s'y hissa et redevint l'oiseau maussade dont Claude s'était étonnée de recevoir une invitation à dîner.

Nadine se leva, s'éloigna d'un pas lent, et gagna bientôt l'emplacement rocheux où elle avait, deux jours auparavant, posé pour Servais. Le plan achevé, Hugo Weissman trouva Nadine assise dans le sable, adossée à un rocher.

— Servais m'a demandé de vous dire qu'il a été rappelé d'urgence et qu'il vous appellera à Paris.

— Rappelé? Par l'agence?

— Je suppose.

Nadine dévisagea Weissman en silence.

— Et il m'appellera à Paris, c'est bien ça?
— Oui.
— Merci.

Hugo Weissman s'éloigna bras ballants, son chapeau colonial sur la tête, noir des pieds à la tête, sinistre. Nadine enfonça ses doigts dans le sable, crispa le poing, et soudain sourit. « Dès que ma mission sera terminée », avait-il dit. Et longtemps auparavant : « Il me suffit de savoir que vous existez quelque part, c'est tout. » Elle alluma une cigarette, étendue au soleil.

VII

Jean-Claude Hébrard reçut Sébastien Steiner dans un minuscule bureau encombré de livres et de manuscrits où flottait une odeur d'encens.

— Laissez-moi d'abord vous dire combien nous avons été heureux de constater que vous écriviez encore. Si ma mémoire est bonne, le dernier ouvrage de vous que nous ayons publié date de 1953, c'est bien ça?

— C'est bien ça, dit Steiner, apercevant son épais manuscrit sur le bureau.

— Je n'ai certainement pas besoin de vous dire que votre livre est d'une conception rigoureuse et brillante, que vos... théories y sont remarquablement développées... Évidemment, l'ensemble est un peu froid, un peu clinique, vous ne faites pas beaucoup d'efforts pour convaincre le lecteur...

— Vous venez de dire que les théories y sont bien développées.

— Oui, mais pour faire accepter une théorie philosophique il ne suffit pas qu'elle soit juste, encore faut-il qu'elle soit séduisante.

— Je ne connais rien de plus séduisant que la justesse, dit Steiner.

Hébrard cligna des yeux, soupira.

— Oui, dit-il, oui, évidemment.

Il eut une pensée véhémente à l'encontre de son supérieur qui lui avait confié une tâche si déplaisante.

— Toujours est-il que vos opinions très... très indépendantes ne me paraissent pas devoir remporter une très large adhésion aujourd'hui. Publier votre ouvrage constituerait un risque considérable, un risque que je serais personnellement disposé à prendre, mais je ne peux en dire autant de tous les responsables de la maison.

— Bien, dit Steiner.

Hébrard ne ressentit pas l'habituelle déception chez son interlocuteur. Celui-ci le regardait calmement, avec une certaine curiosité et beaucoup d'indifférence.

— Voilà, dit-il, je vous rends votre manuscrit.

— Merci, dit Steiner.

Aucune hostilité, aucune amertume, Hébrard repensa à certains passages du livre et la chose lui parut soudain naturelle, si naturelle qu'il éprouva le besoin d'être franc.

— Je n'aime pas votre livre, dit-il, et je vais vous dire pourquoi : je ne peux tolérer qu'on fasse supporter aux hommes tout le poids de leurs faiblesses.

— Je serais disposé à vous approuver, dit Steiner, si l'alternative ne consistait justement à faire payer à d'autres leurs capacités.

Hébrard secoua la tête.

— Je connais votre théorie. Mais la charité et la justice ne sont pas incompatibles.

— Si, dit Steiner, et je l'ai prouvé.

Hébrard consulta sa montre.

— Excusez-moi, un rendez-vous urgent...

Steiner se leva, prit son manuscrit sous le bras. Hébrard fit un effort pour restituer la situation traditionnelle.

— Ne le prenez pas trop à cœur.

Steiner lui jeta un regard étonné.

— Que je ne prenne pas *quoi* à cœur?

Hébrard fit un geste.

— Eh bien, notre refus.

— Au revoir, dit Steiner.

Le laborantin disposa en silence les tirages cartonnés devant Servais et Julien Byane. Il avait les yeux cernés, ayant passé la nuit à refaire trois épreuves que Servais avait refusées :

— Vous les avez tramées avec quoi? Votre pantalon?

Daniel Caron aimait son métier. Vexé, il s'était fait expliquer une fois de plus les volontés de Servais et s'était mis au travail jusqu'à cinq heures du matin. Servais étudia les photographies rapidement, se tourna vers Caron et hocha la tête. Le tireur s'aperçut que l'approbation de Servais lui était précieuse.

Julien Byane resta immobile devant chaque tirage, élégant, froid, avec une étrange intensité dans le regard. Puis, baissant soudain la tête pour cacher ses yeux, il marmonna :

— Je vous avais dit qu'il était inutile de me les montrer.

Servais sourit.

— Disons que je cherchais quelqu'un pour m'inviter à déjeuner.

Quittant la laideur de José Antonio, de ses cinémas vastes et vétustes, de ses milkbars bruyants, de sa saleté, Nadine s'enfonça d'un pas rapide dans le vieux Madrid et se trouva bientôt Plaza Mayor devant l'imposante statue équestre. Tête levée, elle l'étudia un moment. Puis elle gagna lentement l'endroit où le car bleu et or de l'hôtel Monte-Real les avait attendus, plus de trois semaines auparavant. Si le plan de travail avait été respecté, Nadine aurait déjà quitté Madrid depuis dix jours, mais il s'était révélé aussi peu réaliste que Bannier l'avait prédit, et le dépassement augmentait chaque jour comme les rides soucieuses sur le front du maussade Kupolski. Passé le premier mois de tournage, une lassitude avait gagné l'équipe; les comédiens se plaignaient que le retard allait leur coûter d'autres engagements, traînaient autour de la piscine, irritables et bronzés à souhait. Depuis dix jours, Claude partageait le lit de Michel Bannier et, à son étonnement, s'y plaisait davantage chaque jour. Tous les soirs, lors de la projection des « rushes », Leroux et le directeur de production s'injuriaient sous l'œil harassé de Kupolski. Et le film se tournait, dans le chaos, comme il se doit, et somme toute très normalement. Sauf tempête de sable, tremblement de terre ou crise cardiaque du metteur en scène, Nadine n'avait plus qu'une journée de tournage, le lendemain. Le soir même elle regagnerait Paris en avion. Elle avait vécu les trois semaines sans impatience, avec une sorte de sérénité que ses partenaires, tout à leur traditionnelle exaspération, firent semblant de lui envier.

Le vacarme habituel régnait au rez-de-chaussée de la *Casa Paco*, mais Nadine trouva place sans trop attendre. Servie sur les mêmes assiettes brûlantes avec le même empressement jovial, la viande lui parut toutefois moins bonne et l'endroit moins sympathique. Ce soir-là, elle regagna l'hôtel assez tôt. Elle trouva Claude et Bannier assis dans la pénombre autour de la piscine, se tenant par la main et buvant du « *vino tinto* ».

— On t'a cherchée, dit Bannier; ton dernier jour et tu disparais...

— J'avais des trucs à faire en ville, dit Nadine.

Elle s'assit à la table, prenant une cigarette dans le paquet de Claude.

— Tout va bien?

— Tu parles, on va se marier, dit Claude, et elle éclata de rire.

Vingt-quatre heures plus tard, Nadine posait sa valise sur la moquette du studio de la rue de Varenne. Elle se confectionna un café, mangea un gâteau sec défraîchi, trouvé dans un placard de la cuisine, et erra un moment, tasse en main, en se disant qu'elle était de retour. Déjà la piscine, l'hôtel, la Sierra et le vieux Madrid s'éloignaient, s'estompaient, prenaient les couleurs fanées de l'irréel. Nadine jeta un regard au téléphone, éprouvant un doute qui ne l'avait pas effleurée en Espagne. Puis, haussant les épaules, elle se déshabilla et prit un bain. Alors qu'elle enfonçait le gros orteil de son pied droit dans le robinet, habitude que les classiques avertissements maternels avaient consolidée à jamais, le téléphone sonna. Ruisselante, arrosant la moquette sur son passage, elle gagna le salon et décrocha.

— Ah, dit Faustine, depuis le temps que j'essaie de vous avoir. Il faut appeler Germain Pillard, il vous cherche depuis une semaine. Il monte quelque chose au Gramont.

— Quoi ? demanda Nadine.

— Une pièce, un peu folle. Ça s'appelle *le Bébé ne rentre plus dans le saladier*. Je crois qu'il a un beau rôle pour vous. Appelez-le tout de suite.

— A cette heure-ci ?

— Pourquoi pas ? Quelle heure est-il ? demanda Faustine Bolvard-Klaus.

— Une heure du matin.

— C'est parfait, vous l'aurez à la Coupole. Il y dîne tous les soirs. Tenez-moi au courant.

Elle raccrocha. Nadine regagna lentement la salle de bains où elle endossa un peignoir.

Germain Pillard, dont le précédent spectacle, *Des anchois dans ma semoule,* avait trouvé l'approbation des critiques et du public, garçon hirsute de vingt-huit ans, imaginatif avec un sens très sûr du non-sens, donna rendez-vous à Nadine le lendemain à deux heures du matin à la Coupole. De toute évidence, c'était un nocturne. Entouré d'amis turbulents, il accueillit Nadine avec simplicité, lui raconta sa pièce en trois minutes, lui en lut deux extraits d'une voix neutre qui convenait parfaitement au texte saugrenu, et s'étant assuré que Nadine serait libre au bon moment, lui offrit un rôle sans autres formalités. Forte d'un précédent, Nadine réveilla Faustine Bolvard-Klaus à trois heures du matin pour l'en informer.

Levée tard, le troisième jour depuis son retour, elle traîna chez elle jusqu'à l'après-midi, puis gagna Saint-Germain-des-Prés pour acheter des journaux. Elle tomba en arrêt devant la vitrine d'une librairie où pendait une affiche avec une photographie de Nadine Chevalier. Jamais on ne lui avait fait un tel portrait. Elle ne s'était jamais vu ce visage, non pas qu'il lui fût étranger, au contraire. On eût dit que le photographe était parvenu à ce qu'un reflet du plus secret d'elle-même éclaire ses traits. La médiocre impression de l'affiche ne cachait pas, par ailleurs, la précision lumineuse du portrait, comme si l'on avait effacé tout ce qui n'était pas fondamental au sujet, balayé l'accessoire et le banal, fait une farce à la réalité. L'affiche comportait le texte suivant :

PHOTOGRAPHIES DE
SERVAIS MONT.

Octobre-Novembre.
Galerie Julien Byane,
10, rue Guénégaud, Paris (6e).

De la rue on ne voyait, de la galerie Julien Byane, qu'une vitre opaque et noire et une porte étroite décorée par l'affiche. Nadine resta un moment indécise, sur l'autre trottoir, essayant sans succès d'apercevoir quelque chose à travers la sombre vitrine. Enfin, avec un haussement d'épaules, elle traversa la rue et poussa la porte. Exiguë à l'entrée, la galerie s'élargissait rapidement en un vaste triangle. Sur les murs recouverts de liège pendaient une vingtaine de photographies de formats variés. Dans un coin, assise derrière un petit bureau d'acier, une femme élégante et blonde remplissait des cartons d'invitation. Elle leva la tête en apercevant Nadine, lui adressa un bref sourire et se remit à sa tâche. Deux visiteurs erraient de photo en photo, un homme de cinquante ans, mal vêtu, avec une serviette cabossée à la main, et une jeune femme maigre, aux longs cheveux épars et au nez aquilin. Il régnait un silence ouaté dans la galerie.

Haute de deux mètres, large d'autant, la photographie

occupait un mur entier à elle seule. On y voyait Nadine Chevalier, nue, ensanglantée, entaillée de toutes parts, se tenant sur un promontoire rocheux contre un ciel éclatant. Nadine baissa la tête, s'intéressa au petit portrait accroché près de la porte, il s'agissait de Marielle Lachize, agenouillée sur un lit, bras levés, échevelée, faisant apparemment face à une menace indicible. Ensuite, Nadine étudia une rue nocturne où marchait un homme grand et âgé, aux cheveux blancs et courts, soutenant avec un harnais l'arrière-train d'un cocker d'aspect vivace aux grands yeux liquides. L'image n'avait paradoxalement rien de triste, le vieillard respirant une assurance ferme et jusque dans la position du bras tenant le harnais, une sollicitude calme et dénuée de tout apitoiement. Vinrent alors deux paysages crépusculaires, où chaque élément se détachait avec une précision surréelle, arbres puissants aux troncs massifs, aux branches torses, surgissant d'une terre sombre et grasse, s'élançant avec majesté vers le ciel; hauts fourneaux d'usine brisant dans le clair-obscur une plate et morne ligne d'horizon. Du coin de l'œil, Nadine constata le départ des deux visiteurs, l'un après l'autre. Elle résista encore au désir d'aller se planter devant l'énorme photographie au fond de la galerie, et poursuivit son itinéraire méthodique. Surgissant d'une porte cochère surmontée d'un néon de boîte de nuit, la femme brune aux épaules nues, aux yeux orgueilleux, éveilla en Nadine une étrange et lointaine douleur. Sur quelle planète marchait-elle donc pour avoir cette silhouette, ce regard, cette posture? Et d'où venait qu'en la regardant on éprouvait le besoin de redresser les épaules et même de sourire? Morte, sans aucun doute, la femme au chapeau melon, adossée aux éboulis, ses vêtements lacérés, son œil terni, morte en une tranquille dignité, et c'était comme si misère, tristesse et lassitude avaient quitté le corps, ne laissant, de concret, qu'un potentiel trahi, une enveloppe vide, une statue.

Le portrait de l'affiche pendait près du bureau de la secrétaire, mais Nadine ne s'en soucia pas. Elle se regarda un long moment, entendit alors courir dans sa tête des répliques de Léa, revit la silhouette de Servais Mont, debout dans la coulisse, et surtout revécut en mémoire sa première rencontre avec un photographe fatigué aux yeux étranges entre quatre murs blancs et ensoleillés. Enfin, elle gagna l'extrémité de la salle où elle resta quinze minutes devant une femme sanglante, un peu trop maigre à son goût, issue de quelque mythologie obscure, dont l'attitude, le regard et même l'anatomie, traduisaient la plus véhémente négation de la souffrance que l'on pût imaginer. Lentement, Nadine se tourna, portant les yeux à la brune aux épaules nues, puis revenant à la femme aux rochers. Elle éclata de rire et quitta rapidement la galerie sous l'œil à peine étonné de la secrétaire.

La rue Falguière sommeillait sous un pâle soleil d'automne. Nadine pénétra dans l'immeuble, monta les cinq étages, resta un moment immobile devant la porte, et enfin frappa. Marcelle Boudet émit une exclamation irritée, retira du feu une casserole de tripes au madère et alla ouvrir. Nadine considéra l'épaisse femme aux formes avachies d'un œil étonné.

— C'est pour quoi ? demanda Marcelle Boudet hochant ses multiples mentons.

— Monsieur Servais Mont, s'il vous plaît.

— Il n'habite plus ici.

— Ah bon. Auriez-vous sa nouvelle adresse ?

— Non, demandez au concierge.

— Merci.

— Pas de quoi.

Près de la loge, au rez-de-chaussée, Nadine tomba en arrêt devant cette injonction sibylline épinglée au mur : « *Dans la mesure de la conscience de l'immeuble, les locataires sont priés de fermer les portes après vingt et une heures.* »

Avec un soupir, en entendant la sonnette, le concierge se dirigea en pantoufles vers la porte vitrée.

— Oui ?

— Je cherche monsieur Servais Mont. Pourriez-vous me donner sa nouvelle adresse ?

Le concierge secoua la tête.

— Non. Mais il a fait le nécessaire à la poste pour qu'on lui fasse suivre son courrier. Vous pouvez lui écrire.

— Merci.

Rentrée rue de Varenne, elle appela l'agence Gaya-Becque. Violaine l'informa qu'il ne lui était pas possible de divulguer l'adresse des photographes, mais qu'elle se ferait un plaisir de donner un message à Servais Mont.

— Non, je vous remercie, mais c'est inutile, dit Nadine.

Elle s'attabla devant un bloc de papier à lettres, fuma trois cigarettes sans écrire une ligne, puis retourna à la galerie Julien Byane où elle resta jusqu'à la fermeture.

Sébastien Steiner tourna au coin de la rue des Volontaires pour s'engager dans la rue de Vaugirard. Il marchait lentement, veillant à prévoir les arrêts de Dalila afin que son élan ne la portât pas à être doublée par son arrière-train. A minuit passé, le 15e arrondissement dormait depuis longtemps; des voitures passaient à grande vitesse, mais les trottoirs restaient déserts. Steiner porta sa pipe éteinte à sa bouche, s'arrêta pour permettre à Dalila d'inventorier les fragrances au bas d'une palissade, puis tous deux se remirent en marche. A l'insu de Steiner, les pattes arrière de Dalila remuèrent lentement, d'une manière désordonnée, décrivant des mouvements mous dans l'air. La chienne elle-même en parut inconsciente. Parvenus à l'extrémité du trottoir, Steiner fit demi-tour.

— On rentre? dit-il, jetant un regard à la chienne.

Il fronça le sourcil, il avait cru voir la queue de Dalila frétiller une seconde dans la pénombre. Il fit un pas, suivi par Dalila dont les pattes arrière esquissèrent un vague mouvement latéral. Sébastien Steiner se baissa, caressa l'encolure de la chienne. La queue remua un instant, puis s'immobilisa.

— Bon, dit Sébastien Steiner.

Le lendemain, un dimanche, alors que Servais étudiait en pyjama le supplément-couleurs du *Sunday Times*, on sonna à sa porte. Vêtu d'un costume en velours à côtes orangé qui lui allait mal, William Nesbitt se tenait sur le seuil, blafard, vieilli et souriant.

— Je me suis levé tôt, dit-il en guise d'explication.

Servais se recula.

— Je te croyais reparti en Angleterre.

— Je suis revenu, dit Nesbitt, s'effondrant dans un fauteuil, et pour de bon. Je ne supporte plus les Anglais. D'ailleurs, je vais me marier.

— Je croyais que c'était déjà fait.

— Divorcé, depuis longtemps. Alors voilà, tu n'aurais pas une petite goutte de quelque chose ?

— Du café ?

— Non, ben tant pis. Alors voilà, veux-tu la rencontrer ?

De toute évidence il posait une question cruciale, l'œil protubérant, la main tendue. Servais tenta de gagner du temps.

— Qui ?

— Ma future femme, je crois qu'il serait bon que tu fasses sa connaissance.

Le ton devenait insistant et voilé, Servais eut l'impression que la personne en question se chargerait sans aucun doute de lui trouver une place à l'Unesco.

— Comment ça ?

Nesbitt épongea une sueur inexistante sur son front maladif avec toute l'exaspération d'un professeur de lettres essayant d'expliquer la concordance des temps à un mauvais élève.

— Non, mais écoute, on déjeune, entre nous, sympathique, non ?

Servais hocha vaguement la tête.

— A quelle heure ?

— J'ai rendez-vous avec Sabrina à une heure.

Il était midi. Servais se rasa rapidement, endossa pantalon, chemise et blouson.

Sabrina tardait. A une heure quinze, et alors que Nesbitt avait déjà considérablement entamé une bouteille de Gewürztraminer, elle n'était toujours pas là.

— Allez, on commence, dit Nesbitt avec une impatience inattendue.

— On peut attendre dix minutes encore, dit Servais.

Le petit restaurant de la rue Bonaparte connaissait une grosse affluence. Des clients attendaient près des portemanteaux qu'on libère des tables, et les serveuses s'affairaient entre la salle et la cuisine.

— Cinq minutes alors, dit Nesbitt.

Servais mit la main à la poche pour prendre ses cigarettes et la trouva vide...

— Oh non...

— Qu'est-ce qu'il y a?

— Je suis parti sans cigarettes, papiers, argent etc.

— Et alors? Je t'ai invité, non?

— Bon, alors paie-moi un paquet de cigarettes pour commencer.

Nesbitt s'exécuta.

— Elle est allemande, dit-il soudain, comme si le fait expliquait tout. Grande famille de Munich, son père est directeur au *Spiegel*. Il est question qu'elle me fasse nommer au bureau de Londres.

— Pas mal.

— Attends, ce n'est pas tout. Son oncle dirige UP à Paris et il est aussi question qu'on me file quelque chose ici.

— Eh bien...

Servais regardait Nesbitt avec attention, le visage crayeux, boursouflé et marqué, la chemise douteuse ouverte sur le maigre cou blanc, les ongles sales piquetés de blanc.

— ... et sa peau, disait l'Anglais, l'œil enthousiaste, rose... lumineuse, pas trop molle mais juste ce qu'il faut... alors au derrière tu vois ce que ça donne...

— Pas trop, dit Servais gravement.

— De la semoule, mon vieux, une assiette de semoule. Sans parler de ses seins, ce n'est pas compliqué, elle n'en a pas! Pas un! On dirait un garçon, tu vois. Et puis elle n'a pas lu un livre depuis qu'un imbécile lui a conseillé Balzac, rien que des magazines, *Twen, Stern* et *la Maison de Marie-Claire*... Limpide, tu comprends, le repos, quoi. Mais qu'est-ce qu'elle attend ? Allez on commence.

A deux heures ils en étaient au fromage sans que la rose et molle Sabrina fût apparue. Nesbitt soumettait sa part de brie à un quadrillage géométrique lorsqu'il sursauta.

— Ça y est ! Elle est allée à l'autre restaurant ! Là où on va d'habitude !

— Tu crois ?

— Mais c'est certain. Ne bouge pas, je vais la chercher. Il quitta la salle rapidement. Servais finit son fromage et alluma une cigarette. Trente minutes plus tard il comprit.

Le jeune cuisinier chargé d'escorter Servais au commissariat se montra compréhensif.

— Ça arrive tous les jours, vous ne pouvez pas savoir. Mais normalement, ils paient.

Quant aux policiers, ils hochèrent la tête, enregistrèrent la plainte et offrirent un banc étroit à Servais. Une fois les formalités accomplies et le cuisinier reparti, ils proposèrent à Servais de donner un coup de téléphone pour qu'on lui apporte de l'argent.

— Excellente idée, dit Servais, je l'ai proposée à la propriétaire du restaurant pendant dix minutes sans succès.

Le policier hocha la tête pour la dixième fois, choisit avec soin un stylobille parmi une dizaine tous identiques, et leva les yeux.

— Quel numéro ?

Servais dévisagea l'homme en silence, le regard fixe.

— Quel numéro ? répéta laborieusement le policier.

— Solférino 66-78, dit Servais.

La sonnerie réveilla Nadine qui d'ennui s'était endormie sur la moquette.

— Solférino 66-78? demanda une voix grave sur un fond de machine à écrire.

— Oui.

— Ne quittez pas.

— Nadine? Bonjour, c'est moi.

Nadine se renversa lentement sur le dos, plaçant l'appareil sur son ventre.

— Bonjour.

— Je te dérange?

— Oui, je dormais.

Servais sourit.

— Excuse-moi, mais j'ai besoin de toi. Je suis au commissariat du 6e arrondissement.

— Quoi?

Il expliqua les circonstances rapidement. Nadine l'écouta en se mordillant la lèvre inférieure.

— Et tu n'as trouvé personne d'autre pour te dépanner?

— Personne. Ils doivent tous être partis en week-end.

— Sûrement, dit Nadine.

Un temps.

— Alors, tu viens? demanda Servais.

— Je ne sais pas si je pourrai tout de suite, dit Nadine.

— Ça ne fait rien.

— J'ai des tas de choses à faire, tu comprends?

— Très bien, dit Servais.

— Peut-être vers cinq ou six heures, si je trouve le temps.

— Parfait, dit Servais.

— Mais tu auras peut-être trouvé quelqu'un d'autre?

— Puisque je te dis qu'il n'y a personne.

— Bon.

Nadine hésita.

— Servais?

— Oui?

— Ça sera peut-être encore plus tard.

— Aucune importance, ça ne ferme jamais ici.

Un long temps, puis Nadine se dressa sur le tapis.

— Je viendrai.

Ils raccrochèrent. Les policiers n'avaient jamais vu un homme retourner avec tant d'empressement au petit banc dur, s'y installer avec tant de joie, et diriger vers le plafond douteux du commissariat un tel regard.

Nadine se rendit dans la salle de bains, prit une douche, se coiffa longuement, se maquilla avec soin, et resta un long moment devant la penderie à choisir une robe. Enfin, elle gagna la rue et se rendit à pied jusqu'à Saint-Germain-des-Prés. De nombreuses familles déambulaient sur le boulevard avec chiens et voitures d'enfant. Nadine ne les vit pas. Elle trouva un café en face du commissariat et s'installa à la terrasse où elle commanda du thé. Pendant une heure, elle fuma plusieurs cigarettes, but son thé, et étudia la façade grise avec l'inscription : *Police*.

A quatre heures, elle se leva, traversa la rue et entra au commissariat.

IMPRIMERIE BUSSIÈRE À SAINT-AMAND (12-92)
DÉPÔT LÉGAL : JUIN 1985. N° 8810-3 (3618)

Collection Points

SÉRIE ROMAN

DERNIERS TITRES PARUS

R435. La Porte de Brandebourg, *par Anita Brookner*
R436. Le Jardin à la dérive, *par Ida Fink*
R437. Malina, *par Ingeborg Bachmann*
R438. Moi, laminaire, *par Aimé Césaire*
R439. Histoire d'un idiot racontée par lui-même
par Félix de Azúa
R440. La Résurrection des morts, *par Scott Spencer*
R441. La Caverne, *par Eugène Zamiatine*
R442. Le Manticore, *par Robertson Davies*
R443. Perdre, *par Pierre Mertens*
R444. La Rébellion, *par Joseph Roth*
R445. D'amour P. Q., *par Jacques Godbout*
R446. Un oiseau brûlé vif, *par Agustin Gomez-Arcos*
R447. Le Blues de Buddy Bolden, *par Michael Ondaatje*
R448. Étrange séduction (Un bonheur de rencontre)
par Ian McEwan
R449. La Diable, *par Fay Weldon*
R450. L'Envie, *par Iouri Olecha*
R451. La Maison du Mesnil, *par Maurice Genevoix*
R452. La Joyeuse Bande d'Atzavara
par Manuel Vázquez Montalbán
R453. Le Photographe et ses Modèles, *par John Hawkes*
R454. Rendez-vous sur la terre, *par Bertrand Visage*
R455. Les Aventures singulières du soldat Ivan Tchonkine
par Vladimir Voïnovitch
R456. Départements et Territoires d'outre-mort
par Henri Gougaud
R457. Vendredi des douleurs, *par Miguel Angel Asturias*
R458. L'Avortement, *par Richard Brautigan*
R459. Histoire du ciel, *par Jean Cayrol*
R460. Une prière pour Owen, *par John Irving*
R461. L'Orgie, la Neige, *par Patrick Grainville*
R462. Le Tueur et son ombre, *par Herbert Lieberman*
R463. Les Grosses Rêveuses, *par Paul Fournel*
R464. Un week-end dans le Michigan, *par Richard Ford*
R465. Les Marches du palais, *par David Shahar*

R466. Les hommes cruels ne courent pas les rues
par Katherine Pancol
R467. La Vie exagérée de Martín Romaña
par Alfredo Bryce-Echenique
R468. Les Étoiles du Sud, *par Julien Green*
R469. Aventures, *par Italo Calvino*
R470. Jour de silence à Tanger, *par Tahar Ben Jelloun*
R471. Sous le soleil jaguar, *par Italo Calvino*
R472. Les cyprès meurent en Italie, *par Michel del Castillo*
R473. Kilomètre zéro, *par Thomas Sanchez*
R474. Singulières Jeunes Filles, *par Henry James*
R475. Franny et Zooey, *par J. D. Salinger*
R476. Vaulascar, *par Michel Braudeau*
R477. La Vérité sur l'affaire Savolta, *par Eduardo Mendoza*
R478. Les Visiteurs du crépuscule, *par Eric Ambler*
R479. L'Ancienne Comédie, *par Jean-Claude Guillebaud*
R480. La Chasse au lézard, *par William Boyd*
R481. Les Yaquils, *suivi de* Ile déserte, *par Emmanuel Roblès*
R482. Proses éparses, *par Robert Musil*
R483. Le Loum, *par René-Victor Pilhes*
R484. La Fascination de l'étang, *par Virginia Woolf*
R485. Journaux de jeunesse, *par Rainer Maria Rilke*
R486. Tirano Banderas, *par Ramón del Valle-Inclán*
R487. Une trop bruyante solitude, *par Bohumil Hrabal*
R488. En attendant les barbares, *par J. M. Coetzee*
R489. Les Hauts-Quartiers, *par Paul Gadenne*
R490. Je lègue mon âme au diable, *par Germán Castro Caycedo*
R491. Le Monde des merveilles, *par Robertson Davies*
R492. Louve basse, *par Denis Roche*
R493. La Couleur du destin
par Carlo Fruttero et Franco Lucentini
R494. Poupée blonde
par Patrick Modiano, dessins de Pierre Le-Tan
R495. La Mort de Lohengrin, *par Heinrich Böll*
R496. L'Aïeul, *par Aris Fakinos*
R497. Le Héros des femmes, *par Adolfo Bioy Casares*
R498. 1492. Les Aventures de Juan Cabezón de Castille
par Homero Aridjis
R499. L'Angoisse du tigre, *par Jean-Marc Roberts*
R500. Les Yeux baissés, *par Tahar Ben Jelloun*
R501. L'Innocent, *par Ian McEwan*
R502. Les Passagers du Roissy-Express
par François Maspero

R503. Adieu à Berlin, *par Christopher Isherwood*
R504. Remèdes désespérés, *par Thomas Hardy*
R505. Le Larron qui ne croyait pas au ciel
par Miguel Angel Asturias
R506. Madame de Mauves, *par Henry James*
R507. L'Année de la mort de Ricardo Reis, *par José Saramago*
R508. Abattoir 5, *par Kurt Vonnegut*
R509. Comme je l'entends, *par John Cowper Powys*
R510. Madrapour, *par Robert Merle*
R511. Ménage à quatre, *par Manuel Vázquez Montalbán*
R512. Tremblement de cœur, *par Denise Bombardier*
R513. Monnè, Outrages et Défis, *par Ahmadou Kourouma*
R514. L'Ultime Alliance, *par Pierre Billon*
R515. Le Café des fous, *par Felipe Alfau*
R516. Morphine, *par Mikhaïl Boulgakov*
R517. Le Fou du tzar, *par Jaan Kross*
R518. Wolf et Doris, *par Martin Walser*
R519. La Course au mouton sauvage, *par Haruki Murakami*
R520. Adios Schéhérazade, *par Donald Westlake*
R521. Les Feux du Bengale, *par Amitav Ghosh*
R522. La Spéculation immobilière, *par Italo Calvino*
R523. L'homme qui parlait d'Octavia de Cadix
par Alfredo Bryce-Echenique
R524. V., *par Thomas Pynchon*
R525. Les Anges rebelles, *par Robertson Davies*
R526. Nouveaux Contes de Bustos Domecq
par Jorge Luis Borges et Adolfo Bioy Casares
R527. Josepha, *par Christopher Frank*
R528. L'Amour sorcier, *par Louise Erdrich*
R529. L'Europe mordue par un chien, *par Christophe Donner*
R530. Les hommes qui ont aimé Evelyn Cotton
par Frank Ronan
R531. Agadir, *par Mohammed Khaïr-Eddine*
R532. Brigitta, *par Adalbert Stifter*
R533. Lune de miel et d'or, *par David Shahar*
R534. Histoires de vertige, *par Julien Green*
R535. Voyage en France, *par Henry James*
R536. La Femme de chambre du Titanic, *par Didier Decoin*
R537. Le Grand Partir, *par Henri Gougaud*
R538. La Boîte noire, *par Jean-Luc Benoziglio*
R539. Le Prochain sur la liste, *par Dan Greenburg*
R540. Topkapi, *par Eric Ambler*
R541. Hôtel du lac, *par Anita Brookner*

R542. L'Aimé, *par Axel Gauvin*
R543. Vends maison, où je ne veux plus vivre
par Bohumil Hrabal
R544. Enquête sous la neige, *par Michael Malone*
R545. Sérénissime, *par Frédéric Vitoux*
R546. Fleurs de ruine, *par Patrick Modiano*
R547. Les Girls du City-Boum-Boum, *par Vassilis Alexakis*
R548. Les Rives du fleuve Bleu, *par Emmanuel Roblès*
R549. Le Complexe polonais, *par Tadeusz Konwicki*
R550. La Patte du scarabée, *par John Hawkes*
R551. Sale Histoire, *par Eric Ambler*
R552. Le Silence des pierres, *par Michel del Castillo*
R553. Une rencontre en Westphalie, *par Günter Grass*
R554. Ludo & Compagnie, *par Patrick Lapeyre*
R555. Les Calendes grecques, *par Dan Franck*
R556. Chaque homme dans sa nuit, *par Julien Green*
R557. Nous sommes au regret de..., *par Dino Buzzati*
R558. La Bête dans la jungle, *par Henry James*
R559. Nouvelles démesurées, *par Adolfo Bioy Casares*
R560. Sylvie et Bruno, *par Lewis Carroll*
R561. L'Homme de Kiev, *par Bernard Malamud*
R562. Le Brochet, *par Eric Ambler*
R563. Mon valet et moi, *par Hervé Guibert*
R564. Les Européens, *par Henry James*
R565. Le Royaume enchanté de l'amour, *par Max Brod*
R566. Le Fou noir *suivi de* Le poing fermé, *par Arrigo Boito*
R567. La Fin d'une époque, *par Evelyn Waugh*
R568. Franza, *par Ingeborg Bachmann*
R569. Les Noces dans la maison, *par Bohumil Hrabal*
R570. Journal, *par Jean-René Huguenin*
R571. Une saison ardente, *par Richard Ford*
R572. Le Dernier Été des Indiens, *par Robert Lalonde*
R573. Beatus Ille, *par Antonio Muñoz Molina*
R574. Les Révoltés de la « Bounty »
par Charles Nordhoff et James Norman Hall
R575. L'Expédition, *par Henri Gougaud*
R576. La Loi du capitaine, *par Mike Nicol*
R577. La Séparation, *par Dan Franck*
R578. Voyage autour de mon crâne, *par Frigyes Karinthy*
R579. Monsieur Pinocchio, *par Jean-Marc Roberts*
R580 Les Feux, *par Raymond Carver*
R581. Mémoires d'un vieux crocodile, *par Tennessee Williams*
R582. Patty Diphusa, la Vénus des lavabos, *par Pedro Almodóvar*